지금 바람에 흔들린다 해도

김동문 목사의
신·앙·칼·럼 5

쿰란출판사

| 머리말 |

    인생은 연습이 없습니다. 모두가 단 한 번의 인생을 사는 것입니다. 그러므로 생각 없이 살 수 없습니다. 되는 대로 살아서는 더욱 안 됩니다. 날마다 생각하며 살고, 살면서 생각해야 합니다.

    여기에 모은 글들은 아름다운 인생을 위하여 함께 나누고 싶은 이야기들입니다. 목회를 하면서 보고, 듣고, 경험한 보통 사람들의 이야기를 통해서 나름대로의 느낌을 정리해 본 것입니다.

    뮤리엘 루키저는 말했습니다.
"세계는 원자로 이루어진 것이 아니라 이야기들로 이루어져 있다."
그렇습니다. 인간의 역사는 사람들의 이야기로 만들어지고 있습니다. 삶이 곧 이야기이고, 그 이야기가 인간의 역사를 이룹니다. 아름다운 이야기, 슬픈 이야기, 승리의 이야기, 실패의 이야기, 감동을 주는 이야기, 아쉬움을 주는 이야기들이 모여서 역사가 되는 것입니다. 그런데 그 이야기 뒤에는 오늘을 사는 우리들에게 언제나 귀한 교훈이 있습니다. 이 소중한 교훈을 되새기며 '보다 아름답고 의미 있는 삶을 살아가자'는 것이 칼럼을 쓴 목적입니다.

    그동안 교회의 주보와 기독 신문에 게재했던 칼럼을 하나로 묶어 책으로 내어놓습니다. 물론 주제는 예수 그리스도입니다. 인생의 주인 되시는 예수 그리스도와 그분의 말씀을 떠나서는 그 누구도 성공적인 삶을 추구할 수 없기 때문입니다. 아무쪼록 이 글을 읽는 모든 독자들이 하늘의 지혜를 얻고, 모두에게 인생의 깊이를 더해 가는 은혜가 있기를 바랍니다.

이 책이 엮어지기까지는 많은 사람들의 기도와 도움이 있었습니다. 그중에서도 필자가 섬기는 순천북부교회 성도들의 기도와 순수한 사랑은 가장 큰 힘이요 후원이었음을 밝힙니다. 부족하기 짝이 없는 종이 '행복 목회'를 할 수 있도록 모든 것을 좋게 보고 덮어 주며 겸손하게 도와주시는 이연행 원로목사님과 당회, 그리고 성도들 모두에게 마음을 다하여 감사를 드립니다. 또 표지 그림을 그려 준 조전옥 님에게도 특별한 감사를 드립니다.

끝으로 나를 만나 평생 '괄호 인생'으로 산다고 말하는 사랑스러운 아내와 항상 사랑과 격려를 아끼지 않는 쿰란출판사 사장 이형규 장로님께 마음을 다한 사랑을 전합니다.

2019년 11월
주 안에서 김동문

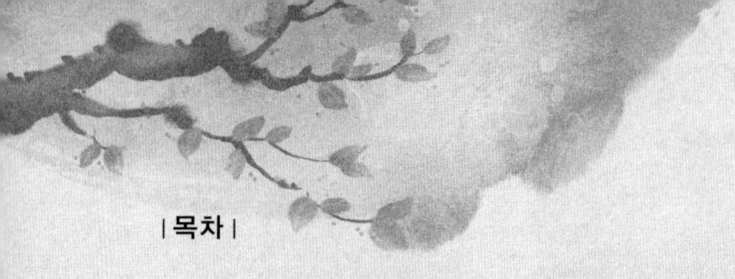

| 목차 |

머리말 • 2

1부 지금 바람에 흔들린다 해도

행복의 조건 8 / 아빠 아버지 12 / 억지로 진 십자가 15 / 영적 멀미를 극복하는 비결 18 / 당신도 죽을 준비를 하시오 21 / 수박 값은 깎지 마시오 24 / 주 안에서 자유하라 27 / 어머니의 유산 30 / 당신 스스로를 사랑하라 33 / 감사가 행복을 만든다 36 / 지금이 가장 중요합니다 39 / 손녀 바보 42 / 네 부모를 공경하라 46 / 기적이 무엇인가? 49 / 빈 집의 위험을 아는가? 52 / 가장 소중한 사람 55 / 미운 사람 죽이기 58 / 역지사지의 은혜 61 / 감동이 사람을 움직인다 64 / 환경을 다스리라 67 / 바보 같은 사람 70 / 내일 일을 모른다면 73 / 인간관계가 행복을 결정한다 76 / 호세 카레라스의 변화 79 / 지금 바람에 흔들린다 해도 82 / 생각에서 시작되는 행복과 불행 85 / 행복을 가로막는 욕심 88 / 감동이 있는 삶 91 / 당신도 날 수 있습니다 94 / 인생은 만남이 중요하다 97 / 진정한 부자가 되라 100 / 시련 없는 성공은 없다 103 / 눈물이 나도록 감사하며 살아야 107 / 개가 짖어도 기차는 간다 110 /

2부 잠시 살다 가는 인생인데

배려의 향기 114 / 우아하게 삽시다 117 / 절망을 극복하라 120 / 기쁨과 슬픔의 눈물이 교차하는 이유 124 / 어떤 흔적을 남길 것인가? 127 / 창조 의식을 가지고 살라 130 / 잠시 살다 가는 인생인데 133 / 인내하라 136 / 쉼이 있습니까? 139 / 나눔의 행복 142 / 가장 이상적인 인성교육 146 / 쌤소나이트의 탄생 150 / 세상을 두려워하는 이유 153 / 질병은 마귀가 주는 것인가? 156 / 너희가 먹을 것을 주라 159 / 시작인가, 끝인가? 162 / 언제나 모두를 생각하라 165 / 준비된 사람이 정상에 오른다 168 / 의식이 바뀌어야 171 / 행복한 부부들의 특급 비밀 174 / 호날두의 인생 역전 스토리 177 / 사람이 사람답게 늙는 비결 181 / 모든 일을 지금 하라 184 / 이 세상에 가장 소중한 존재 188 / 생각을 바꾸면 운명이 달라진다 191 / 우리도 곧 떠나야 합니다 194 / 마음의 여유를 가지라 197 / 사랑을 주라 200 / 고난을 인생의 거름으로 삼으라 203 / 첫 마음을 잃지 말라 206 / 당신도 명품 인생이 될 수 있다 209 / 인생의 겨울이 오기 전에 212 / 마음속의 잡초를 없애는 비결 215 / 하나님의 이름을 거룩하게 하라 218 /

3부 인생의 쓴 물을 단 물로

내 영혼이 주를 갈망하나이다 224 / 인생의 쓴 물을 단 물로 227 / 성도입니까? 230 / 감사촌과 불평촌 233 / 나는 예수 그리스도의 종이라 236 / 성전 꽃꽂이 헌신을 지켜보며 240 / 덕을 세우라 243 / 선민의 사명 246 / 믿음은 삶을 만들어 간다 249 / 사명자로 사는 사람들 252 / 지금 생수를 마시라 255 / 하나님을 볼 수 있는 사람 258 / 잃어버린 영혼을 찾읍시다 261 / 긍정의 신앙을 가지라 264 / 엿과 교회 267 / 교회가 본질로 돌아가야 270 / 예배자의 옷차림과 자세 273 / 우리는 주님의 친구 276 / 진정한 크리스마스 279 / 하나님의 약속이 이루어진 날 282 / 예수에 미치면 285 / 이상적인 교회 288 / 갑질하는 사회 291 / 희락이냐, 쾌락이냐? 295 / 미투 운동과 신전의식 298 / 진화론은 허구다 301 / 팔자를 고친 사람 304 / 험담이 주는 상처 307 / 혹시 꼰대 아닙니까? 310 / 자연의 역습을 아는가? 313 / 항상 내가 옳은 게 아니라면 316 / 후회를 해도 지금 후회해야 319 / 기린에게 배우는 인생 323 /

chapter

지금 바람에
흔들린다 해도

행복의 조건

❖ 기원전 420년 무렵에 태어난 그리스 철학자 플라톤은 인간이 행복하기 위한 조건으로 다음 다섯 가지를 꼽았습니다. "첫째, 먹고 입고 살기에 조금은 부족한 듯한 재산. 둘째, 모든 사람이 칭찬하기엔 조금은 부족한 외모. 셋째, 자신이 생각하는 것의 절반밖에 인정받지 못하는 명예. 넷째, 남과 힘을 겨루었을 때 한 사람에게는 이기고 두 사람에게는 질 정도의 체력. 다섯째, 연설했을 때 듣는 사람의 절반 정도만 박수를 치는 말솜씨."

플라톤이 생각하는 행복의 조건들은 완벽하고 만족할 만한 상태에 있는 것이 아닙니다. 조금은 부족하고 모자란 상태입니다. 그는 적당히 모자란 가운데 그 부족한 부분을 채우기 위해 노력하는 삶 속에 행복이 있다고 생각한 것입니다. 사람은 재산이든, 외모든, 명예든 모자람이 없는 완벽한 상태에 있으면 오히려 그것 때문에 불안하기 쉽습니다. 자신의 완벽함이 언제 손상을 입을지 몰라서 불안해하고 두려워하며 긴장 속에서 살아갈 수 있기 때문입니다.

최근에 한화그룹의 3남이 술에 취해 변호사들을 폭행하고 천박한 갑질 행위를 해서 국민의 큰 공분을 샀습니다. 그는 재산이나 외모, 학력, 명예 등 무엇 하나 부족한 것이 없는 듯 보이는 사람이었지만, 사실은 그것이 그를 불안하게 만들고 계속해서 추잡한 일을 반복하게 하는지도 모릅니다.

흔히 사람들은 돈, 명예, 권력, 건강 등을 부족함 없이 갖는 것을 행복이라고 생각합니다. 좋은 음식을 먹고, 아무런 사고 없이, 병 없이, 고통 없이 사는 것을 행복이라고 단정 짓습니다. 그래서 사람들은 행복의 조건으로 지혜를 찾고 돈과 명예를 추구합니다. 쾌락과 즐거움을 찾아 헤맵니다. 그리고 때로는 그것을 가져 보기도 합니다. 하지만 가지면 가질수록 갈증만 날 뿐 행복하지 못하다고 하니, 도대체 무엇이 문제입니까?

첫째는 하나님이 없기 때문입니다. 프랑스의 철학자 파스칼은 말했습니다. "인간에게는 하나님으로 채우기 전에는 그 무엇으로도 채울 수 없는 공간이 하나 있다." 인간에게는 채워도 채워도 채울 수 없는 공간이 하나 있는데, 그 공간은 오직 하나님만이 채울 수 있다는 얘기입니다. 다시 말해서 하나님 없는 인생은 행복을 노래할 수 없다는 것입니다. 인생의 주인이 하나님이신데 하나님을 모시지 않고 어디에 가서 행복을 찾을 수 있겠습니까? 하나님 없는 인생은 세상의 것을 다 가지고 있다 해도 허무한 마음을 채울 수 없고, 진정한 의미에서의 행복을 노래할 수가 없습니다.

둘째로 자족하는 마음이 없기 때문에 사람들은 행복하게 살지 못합니다. 우리의 출발은 제로입니다. 다 제로에서 시작했습니다. 그렇다면 오늘의 나는 밑져야 본전입니다. 모든 것이 감사의 조건입니다. 사랑하는 사람과 가정을 이룬 것이 감사할 일이고, 자녀가 있는 것이 감사할 일입니다. 오늘 숨 쉬고 걸어 다니면서 사명을 감당할 수 있다면 이것 또한 감사할 일입니다. 아침에 일어나 찬란하게 떠오르는 태양을 바라볼 수 있다면 그것이 감사할 일이고, 아기의 천진난만한 웃음소리에 미소 지을 수 있는 것도 감사할 일입니다. 오늘도 하루 세 끼 걱정하지 않고 식탁의 교제를 나누며 담소할 수 있다면 그것이 감사할 일입니다. 무엇보다 죄와 사망에서 건짐을 받고 천국백성이 되어 사는 것이야말로 영원토록 감사할 조건입니다. 이렇게 눈만 뜨면 감사할 것이 넘쳐나는데 우리가 자족하지 못하고 불평하기 때문에 행복을 노래하지 못하는 것입니다.

존 밀러는 이런 말을 남겼습니다. "사람이 얼마나 행복한가는 그가 감사함을 느끼는 깊이에 달려 있다." 일상의 삶 속에서 작은 것 하나에도 자족하며 감사하는 사람이 항상 행복을 노래합니다. 그래서 그런지 오늘따라 천상병 시인의 '행복'이란 시가 더욱더 마음에 와 닿습니다.

나는 세계에서
제일 행복한 사나이다

아내가 찻집을 경영해서
생활의 걱정이 없고
대학을 다녔으니
배움의 부족도 없고
시인이니 명예욕도 충분하고

이쁜 아내니 여자 생각도 없고

아이가 없으니 뒤를 걱정할 필요도 없고

집도 있으니 얼마나 편안한가

막걸리를 좋아하는데

아내가 다 사 주니

무슨 불평이 있겠는가

더구나

하나님을 굳게 믿으니

이 우주에서

가장 강력한 분이

나의 빽이시니

무슨 불행이 온단 말인가!

아빠 아버지

❖ 어떤 목사님이 예비 며느리를 만나는 자리에서 대화를 하다가, 아버지가 일찍 세상을 떠나 홀어머니 밑에서 자랐다는 이야기를 들었습니다. 그때 너무 가엾고 불쌍해서 이렇게 말했습니다. "내가 이제부터 너의 아버지가 되어 줄 테니까 나를 아빠라고 한번 불러봐라." 그랬더니 그 예비 며느리가 한참을 흐느끼더니 겨우 "아빠" 하고 한번 부르고서 대성통곡했습니다. 그 바람에 목사님도 울고, 사모님도 울고, 아들도 울면서 눈물바다를 이루었는데, 결혼하고 나서는 며느리가 다시 "아버님" 하고 불렀다는 것입니다. 이것이 딸과 며느리의 차이점입니다.

딸이나 아들은 시집을 가나 장가를 가나 언제든지 "아빠" 하고 다가와서 하고 싶은 얘기 다합니다. "아빠, 이것 가져가도 돼요? 아빠, 손녀 좀 보고 계세요." 완전히 자기 마음대로입니다. 그렇지만 사위나 며느리는 조금 다릅니다. 항상 격식을 갖추어서 "아버님" 하고 부릅니다. 아버지를 부르는 호칭부터 다르고, 말이나 행동도 다릅니다.

그런데 주님께서는 우리로 하여금 하나님을 "아빠, 아버지"라 부르게 하시고, 기도하라고 말씀하십니다. 이것을 볼 때 하나님은 주고 싶어서 견딜 수 없어 하는 아버지의 마음을 가지고 계신다고 할 수 있습니다.

성경을 보면, 야곱이 기도할 때 하늘 문이 열리고 거기에 사닥다리가 놓여 있었다고 말합니다. 사람들은 이 사닥다리를 흔히 '야곱의 사닥다리'라고 부릅니다. 하지만 사닥다리를 세운 사람은 야곱이 아닙니다. 여호와 하나님께서 사닥다리를 세우셨습니다. 꿈에 나오는 사닥다리는 하나님께서 야곱을 찾아오시고 만나 주시려고 친히 세워 놓으신 사랑의 사닥다리입니다. 그러니까 이 사닥다리는 '야곱의 사닥다리'가 아니라 '하나님의 사닥다리'라고 해야 맞습니다.

야곱이 진퇴양난에 빠져 이러지도 못하고 저러지도 못할 때 그 수렁에서 건지시려고 세워 놓은 사닥다리가 바로 하나님의 사닥다리였던 것입니다. 그래서 이 사닥다리를 기도로 비유하기도 합니다. 기도하려고 하나님 앞에 마주 앉을 때, 그 사닥다리를 통해 하나님과의 교제가 시작되기 때문입니다. 간절히 기도하면 하나님께서 가장 좋은 것으로 응답해 주십니다. 하나님의 사닥다리를 통해서 나의 기도가 하나님께 올려지고, 하나님의 은총과 복이 사닥다리를 통해서 나에게 내려오는 것입니다. 얼마나 놀라운 은혜입니까?

우리의 아버지가 되시는 하나님은 우리에게 주시고 싶어서 견딜 수 없어 하시는 하나님이십니다. 예수님은 이 은혜를 아시기 때문에 오늘도 주기도문을 통해 하나님을 이렇게 부르라고 가르쳐 주십니다. "하늘에 계신 우리 아버지." '아버지'라 부르라고 하십니다. 우리가 아는 대로 주기도문에는 '하나님'이라는 호칭이 없습니다. 오직

'하늘에 계신 우리 아버지'라는 호칭만 있습니다. 그 이유는 아버지라는 호칭이 가장 가깝게 느껴지기 때문입니다. 하나님이라든지, 여호와라든지, 전능하신 자라든지, 여러 호칭이 있지만 가장 가깝게 느껴지고 가장 정겨운 호칭으로 느껴지는 말은 단연코 '아버지'입니다. 그분 아버지께 기도하라는 것입니다.

야곱은 쓸쓸한 광야에 혼자 있는 줄 알았지만 하늘 문이 열리면서 천사가 오르락내리락 하는 것을 보았고, 하나님께서 지켜보고 계시는 것을 체험했습니다. 그리고 기도한 대로 응답 받고 믿음의 족장이 되어 위대한 믿음의 역사를 써 내려갔습니다.

하나님은 우리가 교회에 있을 때만 지켜보시는 것이 아닙니다. 우리가 장사하는 자리에도 하늘 문이 열려 있고, 땀 흘리며 기계를 만지는 자리에도 하늘 문이 열려 있습니다. 사전을 찾아 가며 어렵게 공부하는 자리에도 하늘 문은 열려 있고, 직장에서 열심히 일하는 자리에도 하늘 문은 열려 있습니다. 그러므로 우리는 언제 어디에서든 '아빠, 아버지'이신 하나님께 기도하기만 하면 됩니다.

억지로 진 십자가

❖ 우리가 한 생을 살다 보면 하기 싫어도 억지로 해야 하는 일들이 많습니다. 예를 들어 보자면, 밥은 억지로라도 먹어야 합니다. 안 먹으면 죽습니다. 그러므로 밥맛이 없으면 입맛으로 먹고, 입맛이 없으면 밥맛으로라도 먹어야 합니다. 다음으로 공부, 이것 역시 억지로라도 해야 합니다. 공부하지 않으면 미래가 없습니다. 학문을 연마하든지, 무용을 하든지, 노래를 하든지, 기술자가 되든지, 그 어떤 일을 하려고 할 때 공부하지 않으면 꿈을 이룰 수가 없습니다. 울면서 씨를 뿌릴 때 기쁨으로 단을 거둘 수 있습니다. 그런가 하면 직장 생활 역시 억지로라도 해야 하고, 살림살이 역시 억지로라도 해야 합니다. 그래야 식구들이 행복하게 살아갈 수 있는 것입니다.

웃는 것도 마찬가지입니다. 웃을 일이 없지만 억지로라도 웃으면 건강해진다고 말합니다. 즐거워서 웃고, 기뻐서 웃고, 다른 사람이 웃겨서 웃으면 그것이 건강을 가져다주지만, 억지로 웃어도 건강에 좋다는 것입니다. 그래서 어느 동네에 가면 지금도 웃음 치료 강사가 계속 웃으라고 강요하는데, 억지로라도 웃으면 사람의 뇌가 속는다고 합니다. 우리의 뇌가 "야, 우리 주인이 웃는 것을 보니까 지금 즐거운가 보구나" 하고 엔도르핀을 막 생성해서 건강해진다는 것입니다.

우리의 뇌가 아주 재미있습니다. 우리의 뇌는 다른 사람의 가식적인 웃음은 구별을 아주 잘합니다. 그런데 내가 억지로 웃는 웃음은 잘 구별하지 못합니다. 그러니까 우리의 뇌는 참 신기하면서도 멍청하다고 할 수 있습니다. 내가 억지로 웃어도 뇌는 얼른 반응을 하고 그로 인해 신체에 유익한 호르몬이 흘러나오는 것입니다. 그렇다면 억지로라도 웃는 것이 좋습니다.

우리가 자녀를 키울 때 자녀가 웃지 않으면 '까꿍' 하고 웃기려고 애를 씁니다. 그런데 그렇게 '까꿍' 하고 소리치면 희한하게도 아이들이 다 '까르르 까르르' 하고 웃습니다. 그것이 하나님께서 주신 또 하나의 큰 선물입니다. 그런 의미에서 배우자가 웃지 않으면 그 앞에서 '까꿍'이라도 하면서 웃겨 볼 필요가 있습니다. 억지로라도 웃으면 건강해져서 좋고, 행복해져서 좋고, 가정 천국을 이루어서 좋습니다. 이처럼 때로 하기 싫은 일을 억지로 할 때 그것이 복이 되는 일이 참으로 많습니다.

그런데 십자가를 지는 일도 똑같습니다. 십자가를 지는 것은 힘들지만 억지로라도 십자가를 지면 하나님께서 놀라운 복을 주십니다. 복음서를 보면 억지로 십자가를 졌지만 그로 인해 인생 최대의 복을 받은 사람이 소개되어 있습니다. 그 사람이 바로 구레네 사람 시몬입니다. 그 당시 시몬은 유월절 행사를 지키기 위해 북아프리카의 변방 도시인 구레네에서 예루살렘까지 먼 거리를 걸어왔습니다. 그러다가 예수님을 끌고 오는 군병들과 마주쳤고, 그들에게 붙들려서 십자가를 대신 지고 골고다 언덕까지 올라가게 되었습니다.

세상적인 관점에서 보면 억세게도 재수 없는 일임에 틀림없습니다. 그러나 신앙적인 눈으로 볼 때는 그보다 더 큰 영광이 없었습니다. 그는 잠깐 동안 억지로 십자가를 졌는데 그것이 예수님의 고난에 동참하는 복을 가져다준 것입니다. 그뿐 아닙니다. 십자가 형벌의 사건 속에서 예수님이 그리스도요, 메시아요, 하나님의 아들이요, 인류의 구원자가 되심을 증거하셨는데, 시몬은 그 사실을 최초로 목격한 자가 되는 영광을 얻었습니다. 그리고 훗날 자신이 만난 예수를 식구들에게 소개하여 가족을 다 구원시키고, 자기 아내를 사도 바울이 '믿음의 어머니'(롬 16:13)라고 선언할 만큼 신앙의 명문 가문을 이루는 복을 얻었습니다.

억지로 십자가를 지고 주님의 뒤를 따라갔는데 이처럼 놀라운 복을 받았습니다. 하물며 자원하여 즐겁게 십자가를 지고 주님 뒤를 따라갈 때 하나님께서 얼마나 많은 복을 주시겠습니까? 고난 없는 영광은 없습니다. 십자가를 지는 사람만이 영광의 자리에 서게 되는 것입니다.

영적 멀미를 극복하는 비결

❖ 오래전에 동기 목사님이 목회하는 강원도에 갔다가 동해에서 낚시질을 한 적이 있습니다. 풍랑이 일었지만 10여 명의 목사님들과 함께 바다 깊은 곳으로 들어가 배를 세워 놓고 낚시질을 했습니다. 각자 대어를 낚겠다는 일념으로 열심히 낚시를 드리웠는데 문제는 배가 흔들리는 것이었습니다. 풍랑 때문에 배가 계속 흔들리자 가볍게 멀미가 시작되더니 나중에는 견디기 어려울 정도의 멀미가 찾아왔습니다. 금방이라도 토할 것 같은 멀미가 생기자 어떻게든 그 멀미를 극복해 보려고 모든 방법을 동원했습니다.

출렁이는 바다 물결을 쳐다보면 멀미가 나니까 멀리 수평선을 바라보며 힘차게 찬송을 부르고 흘러간 옛 노래도 불러 보면서 스스로 최면을 걸어보기도 했지만 백방이 무효였습니다. 비행기를 타거나 배를 타거나 자동차를 타도 멀미 한 번 해 본 적이 없는데, 제자리에서 출렁이는 배는 견딜 수 없는 멀미를 일으켰습니다. 마침내 여기저기에서 토하는 소리가 들리고 드러눕는 사람이 생기자 아쉽지만 출항한 지 한 시간 만에 철수해야 했던 기억이 있습니다.

우리의 귀에 있는 달팽이관에는 세 가지 관이 있는데 수직관, 수평관, 45도가 기울어져 있는 관입니다. 꽉 차 있는 임파액이 이 관에 있는 융털들을 건드리면서 우리 몸이 균형을 잡게 해줍니다. 그런데 너무 정신없이 움직이면 평형을 잡는 달팽이관이 잠시 혼돈을 일으키기 때문에 속이 메스껍고, 머리가 아프고, 구토가 나는 멀미가 생기는 것입니다. 멀미는 우리를 힘들게 합니다. 정신없게 만듭니다. 녹초가 되게 합니다.

그런데 우리의 인생살이에도 때때로 영적 멀미가 찾아와서 우리를 힘들게 하는 순간이 있습니다. 모든 일이 술술 풀리는가 싶다가도 다시 꼬이는 경우가 있고, 칭찬을 받아 우쭐했다가도 남들의 가십거리가 되는 일도 있습니다. 경제적으로 여유가 있나 보다 하면 유난히 지출이 많아 허덕이는 때가 있고, 높이 올라가는 때가 있는가 하면 아주 뚝 떨어지는 순간도 찾아옵니다. 성공의 순간이 있는가 하면 실패하는 순간이 있고, 건강할 때가 있는가 하면 우리 몸에 병이 들 때도 있습니다. 이런 일이 반복되면 우리의 영적 달팽이관에 문제가 생기면서 균형을 잡지 못하게 됩니다. 높이 올라갔을 때는 우쭐하게 되고 밑으로 떨어졌을 때는 낙심하게 되는 현상이 일어나는데, 이것을 가리켜 영적 멀미라고 할 수 있습니다.

그러면 영적 멀미를 극복할 수 있는 비결이 어디에 있습니까? 영적 멀미에 최고의 처방자가 되시는 하나님께 우리의 시선을 고정시키는 것이 그 비결입니다. 시선을 하나님께만 고정시키면 어느 한쪽으로도 기울지 않고 삶의 평형을 유지할 수 있습니다. 멀미를 해결하는 방법이 흔들리는 자리를 떠나서 고요한 자리로 옮기는 것이듯이, 영혼의 멀미를 진정시키는 비결도 역시 모든 동작을 멈추고 하나님께 시선을 고정시키는 데 있습니다. 산만한 것들을 다 치워 버리고 침묵 속에서 하나님의 말씀 앞에 설 때 하나님께서 우리의 영혼을 회복시켜 주시는 것입니다. 상황이 힘들고 판단이 안 설수록 하나님의 말씀만 들어야 합니다. 사람들의 말과 하나님의 말씀을 섞어서 들으면 점점 사람들 말에 귀를 기울이게 되고 영적 멀미에서 헤어 나올 수가 없습니다.

또 영적 멀미가 심할 때는 하나님께 시선을 고정시키고 기도해야 합니다. 이해 관계와 변수들이 너무 복잡하게 얽혀서 나의 능력으로는 똑바로 걸어갈 수 없기에 하나님께 부르짖는 것입니다. 영적 멀미를 일으키는 열등감이나 두려움, 낙심, 의심, 염려에 사로잡혀 비칠거리는 대신에 하나님만 바라보고 기도하면 희한하게도 영적 멀미를 일으키는 불신앙의 산물들이 다 사라집니다. 기도가 쌓이면 쌓일수록 영적 멀미 현상은 사라지고, 하나님께서 주시는 평강이 넘치게 됩니다. 영적 멀미가 나는 사람에게 성경은 오늘도 말씀합니다.

"믿음의 주요 또 온전하게 하시는 이인 예수를 바라보자"(히 12:2).

당신도 죽을 준비를 하시오

❖ 얼마 전 52세밖에 안 된 젊디젊은 집사님의 장례를 치렀습니다. 불과 3개월 전만 해도 함께 배구 경기를 하며 형제애를 나누고 주님의 몸 된 교회를 섬기며 기쁨을 나누던 하나님의 종인데, 너무도 일찍 하늘나라로 돌아간 것입니다. 언젠가 떠나야 할 나그네 인생인 것을 잘 알면서도 젊은 아내와 어린 자녀들을 생각할 때마다 눈물을 주체할 수가 없었습니다. 개인적으로 어린 나이에 젊은 어머니를 하늘나라로 보내고 1년 365일을 죽은 것처럼 살았던 슬픈 경험이 떠올라 더 가슴이 아팠는지도 모릅니다.

그러나 이것이 인생입니다. 한 번 태어난 인생은 반드시 마지막 날을 맞이하게 마련입니다. 잘난 사람이나 못난 사람이나, 많이 배운 사람이나 적게 배운 사람이나, 부자나 가난한 자나, 남자나 여자나 할 것 없이 이 땅에 태어난 사람은 언젠가 한 번은 죽음의 문을 지나가야 합니다. 여기에는 예외가 없습니다. 죽음은 누구에게나 찾아오는 것입니다. 온다고 하는 기차는 안 올 수도 있습니다. 내린다고 하는 비는 안 내릴 수도 있습니다. 그러나 죽음은 100퍼센트 찾아옵니다. 이것이 인간의 실존입니다.

언젠가 종교개혁지를 탐방하다가 독일의 한 마을에 있는 묘지를 돌아본 적이 있습니다. 그들은 우리나라처럼 멀리 있는 산에 묘지를 조성하지 않고 성전 뜰이나 동네 한복판에 묘지를 만들어 놓습니다. 언제든지 찾아가서 헌화를 하며 고인을 추모하고 기도할 수 있도록 조성해 놓는 것입니다. 마을 묘지에 들어가 보면 무덤 앞에 묘비가 줄지어 서 있고, 그곳에는 고인의 사진과 함께 고인에 대한 추모의 글이 새겨져 있습니다.

그런데 어떤 사람이 마을 묘지를 돌며 묘비에 새겨진 글을 읽다가, 한 묘비 앞에서 발길을 멈추었다고 합니다. 그 묘비의 글이 너무나 재미있었기 때문입니다. 묘비의 글은 단 세 줄이었습니다. "나도 전에는 당신처럼 그 자리에 그렇게 서 있었소." 정곡을 찌르는 말에 순간 웃음이 터져 나왔습니다. 두 번째 줄이 이어졌습니다. "나도 전에는 당신처럼 그곳에 서서 그렇게 웃고 있었소." 이 글을 읽자 그 사람은 '이게 그냥 재미로 쓴 게 아니구나'라는 생각에 자세를 가다듬고 긴장된 마음으로 세 번째 줄을 읽었습니다. "이제 당신도 나처럼 죽을 준비를 하시오." 마지막 글을 읽고 그 사람은 한동안 자리를 떠날 수 없었다고 합니다.

전도서 9장 5절을 보면 '무릇 산 자는 죽을 줄을 알고 있다'라고 했습니다. 그렇습니다. 인생은 살기를 시작하면서부터 죽기도 시작하는 존재입니다. 그런데도 이 땅에는 영영 죽지 않을 것처럼 사는 인생들이 있습니다. 모두가 모래시계 인생에 불과한데 그것을 까마득히 잊고 살아갑니다. 다른 사람은 죽어도 자신은 죽지 않을 것으로 착각하고 살아갑니다. 그래서 죄를 범하고, 못된 행동을 하며, 다른 사람에게 상처를 줍니다. 짧은 인생의 무대 위에서 끝까지 악역을 맡고 살아갑니다.

우리가 한 생을 살아간다고 하지만 좀 다른 차원에서 생각해 보면 인생은 세 번 사는 것입니다. 먼저 엄마 뱃속에서 한 번 살고, 그 다음에는 이 세상에서 한 번 살고, 마지막에는 영원한 하늘나라에서 또 한 번 살아야 합니다. 그러니까 우리는 일생(一生)을 사는 것이 아니라 삼생(三生)을 사는 것입니다.

그러면 첫 번째 인생을 살 때 우리는 엄마 뱃속에서 무슨 일을 합니까? 장차 세상에 나갈 준비를 합니다. 정자와 난자가 만나 조금씩 조금씩 자라 가면서 세상에 나갈 준비를 하는 것입니다. 그런데 이 세상에서 두 번째 인생을 살아갈 때도 마찬가지입니다. 두 번째 인생의 목적이 영원한 천국에 가는 것이라면 이 세상에서 천국에 갈 준비를 잘 해야 합니다. 막 살면 안 됩니다. 죽음을 준비하며 오늘 최선을 다해 살고, 아름답고 멋지게 살아야 하는 것입니다.

수박 값은 깎지 마시오

❖   재미있는 이야기가 있습니다. 강도가 한밤중에 어느 집을 털기 위해 들어갔습니다. 잠자는 주인을 깨워 권총을 들이대며 소리쳤습니다. "꼼짝 말고 손들어!" 잠결에 일어난 주인이 벌벌 떨면서 겨우 왼손을 들었습니다. 그러자 강도는 또 고함을 칩니다. "오른손도 들어야지?" 그래도 집주인은 왼손만 조금 높이 들 뿐입니다. 그러자 강도가 또다시 소리를 질렀습니다. "오른손을 들라니깐!" 그때 주인이 벌벌 떨면서 말했습니다. "강도 선생, 미안하지만 신경통 때문에 오른손은 들 수가 없으니 양해하시오." 이 말을 듣자마자 강도는 긴장을 풀고서 말했습니다. "신경통? 제기랄, 나도 신경통 때문에 이 짓을 하고 있소." 그 강도 역시 오른손이 신경통으로 마비되어 왼손으로 강도짓을 하고 있었습니다. 결국 신경통이라는 말 때문에 귀가 번쩍 뜨인 강도가 말했습니다. "주인 양반, 손 내리시오. 우리 신경통에 대해서 이야기나 해 봅시다. 그래, 무슨 약을 쓰고 있소?" 주인도 긴장을 풀고 강도에게 묻습니다. "당신은 어떻

게 치료하고 있소?" 두 사람은 밤새도록 이런 저런 이야기를 하다가 새벽녘에 이르러서야 멋쩍은 악수를 하고 헤어졌습니다. 작가 O. 헨리가 쓴 〈강도와 신경통〉이라는 단편의 내용입니다. 자고로 병을 앓아 본 사람이 환자의 고통을 알고, 눈물 젖은 빵을 먹어 본 사람이 배고픈 사람의 심정을 이해할 수 있습니다.

젊은 날에 아르바이트 겸 인생 공부 겸 해서 수박 장사를 해 본 적이 있습니다. 섭씨 35도를 육박하는 무더운 여름철에 수박을 가득 채운 리어카를 끌어 보니까 멋모르고 상상했던 수박 장사의 낭만은 눈곱만치도 찾아볼 수가 없었습니다. 시원한 가로수 밑에 리어카를 받쳐 놓고 녹음기에서 흘러나오는 옛 노래를 따라 부르며 수박을 파는 것처럼 쉬운 일도 없을 듯 했는데, 막상 장사를 해 보니까 현실은 전혀 달랐습니다. 리어카의 균형을 잡지 못해 수박이 길거리로 굴러가 깨지고, 수박을 갈라 본 사람들이 안 익었다고 그냥 가 버리고, 터무니없이 수박 값을 깎는 사람들을 대하면서 '아하, 세상이 그리 만만한 것이 아니구나' 하고 절감하였던 것입니다.

그 경험 이후로는 지금까지 단 한 번도 수박 값을 깎은 적이 없습니다. 뿐만 아닙니다. 결혼한 후 아내에게도 여러 번 유언처럼 말했습니다. "여보, 혹시 참외 값은 깎을지언정(?) 수박 값은 절대 깎지 마시오." 수박 장사의 경험을 통해서 수박 장수의 애환을 알았기 때문입니다. 이제 다른 것은 몰라도 수박 장수의 눈물과 한숨은 이해할 수 있습니다. 그런데 이것이 목회자에게는 굉장한 재산임을 고백하지 않을 수 없습니다. 인생고에 시달리는 사람들을 이해하고 위로하는 데 큰 도움이 되었기 때문입니다.

누구나 시련의 골짜기를 걸을 때는 고통을 당합니다. 하지만 그

골짜기를 지나간 후에는 뒤따라오는 자들을 위로하고 격려할 수 있습니다. 시련의 골짜기에서 울고 있는 자들의 눈물을 닦아 줄 수 있습니다. 이것이 시련의 골짜기를 지나간 사람이 소유할 수 있는 커다란 재산이요, 축복입니다.

예수님은 이 땅에서 많은 고생을 하셨습니다. 괴로움과 고통 속에서 밤을 새우셨습니다. 여러 번 눈물 흘리셨습니다. 그렇게 인생고를 경험하셨기 때문에 오늘 우리를 도우시고 위로하십니다. "수고하고 무거운 짐 진 자들아 다 내게로 오라 내가 너희를 쉬게 하리라." 여기에는 '내가 인생의 짐을 다 아노라. 내게로 오면 쉼을 주겠노라' 하는 뜻이 담겨 있습니다. 이 말씀 앞에서 우리는 얼마나 큰 위로를 얻는지 모릅니다.

우리가 한 생을 살면서 때로는 눈물의 골짜기를 지나갑니다. 그러나 그 시련과 고난을 잘 극복하기만 하면 주위에 있는 사람들을 넉넉히 위로하고 이끌어 줄 수 있는 신앙의 위대한 사람으로 우뚝 설 수 있습니다. 얼마나 놀라운 은혜입니까? 그런 의미에서 우리는 항상 멀리 보고 살아야 합니다. 훗날 승리의 산 정상에 서서 뒤따라오는 신앙의 후배들을 넉넉히 위로해 주고 이끌어 줄 수 있는 나를 생각하며 시련의 골짜기를 잘 걸어가야겠습니다.

주 안에서 자유하라

❖ 목회자에게 결혼 주례를 부탁하는 성도들이 많습니다. 목회자는 대부분 그들이 원하는 날짜에 맞추어 결혼 주례를 해줍니다. 그러나 다른 성도의 결혼식과 겹치거나 해외 선교지를 가야 하는 경우는 결혼식 날짜를 조절하기도 합니다. 결혼식을 한 주 빨리 하기도 하고, 두 주 늦추기도 하면서 결혼식을 올립니다. 하지만 끝까지 결혼식 날짜를 변경하지 못하는 가정이 있습니다. 그때마다 우리 목회자들은 이렇게 의심하기도 합니다. "혹시 이 사람이 점집에 가서 날짜를 받아 왔나? 그날이 길일이라고 하니까 끝까지 그날에만 결혼식을 올리려고 하는가?" 꼭 그런 것은 아니지만, 만약 이것이 사실이라면 그들은 하나님과 귀신에게 복을 더블로 받으려고 하는 사람들입니다. 예배드리면서 하나님께 복을 받고, 또 손 없는 날을 잡아서 귀신에게서도 복을 받으려고 하는 것입니다. 이것이 얼마나 우스운 노력입니까?

우리가 예수 믿기 전에는 날짜 잡는 것을 귀하게 여겼어도 이제 예수의 사람이 되었으면 그것을 버려야 마땅합니다. 하나님께서 주시는 날들은 요일과 날짜에 관계없이 다 복된 날이기 때문입니다. 길일이 따로 있고, 좋지 못한 날이 따로 있는 것이 아닙니다. 그런데도 과거의 습관을 버리지 못해서 부자유하게 살아가는 성도들이 있다면 이보다 큰 낭패가 없을 것입니다. 예수의 사람들이라면 언제나 자유해야 합니다. 더 이상 마귀의 종노릇하고 살면 안 됩니다. 하나님 앞에서는 1년 365일이 다 복된 날입니다.

지금도 시험을 앞두고는 미역국을 안 먹는 성도가 있습니다. 미역국을 먹으면 미끄러진다는 속설 때문입니다. 그러나 자유해야 합니다. 미역국은 혈액 순환에 좋은 음식입니다. 또 수험생을 둔 어떤 가정에서는 일체 떨어졌다는 말을 사용하지 못하게 합니다. 그래서 밥 먹다가 밥풀이 떨어져도 "밥풀이 바닥에 붙었네" 하고 말하지 "밥풀이 떨어졌네" 하고 말하지 못합니다. 너무나 부자유한 삶을 살아갑니다. 그런가 하면 자녀의 결혼을 앞두고는 상가에 조문도 못 가는 사람이 있습니다. 그러나 여기에서도 자유해야 합니다. 어디를 가든 하나님께서 기뻐하시는 곳이라면 적극적으로 찾아가야 복을 받는 것입니다.

예수 믿는 사람들은 모든 면에서 자유해야 합니다. 거칠 것이 없어야 합니다. 이미 마귀의 사슬에서 벗어나 자유한 자가 되었기 때문입니다. 그러나 우리가 분명히 알아야 할 중요한 사실이 하나 있습니다. 우리가 누리는 자유는 어디까지나 예수 그리스도 안에서의 자유라는 사실입니다. 예수의 사람들은 이제 그리스도 밖에서의 자유를 추구하지 않습니다. 오직 예수 안에서의 자유를 누리고 사는 것입니다.

오늘날 현대인들의 위기는 주님께서 주시는 자유를 누리지 못하고 그리스도 밖의 자유를 그리워하는 데서 옵니다. 주님의 말씀을 떠나서 인간 중심의 잘못된 길에 무슨 기쁨이라도 있는 줄 알고 자꾸 기웃거리며 옛날로 돌아가는 데에 문제가 있습니다. 세상으로 나가 내 멋대로 살고 싶어서 죄의 길을 찾아가는 것입니다.

그러나 주님을 떠나 인본주의로 가는 자유는 참 자유가 아닙니다. 하나님의 말씀을 떠나 인본주의로 가는 자유는 참 자유가 아니고, 참 행복을 가져다주는 것도 아닙니다. 인간은 하나님의 말씀을 떠나면 방자하게 되어 있습니다.

말씀을 떠나면 이기적인 사람이 되고, 교만한 사람이 되고, 비인격적인 사람이 되고, 비도덕적인 사람으로 변하게 되어 있습니다. 말씀을 떠나고 주님을 떠나면, 나를 불행하게 만드는 자유만 남습니다. 나를 파멸로 인도하는 자유만 남습니다. 주님 밖의 자유는 결국 타락이요, 방종이요, 멸망으로 가는 길입니다. 오직 주 안에서 자유를 누려야 하는 이유가 바로 여기에 있습니다.

어머니의 유산

❖ 　　　어머니는 사랑이 많았습니다. 자상하셨습니다. 너무 선한 것이 흠이라 할 만큼 좋은 분이었습니다. 음식 솜씨가 뛰어나셨고, 그 품은 언제 안겨도 따스했습니다. 어린 아들의 손을 잡고 기도해줄 때면 세상의 두려움이 모두 물러갔습니다. 그야말로 어머니는 어린 소년의 별이요, 희망이요, 인생의 전부였습니다. 그러나 그 소망의 별이 너무도 빨리 떨어지고 말았습니다. 불과 38세의 젊은 나이에 어머니는 한 마디 유언도 없이 하늘나라로 돌아가셨습니다. 그때 얼마나 슬펐던지 1년 365일을 죽은 사람처럼 살았던 기억이 있습니다.

　이제 많은 세월이 흘렀습니다. 하지만 어머니는 아직까지 38세의 젊은 모습으로 아들의 가슴속에 살아있습니다. 어린 시절, 집안은 가난하기 짝이 없었습니다. 끼니 걱정을 많이 했습니다. 아버지 때문에 고생을 많이 했습니다. 그래도 어머니는 하나님을 의지하며 고난을 찬송으로 바꾸었습니다. 새벽마다 성전에 나가 눈물로 기도하시던 모습이 아직도 생생합니다. 그 당시에 무슨 생각으로 그랬는지 어머니는 다섯 살밖에 되지 않은 아들의 손을 잡고 새벽예배에 자주 나가셨습니다. 눈이 하얗게 쌓인 새벽에 아들의 머리에 빨간 빵모자 하나 씌워 눈길을 걷게 하시고, 성전 마룻바닥에 무릎을 꿇게 하셨습니다. 그때 배운 찬송이 지금의 찬송가 338장입니다.

1. 내 주를 가까이하게 함은 십자가 짐 같은 고생이나
   내 일생 소원은 늘 찬송하면서 주께 더 나가기 원합니다
2. 내 고생하는 것 옛 야곱이 돌베개 베고 잠 같습니다
   꿈에도 소원이 늘 찬송하면서 주께 더 나가기 원합니다
3. 천성에 가는 길 험하여도 생명 길 되나니 은혜로다
   천사 날 부르니 늘 찬송하면서 주께 더 나가기 원합니다
4. 야곱이 잠 깨어 일어난 후 돌단을 쌓은 것 본받아서
   숨질 때 되도록 늘 찬송하면서 주께 더 나가기 원합니다

이제 어머니의 찬송 소리는 들을 수 없습니다. 그러나 어머니가 남겨 주신 찬송가는 아직도 아들의 가슴속에 남아 있습니다. 이 찬송은 삶을 다하는 그날까지 아들의 애창곡이 될 것입니다. 그동안 어머니가 보고 싶으면 이 찬송을 불렀습니다. 인생살이가 고달플 때 이 찬송을 불렀습니다. 어렵고 힘든 목회의 현장에서 눈물 날 때 이 찬송을 불렀습니다. 앞으로도 이 찬송은 아들의 가슴에서 떠나지 않을 것입니다. 진실로 어머니는 값진 유산을 남기셨습니다.

세월은 흘러 아들도 벌써 회갑이 되었고, 꽃다운 나이에 시집온 아내도 어느덧 50대 중반을 넘어서고 있습니다. 우리의 삶과 비교해

보면 아무리 생각해도 어머니는 너무 젊은 나이에 돌아가셨습니다. 사랑스런 자녀들이 성숙해 가는 모습을 보면서 한참 행복을 노래해야 할 시간에 인생을 접어야 했습니다. 아쉽기 그지없습니다. 오늘 한 시간만이라도 만날 수 있으면 좋겠습니다. "어머니, 사랑합니다. 제 등에 업히세요. 이제는 이 아들이 업어 드릴 차례입니다" 하며 어머니를 업은 채로 덩실덩실 춤추고 싶습니다. 그러나 모든 것이 허망한 바람일 뿐입니다.

유대인의 탈무드에 보면 "하나님께서는 자신이 만든 인간들을 다 돌볼 수 없어서 어머니를 창조하셨다"라는 말이 있습니다. 그렇습니다. 하나님은 이 땅의 가정을 일일이 돌볼 수가 없어서 가정 한 가운데 어머니를 세우셨습니다. 어머니로 하여금 식구들을 돌보고 행복한 가정을 가꾸어 가도록 복을 주신 것입니다.

그러므로 어머니 없는 가정은 실로 아무것도 아닙니다. 누가 뭐라 해도 어머니는 가정 한가운데 있어야 합니다. 가정의 중심에 서서 백지와 같은 자녀의 가슴 위에 아름다운 그림을 그려야 합니다. 자녀가 평생 어머니를 그리며 아름답게 살아갈 수 있도록 잊지 못할 불후의 명작을 남겨야 하는 것입니다.

어머니는 가셨습니다. 그러나 어머니는 오늘도 아들의 가슴속에서 찬송하십니다. "천성에 가는 길 험하여도 생명 길 되나니 은혜로다……."

당신 스스로를 사랑하라

❖ 　　마리안 앤더슨은 역사상 가장 위대했던 여자 성악가 중 한 사람으로 기록되고 있습니다. 석탄 장수의 딸로 태어나 세계적인 콘트랄토(여성 최저음 영역의 가수)가 된 그녀는 가난한 가정 형편과 흑인이라는 이유로 많은 어려움을 겪어야 했습니다. 그러나 1925년 28세의 나이에 '뉴욕 필하모닉' 주최 신인 콩쿠르에서 숱한 경쟁자를 뒤로하고 1등을 거머쥐었습니다. 1935년에는 흑인 최초로 잘츠부르크 음악제에 섰고, 이 공연을 본 세계적인 지휘자 토스카니니는 한 세기에 한 번 나올 만한 소리를 가졌다며 아낌없는 찬사를 보내기도 했습니다. 그 후 1939년에는 워싱턴 링컨 기념관 광장에서 무료 야외 연주회를 개최했는데 무려 7만 5천여 명의 청중이 몰릴 정도로 그녀는 유명세를 떨쳤습니다.

　어느 날 그녀가 서는 무대마다 빠짐없이 참석해 취재했던 한 기자가 그녀에게 이런 질문을 던졌습니다. "당신의 인생 중에서 가장 행복했던 때는 언제입니까?" 기자는 그녀가 공연을 마친 뒤 뜨거운 눈물을 흘리던 모든 순간을 함께했었기 때문에 어떤 대답을 할지 짐작할 수 있었습니다. 그런데 그녀의 입에서 뜻밖의 대답이 흘러나왔습니다. "제 일생에서 가장 행복했던 순간은 늙으신 어머니께 이젠 피부색으로 인한 차별을 받지 않게 되었다고 말씀드릴 때였습니다. 저는 어려서부터 검은 얼굴을 흰 얼굴로 바꾸기 위해 하루에 30번씩 세수를 했습니다. 그러나 어느 날 내 검은 얼굴을 받아들일 때 나는 가장 행복했고, 그때 내 인생은 바뀌었습니다."

열등감이란 다른 사람에 비하여 자기는 뒤떨어졌다거나 자기에게는 능력이 없다고 생각하는 만성적인 감정 또는 의식을 말합니다. 성장 과정에서 타인과 나를 비교하면서부터 자연스럽게 만들어지는 콤플렉스가 열등감인데, 어떤 사람은 이것을 성공의 동력으로 삼고, 어떤 사람은 평생을 열등감의 노예가 되어 살아갑니다. 그러므로 열등감에 지배당하느냐, 열등감을 극복하느냐가 얼마나 중요한지 모릅니다. 열등감은 마음을 좀먹는 곰팡이와 같습니다. 방치할 경우 자존감에 상처를 입히고, 자신감을 위축시켜 결국 자신을 아무것도 아닌 존재로 만들어 버립니다.

그러면 누구에게나 있는 열등감을 어떻게 극복해야 하겠습니까? 가장 현명한 비결은 자신을 있는 그대로 받아들이는 것입니다. 지금 이대로도 잘하고 있다는 '자기 격려', 이만큼도 잘했다는 '자기 칭찬', 못나고 약한 자신을 토닥일 줄 아는 '자기애', 이 셋이야말로 열등감을 종식시키는 삼총사입니다.

천재 과학자인 아인슈타인은 학창 시절 수학을 못하는 열등생이었습니다. 세계적인 발명가 에디슨은 아예 학교에서 쫓겨난 사람이었습니다. 미국의 유명한 가수 엘비스 프레슬리 역시 첫 오디션에서 다시 트럭 운전이나 하라는 악평을 들었습니다. 한국 대중음악계를 완전히 바꿔놓았다는 평가를 듣는 서태지 역시 첫 방송 오디션에서 혹평을 들으며 속울음을 삼켜야 했습니다. 하지만 이들은 모두 자신에 대한 믿음으로 열등감을 극복하고 자기 분야에서 최고의 사람이 되었습니다.

상처가 없는 사람은 멀리 날아가지 못합니다. 그러나 상처가 있고 구겨진 부분이 있는 사람은 오히려 멀리 날아갈 수 있습니다. 이것을 종이로 비유할 수 있습니다. 우리가 아는 대로 주름 없는 종이는 아무리 세게 던져도 멀리 가지 못합니다. 하지만 구겨진 종이를 던지면 오히려 멀리 날아갑니다. 구겨진 것(상처)이 짐이 아니라 힘이 되는 것입니다.

그러므로 나에게 있는 상처를 긍정적으로 보느냐, 부정적으로 보느냐가 참으로 중요합니다. 내가 나를 긍정적으로 보면 나는 힘을 가진 사람이 됩니다. 남이 나를 어떻게 생각하느냐보다는 내가 나를 어떻게 생각하느냐가 더 중요한 것입니다. 나는 누가 뭐라 해도 하나님의 형상을 닮은 소중한 존재입니다. 그리고 예수님이 나를 위해 십자가에서 죽으실 만큼 나를 사랑하셨습니다. 나는 보통 가치 있는 사람이 아닙니다. 이것이 나를 사랑하고, 나를 믿어야 할 가장 큰 이유입니다.

감사가 행복을 만든다

❖ '세계 행복 보고서'(World Happiness Report)라는 기관에서는 해마다 '세계 행복 지수'를 발표합니다. 매년 새롭게 조사를 하고 책정 방식도 조금씩 달라지기 때문에 1위에서 10위권 사이의 나라들은 해마다 조금씩 바뀌는 편입니다. 이런 방식 때문에 이 조사에 대해 의문점을 제기하는 학자들도 많이 있지만 대부분의 연구기관에서 이 조사를 신뢰하고 있습니다.

그런데 이곳에서 발표한 조사 중 한때 인도네시아의 '발리'가 행복 지수 상위권에 오른 적이 있었습니다. 작은 섬에, 국민소득도 낮은 발리가 선정이 되자 노먼 빈센트 필 박사는 결과의 신빙성을 체크하기 위해서 직접 발리로 찾아갔습니다. 박사는 일주일 동안 섬사람들을 만나며 정말로 행복한지, 그리고 무엇 때문에 행복하다고 느끼는지에 대해 묻고는 '발리 사람들이 행복한 다섯 가지 이유'를 다음과 같이 정리했습니다. '첫째, 가진 것이 없어 걱정이 없다. 둘째, 생활이 단순하다. 셋째, 서로를 좋아한다. 넷째, 식량이 충분하다.

다섯째, 아름다운 지역에서 산다는 자부심이 있다.'

똑같은 조건과 환경이 누구에게는 행복한 이유가 되고, 누구에게는 불행한 이유가 됩니다. 가진 것에 만족할 줄 아는 사람은 언제나 행복을 노래하지만 없는 것에 대한 불평만 늘어놓는 사람은 늘 불행하게 살아가게 됩니다. 오늘도 어떤 사람은 세상에는 나쁜 사람들만 있다고 말하는가 하면, 어떤 사람은 세상에는 좋은 사람들만 산다고 말합니다. 분명히 현상은 똑같은데 보는 시각에 따라 다르게 말합니다. 결국 행복과 불행은 우리의 마음에서 이미 결정되는 것입니다. 환경이 사람을 만든다고 하지만 사실은 생각이 사람을 만듭니다. 생각이 그 사람을 만들고, 생각이 그 사람의 인생 수준을 결정짓는 것입니다.

사람들은 날씨의 영향을 많이 받습니다. 흐린 날씨나 비 오는 날씨가 여러 날 계속되면 누구나 우울해지는 경향이 있습니다. 그러나 신앙생활의 날씨는 그리스도인의 마음속에 들어 있는 감사에 의해서 결정됩니다. 항상 그 마음속에 감사가 들어 있으면 신앙생활의 날씨가 맑음, 쾌청, 따뜻함으로 나타나지만 그 마음으로 비치는 감사의 햇살이 불평이나 불만이라는 구름에 가려 있으면 우울하고 어둡고 짜증나는 삶으로 바뀌는 것입니다. 그러므로 좋은 사람이라고 할 때 그 사람은 좋은 생각을 하는 사람임에 틀림없고, 행복한 사람이라고 할 때 그 사람은 감사하는 사람임에 틀림없습니다.

유대인의 지혜서인 탈무드를 보면 이런 글이 실려 있습니다. "참으로 지혜로운 자는 모든 경우에 있어서 배우는 사람이고, 참으로 강한 자는 자신을 절제할 줄 아는 사람이며, 정말 부자는 자신이 가진 것에 대해 감사할 줄 아는 사람이다."

감사가 행복을 만든다

사람들이 감사하는 태도를 보면 세 가지 유형의 사람으로 나눌 수 있습니다. 첫 번째는 감사해야 할 일이 있는데 감사하지 않는 사람입니다. 우리는 이런 사람을 배은망덕한 사람이라고 하며 짐승만도 못한 사람으로 취급합니다. 두 번째는 감사할 일이 있을 때만 감사하는 사람입니다. 사업이 번창해서 감사하고, 건강해서 감사하고, 자식이 공부 잘해서 감사하고, 가정이 행복해서 감사하고, 직장에서 승진하여 감사하고, 바라던 일이 이루어져서 감사합니다. 이는 지극히 당연한 감사인데 이런 감사만 잘해도 훌륭한 사람입니다.

그러나 세 번째는 감사할 만한 일이 없는데도 감사하는 사람이 있습니다. 이런 감사는 그럼에도 불구하고의 감사인데 참으로 고차원적인 감사이며, 성숙한 신앙에서만 나오는 감사입니다. 이런 감사에는 불행이 없습니다. 절망이 없습니다. 항상 기쁨이 넘쳐납니다. 행복을 노래합니다. 지독한 고통 속에서도 감사로 행복한 삶을 만들어 갑니다.

지금이 가장 중요합니다

❖　　"인생살이에 있어서 가장 소중한 것 세 가지는 황금, 소금, 지금이다"라는 말이 있습니다. 황금은 '돈'을 상징하고, 소금은 '음식'을 상징하며, 지금은 '시간'을 상징합니다. 이 말이 너무 멋있다고 생각한 남편이 아내에게 문자를 보냈습니다. "여보, 세상 살아가는 데 꼭 필요한 세 가지 금이 뭐라고 생각해?" 잠시 후 아내에게서 답장이 왔습니다. "현금, 지금, 입금." 이 문자를 본 남편이 '헐' 하고 탄식하다가 곧바로 문자를 보냈습니다. "방금, 조금, 입금."

　황금이 중요함은 새삼스레 언급할 필요가 없습니다. 인생살이에 재물은 꼭 필요하기에 재물을 부정해서는 안 됩니다. 소금 역시 인간이 생명을 유지하기 위해서는 반드시 필요한 물질입니다. 소금은 피를 만드는 필수적인 요소이기 때문입니다. 사람이 일정 기간 소금을 섭취하지 못하면 생명을 잃게 될 정도로 소금은 중요합니다. 그래서 옛날 로마군은 월급을 소금으로 지급했습니다. 요즘은 소금 섭취가 과잉이 되어 소금 섭취량을 줄이기에 열심이지만, 그렇다고 하여 아예 소금을 먹지 않으면 생명까지 잃게 됩니다. 그리고 '지금'에 대하여는 할 말이 많습니다.

우리는 시간을 구분할 때마다 과거와 현재, 미래로 구분하고, 어제와 오늘, 내일로 구분합니다. 이 중에서 가장 중요한 시간이 언제입니까? 바로 오늘입니다. 현재가 가장 중요한 것입니다. 지금이 없으면 인생 자체가 사라집니다. 내일이 중요하고 미래가 중요하지만 그 내일과 미래도 오늘의 지금을 바탕으로 하여 이루어집니다. 지금 내가 숨 쉬며 살고 있다는 것 자체가 하나님께서 주신 은혜요 선물이요 기회입니다. 하나님께서는 우리에게 날마다 '지금'을 선물로 주십니다. 그러므로 지금이라고 하는 시간을 잘 보내면 말할 수 없는 복을 받고 보람을 얻지만 그렇지 못할 때는 인생을 허비해 버리는 실패를 가져오는 것입니다.

수년 전 미국의 한 공장에 도둑이 들어와 많은 시계를 훔쳐 갔습니다. 그때 그 상황을 처음 발견한 직원이 경찰에 이렇게 연락했습니다. "오늘 새벽 도둑이 우리 시간을 훔쳐 달아났습니다." 직원은 너무 바쁜 나머지 '시계'를 '시간'이라고 신고했던 것입니다. 그러나 그는 자신도 모르게 시간도 시계처럼 도둑맞을 수 있음을 교훈한 것입니다.

인간은 시간 속에서 살아갑니다. 태초에 하나님이 천지를 창조하실 때부터 모든 창조는 하루하루의 시간 단위로 이루어졌습니다. 저녁이 되고 아침이 되니 창조의 첫째 날이라고 말씀하셨습니다(창 1:5). 하나님이 처음으로 "거룩하다" 선포한 것은 시간이었습니다. 그래서 성경의 세계는 공간적 세계가 아니라 시간적 세계입니다.

사람들은 공간에 관심이 많지만 하나님은 시간에 관심이 많습니다. 공간은 물체와 그것의 소유에 대한 관심을 뜻합니다. 그러나 시간은 존재와 그것의 주권에 대한 관심을 의미합니다. 시간적 세계관은 삶의 목표를 획득에 두는 것이 아니라 존재에 두고, 소유에 두는 것이 아니라 분배에 두며, 정복에 두는 것이 아니라 조화에 둡니다.

그렇다면 오늘 우리는 시간을 어떻게 선용하는지 돌아보아야 합니다. 에베소서 5장 16절을 보면 "세월을 아끼라"고 말씀합니다. 여기서 '세월을 아끼라'는 말은 '시간을 허비하지 말고 바쁘게 살라'고 하는 것이 아닙니다. 원뜻을 보면 '세월'은 '중요한 시기, 금방 지나가 버리는 특별한 기회'를 의미하고, '아끼라'는 '속량하라, 도로 사라'는 의미가 있습니다. 그러니까 '세월을 아끼라'라는 말은 '어떤 기회가 주어졌을 때에 그 일을 위해서 최선을 다하라'라는 뜻입니다. 하나님의 영광을 위해서 그 무엇인가 선한 일을 행하되, 최선을 다해 하라는 것입니다.

오늘 당신은 하나님께서 주신 시간을 어떻게 보내고 있습니까? 지금이 가장 중요합니다.

손녀 바보

❖   개인적으로 할아버지가 된 지 3년이 넘었습니다. 그것도 3년 전 성탄절에 태어난 큰손녀와 1년 전 4월에 태어난 둘째 손녀가 있으니, 이제 누구도 부인할 수 없는 할아버지입니다. 그런데 이 손녀들이 할아버지의 가슴을 사정없이 흔들어 놓습니다. 잠시라도 안 보면 보고 싶고, 어쩌다 보게 되면 또 보고 싶습니다. 한 번 보고 두 번 보고 자꾸만 보고 싶습니다. 영상 통화를 하기도 하고, 동영상이나 사진을 전송해 오면 그것을 보면서 그리움을 달래기는 하지만 때로 미친 듯이 보고 싶은 날이 있습니다. 누가 가르쳐 준 것도 아닌데 자꾸 이런 마음이 생기는 것입니다. 이런 심정이야말로 하나님께서 태초부터 주신 마음이 아닌가 생각합니다.

미국에 있는 손녀가 잠시 귀국하여 집에 머물거나 서울에 있는 손녀가 한 번씩 내려오면 얼마나 예쁜지 말로 표현할 수가 없습니다. 수정같이 맑은 눈망울과 앵두 같은 입술, 고사리 같은 손, 그리고 고요한 숨소리까지 아름답지 않은 구석이 하나도 없습니다. 서로 마주 보며 둘만이 아는 방언으로 대화를 하고 놀이터에 가서 함께 시간을 보내는 기쁨은 지금도 어떻게 표현해야 할지 모를 정도입니다.

할아버지만 보면 유달리 살인 미소(?)를 날리며 애교를 떠는 손녀들로 인해 평소 하지 않던 행동을 하게 됩니다. 목욕도 시켜 주고, 밥도 먹여 주고, 설거지까지 하다 보면 주부습진에 걸릴 지경입니다. 그것도 부족해서 손녀가 활짝 웃는 모습을 보려고 손녀 앞에서 온갖 바보짓을 해 가며 재롱을 피우는 모습은 누가 봐도 손녀 바보입니다. 혹시라도 손녀 얘기를 꺼내기만 하면 기다렸다는 듯이 휴대폰에 저장된 사진과 동영상을 보여주기에 바쁘니 틀림없는 중증 손녀 바보입니다.

아마 이런 현상은 일부 할아버지 할머니에게만 국한된 것이 아니라 지구촌의 모든 할아버지 할머니들이 경험하는 일종의 신드롬일 것입니다. 지금까지 손자 손녀 자랑에 열 올리지 않는 사람은 본 적이 없습니다. "꽃노래도 열 번 들으면 식상해진다" 하고 말려도 소용없습니다. "손자 손녀 자랑하려면 돈을 만 원씩 내고 하라"고 겁을 주어도 기꺼이 만 원씩 내놓고 입에 침이 마르도록 자랑하는 사람도 있습니다. 이렇게 자기만 손자 손녀가 있는 것처럼 대책 없이 자랑에 열을 올리자 요즘은 "더 이상 손자 손녀 자랑 듣기 싫으니 우리끼리 돈 모아서 집에 돌려보내자"라는 데까지 발전된 상황이라고 합니다. 재미있는 얘기입니다.

그러면 왜 이런 현상이 생길까요? 우리 역시 조부모들에게 큰 사랑을 받고 자랐고, 우리도 여전히 그 사랑을 대물림하고 있는데, 이런 현상이 왜 변하지 않느냐는 것입니다. 가족의 관계, 역할, 지켜야

손녀 바보

43

할 도리 등을 연구 대상으로 하는 학문인 '가족학'에 '격세대의 원리'라는 것이 있습니다. 대부분의 사회에서 손자 손녀와 조부모의 관계는 아주 친숙한 관계인데 이 관계를 '격세대의 융합'이라고 말합니다.

반면에 아버지와 아들의 관계는 일종의 대립이 형성될 수 있다는 이론 하에 '인접세대의 대립'이라고 말합니다. '오이디푸스 콤플렉스'라는 잠재적 적대감이 존재하기 때문에 부모 자식 간은 어느 정도 경쟁 대립 관계가 형성된다는 것입니다. 하지만 조부모와 손자 손녀 관계는 '오이디푸스 콤플렉스'에서 생기는 위협이 없고 순수한 정서적 관계 속에서 이루어지기에 무조건 가까울 수밖에 없다는 얘기입니다.

이런 심리학적 이론에 전적으로 동의하지는 않지만, 어쨌든 이 땅의 모든 조부모들은 손자 손녀 앞에서 한없이 작아지기만 합니다. 아마도 부모는 자식을 사회적 규범에 맞게 사랑으로 교육하고 양육할 책임이 있지만 조부모는 그런 부담이 없으니까 손자 손녀에게 무조건적인 사랑을 가지고 대하지 않나 생각해 봅니다.

또 이런 이론도 있습니다. 영생은 현실적으로 불가능한 것이지만 그것을 손자 손녀의 존재에서 일부 충족하기 때문에 더 사랑한다는 것입니다. 적어도 자신의 유전자를 사분의 일은 가졌으니까 자신의 분신으로 보고 사랑스럽게 느낀다는 얘기입니다.

누가 뭐라 해도 손자 손녀 사랑은 말릴 수가 없습니다. 아무도 막을 사람이 없습니다. 그런데 우리 하나님의 사랑이 이와 같습니다. 하나님의 사랑은 아무런 조건이 없습니다. 하나밖에 없는 아들 예수 그리스도를 십자가에 내어주실 만큼 우리를 사랑하셨으니 이 사랑을 어떻게 말로 표현할 수 있겠습니까? 손녀 사랑을 통해서 다시 한 번 하나님의 끝없는 사랑, 희생적인 사랑, 무조건적인 사랑, 아낌없이 내어주는 사랑을 생각해 봅니다.

네 부모를 공경하라

❖ 82세 된 노인이 어느 날 45세 된 아들과 거실에서 마주 앉아 있었습니다. 그때 마침 까마귀 한 마리가 창가의 나무 위로 날아와 앉았습니다. 그것을 보고 노인이 아들에게 물었습니다. "야, 저게 뭐냐?" 아들이 다정하게 말했습니다. "까마귀예요. 아버지!" 그런데 아버지가 조금 후에 다시 물었습니다. "야, 저게 뭐냐?" 아들이 다시 말했습니다. "까마귀라니까요."

그런데도 아버지는 조금 뒤에 또 물었습니다. "야, 저게 뭐냐?" 세 번이나 똑같은 질문을 하자 아들은 짜증이 나서 좀 더 큰소리로 말했습니다. "아버지, 저건 까마귀라구요." 그런데 얼마 있지 않아 아버지가 네 번째로 똑같은 질문을 했습니다. "야, 저게 뭐냐?" 그러자 화가 난 아들이 그만 큰 소리로 외쳤습니다. "아버지, 까마귀~ 까마귀라구요! 까마귀란 말도 이해가 안 되세요? 왜 자꾸만 같은 질문을 반복해서 하세요?"

그때 아버지가 갑자기 방에 들어가서 때 묻고 찢어진 일기장을 한 권 들고 나왔습니다. 그리고는 그 일기장을 펴서 아들에게 주며 읽어 보라고 했습니다. 아들이 일기장을 펴 보니까 자기가 세 살짜리 애기였을 때 아버지가 쓴 일기가 적혀 있었습니다. "오늘은 까마귀 한 마리가 창가에 날아와 앉았다. 어린 아들은 '저게 뭐야?' 하고 내게 물었다. 나는 까마귀라고 대답해 주었다. 그런데 아들은 연거푸 23번이나 똑같이 물었다. '아빠, 저게 뭐야?' 그래도 나는 귀여운 아들을 안아 주며 끝까지 다정하게 대답해 주었다. '까마귀'라고. 나는 아들에게 사랑을 준다는 게 참으로 기뻤다." 이 글을 읽고서 아들의 얼굴이 얼마나 뜨거워졌겠습니까?

우리나라에서 까마귀에 대한 인식은 좀 부정적입니다. 아마도 까마귀의 생김새와 까만 색깔 때문에 그러는지 모르겠습니다. 하지만 이런 부정적인 이미지와는 달리 까마귀의 실상은 전혀 다른 면이 있습니다. 조류학자들의 연구에 의하면 까마귀는 지구상에서 그 어떤 새보다 머리가 좋다고 합니다. 이것 외에도 더 놀라운 사실이 또 있습니다. 까마귀는 어미가 늙어서 힘을 못 쓰면 새끼들이 먹이를 물어다 준다는 것입니다.

흔히 우리는 짐승들이 먹이를 먹여 줄 때만 고마워하고 성장한 후에는 완전히 잊어버리는 것으로 알고 있습니다. 그러나 까마귀는 그렇지 않습니다. 자기를 키워준 부모를 알고 부모가 죽을 날이 약 6개월 정도 남았다고 판단되면 그때부터 먹이를 물어다 준다는 것입니다. 그것도 소화가 잘 되도록 자기 위 속에다 먹이를 넣고 불려서 그것을 토해 내 부모에게 일일이 먹여 준다고 합니다.

얼마나 효성이 지극한 새입니까? 바로 여기서 '반포지효'(反哺之孝)라는 사자성어가 나왔습니다. '반포'(反哺)는 '입에 물어다 어미에게

네 부모를 공경하라

준다'라는 뜻이고, '지효'(之孝)는 '효도한다'는 뜻입니다. 까마귀는 부모의 사랑을 잊지 않고 효도할 줄 아는 새입니다. 그래서 반포지효라는 말이 나왔고, 까마귀를 '반포조'라고도 부르는 것입니다.

이렇게 세상의 미물에 불과한 까마귀도 부모에게 효를 다하는데 오늘 우리가 사는 세상은 어떻습니까? 부모에게 불효하는 사람들이 많습니다. 부모를 업신여기고, 부모를 학대하는 자식들도 있습니다. 참으로 불행한 일이 아닐 수 없습니다.

어머니는 인생의 요람입니다. 하나님께서 주신 최고의 복입니다. 어머니의 사랑보다 더 위대한 사랑이 없습니다. 아버지 역시 나에게 생명을 물려준 분이요, 나를 위해 기꺼이 모든 것을 희생하신 분입니다. 몸이 아파도 아침 일찍 일어나는 사람, 말 한마디로 용기를 심어 주는 사람, 언제나 뒤에서 응원을 해주는 사람, 이 지구상에 하나밖에 없는 사람이 바로 나의 아버지입니다. 그래서 주님은 오늘도 말씀하십니다.

"네 부모를 공경하라."

기적이 무엇인가?

❖   많은 사람들이 한 생을 살아가는 동안 종종 자신에게 기적이 일어나기를 갈망합니다. 홍해가 갈라지고, 물이 변하여 포도주가 되고, 12년 동안의 혈루증이 순식간에 사라지는 기적이 나에게도 일어나기를 소망합니다. 그러나 우리는 이미 이런 기적을 체험했고, 지금도 평범한 일상 가운데서 매 순간 기적을 써 내려가는 사람들입니다. 아침에 눈을 뜨고, 일어나 세수를 하는 것이 기적입니다. 밥을 먹고, 옷을 입고, 걸어 다니는 것이 기적입니다. 보고, 듣고, 말하고, 일하는 것 자체가 사실은 기적입니다. 단 하루만 병상에 누워 일어나지 못해도 이 말에 공감할 것입니다. 어쩌면 삶 전체가 기적의 연속이라 할 수 있습니다.

중국의 속담 중에 이런 말이 있습니다. "기적은 하늘을 날거나 바다 위를 걷는 것이 아니라 땅에서 걸어 다니는 것이다." 단순히 걸어 다니는 일만 해도 얼마나 많은 것이 동원되어야 하는지 모릅니다. 뇌가 온전해야 합니다. 심장이 잘 박동해야 합니다. 피의 순환이 온전해야 합니다. 신경 계통이 건강해야 합니다. 근육과 뼈가 온전해야 합니다. 호흡이 정상적이어야 합니다. 몸의 모든 기능이 역할을 다하고 긴밀하게 협력해야 합니다. 그런데 이 모든 것이 완전 자동으로 이루어져서 우리가 마음껏 걸어 다닐 수 있다면 이보다 놀라운 기적은 없는 것입니다.

지금도 중환자실에 누워서 눈만 깜박이고 사는 사람에게는 걸어 다닌다는 것이 기적이고, 손가락 하나 움직이는 것이 기적입니다. 생각을 조금만 바꾸면 지금 건강한 것이 기적입니다. 호흡하고 있는 것이 기적입니다. 세상을 볼 수 있는 것이 기적이고, 냄새를 맡을 수 있는 것이 기적이고, 먹을 수 있는 것도 기적입니다. 생각하고, 말하고, 노래하고, 감동하고, 가정을 이루고, 일하며 사는 일상의 삶이 다 기적인 것입니다.

어떤 사람이 이런 말을 했습니다. "안구 하나 구입하려면 1억 원이 들고, 눈 두 개를 갈아 끼우려면 2억 원이 든다. 신장을 바꾸는 데는 3천만 원, 심장을 바꾸는 데는 5억 원, 간 이식 하는 데는 7천만 원, 팔다리가 없어 의수와 의족을 끼워 넣으려면 더 많은 돈이 든다. 그리고 갑작스런 사고로 앰뷸런스에 실려 갈 때 산소 호흡기를 쓰면 한 시간에 36만 원을 내야한다. 그러므로 공기를 공짜로 마시고 있다면 하루에 860만 원을 버는 셈이다. 우리는 하나같이 엄청난 몸값을 가진 사람들로서 하루에 860만 원어치의 공기를 공짜로 마시고 살아가는 사람들이니 이것 또한 보통 일이 아니다."

기적의 사람들이 따로 없습니다. 우리가 기적의 사람들입니다. 우리가 살아 있는 것 자체가 기적이고, 자연 자체가 기적입니다. 자연의 질서가 유지되고, 그 안에서 우리가 한 치의 오차도 없이 살아가고 있다는 것이 기적입니다. 그런데 숱한 기적 중에서 하나님이 주시는 최고의 것은 우리가 하나님께로 돌아오는 기적입니다. 영원한 멸망의 길로 가다가 하나님께 돌아와 구원의 은총을 덧입게 되었다면 이것이야말로 기적 중의 기적인 것입니다.

사실은 우리가 하나님 없이 홀로 살아가는 것이 가장 근원적인 죄입니다. 마귀가 가장 원하는 형태는 우리가 하나님 없이 사는 것입니다. 그런데 하나님께서 친히 인간의 몸을 입고 이 땅에 오셔서 우리를 죄와 사망에서 구원하여 주시고 우리와 함께해 주시니, 이보다 놀라운 기적이 어디에 있겠습니까?

하나님께서 주시는 최종의 복은 땅도 아니고, 집도 아니고, 재물도 아닙니다. 심지어 물과 공기와 가족들도 아닙니다. 이러한 모든 것들을 주시는 하나님이 우리를 구원해 주시고 우리의 하나님이 되시겠다는 것이 가장 큰 은혜요 복이라 할 수 있습니다. 그렇다면 이미 하나님께 돌아와 하나님의 자녀로 사는 우리는 가장 큰 기적을 체험한 사람들인 것입니다.

빈 집의 위험을 아는가?

❖   공주병이 심각한 한 여자가 음식을 해놓고 아들과 함께 식탁에 앉았습니다. 그 자리에서 여자는 스스로도 대견하게 생각되었는지 아들에게 물었습니다. "아들아, 엄마는 얼굴도 예쁜데 요리도 잘해. 그렇지? 이런 걸 사자성어로 하면 뭐라고 말하지?" 엄마가 기대한 대답은 '금상첨화'였습니다. 그런데 눈치 없는 아들이 얼른 이렇게 말했습니다. "아, 자화자찬?" "아니, 그거 말고 다른 거 있잖아!" "아, 과대망상?" 그 말을 들은 엄마가 거의 폭발 직전에 이르렀습니다. 그러나 성질을 꾹 참고 애써 미소를 지으며 말했습니다. "'금' 자로 시작하는 건데. 다시 한 번 잘 생각해 봐." '금상첨화'가 나오기를 기대하면서 마지막으로 기회를 주었는데, 그때도 아들은 눈치 없이 이렇게 말했다고 합니다. "아, 금시초문?"

'착각은 자유'라는 말이 있지만 '오해는 자해'라는 말도 있습니다. 왜 그렇습니까? 자기 자신을 제대로 알지 못하면 바로 거기서부터 모든 문제가 발생하기 때문입니다. 자신을 모르는 사람은 스스로 속고 살아갑니다. 자신이 어디로 가는지도 모릅니다. 존재의 의미를 모릅니다. 인간관계가 좋지 않습니다. 다른 사람에게 끊임없이 피해를 줍니다. 마지막에는 허무로 끝나고, 비극으로 끝납니다. 이렇게 오해는 자해가 되는 것입니다.

그러므로 나 자신을 안다는 것이 얼마나 중요한지 모릅니다. 인생이 아무리 바빠도 먼저 내가 누구인지를 알아야 합니다. '나는 어디서 왔는지, 내 운명의 시점이 어디까지 왔는지, 나는 도대체 무엇 때문에 살아야 하는지'를 알아야 하는 것입니다. 그렇지 않으면 내 인생이 실패로 끝나기 때문입니다.

죽음의 수용소 아우슈비츠에서 극적으로 살아난 빅터 프랭클 박사가 쓴 《The Will to Meaning》(의미에의 의지)라는 책이 있습니다. 그는 이 책에서 '공허감과 무의미에 시달리는 인간의 상태'를 '존재적 진공 상태'라고 말합니다. '존재적 진공 상태'라고 언급하고 있는데, 이 말이 아주 의미가 있습니다. 우리가 아는 대로 겉으로는 멀쩡한 것 같은데 속은 텅 비어 있는 사람이 있습니다. 그런 사람은 겉모양이 아무리 그럴싸해도 사실은 진공 상태나 다름없습니다. 아무런 존재 의미가 없습니다.

그러면 사람들이 왜 이런 상태에 빠집니까? 왜 영혼 없는 사람처럼 살아갑니까? 무언가 착각에 빠져서 그렇습니다. 인간은 동물과 다릅니다. 동물은 배만 부르면 됩니다. 동물적 욕구만 충족되면 그것으로 행복해하고 만족합니다. 그러나 인간은 그렇지 않습니다. 내가 배고픈 것을 충족시키고, 내가 갖고 싶은 것을 충족시키고, 내가 되고 싶은 것을 충족시킨다고 해서 나의 내적 존재가 채워지는 것이 아닙니다. 그러므로 존재의 의미를 찾고, 삶의 목적을 찾는 일은 오직 나 스스로 해야 합니다.

이를 위해서는 내 영혼이 존재적 진공 상태에 빠지도록 놓아두어서는 안 됩니다. 다시 말해서 내 심령이 빈 집이 되게 해서는 안 된다는 얘기입니다. 성경을 보면 이런 이야기가 나옵니다. 한 귀신 들린 사람이 주님의 은혜로 자유한 자가 되었습니다. 그런데 자기 영혼의 집을 그대로 방치하니까 나중에 쫓겨 나간 그 귀신이 일곱 귀신을 더 데리고 들어왔습니다. 그로 인해 그 사람의 나중이 처음보다 심히 악화되고 말았습니다.

우리의 마음을 비워 놓고 인생의 주인 되시는 주님을 모시지 않으면 그 심령 속에 온갖 귀신이 다 들어오고 우리의 심령은 완전히 황폐화되고 맙니다. 그래서 주님은 오늘도 우리에게 말씀하십니다. "나를 주인으로 영접하지 않은 악한 세대는 이와 같이 되리라." 신학자 벵겔은 이렇게 말했습니다. "그리스도와 사탄 사이에 중립지대는 없다." 믿는 자에게 중립은 없습니다. 당신은 예수님을 확실히 주인으로 모시고 살아가십니까?

가장 소중한 사람

❖ 미국의 어떤 대학 교수가 강좌 시간에 한 여성에게 말했습니다. "앞에 나와서 칠판에 아주 친한 사람 20명의 이름을 적어 보세요." 여성은 시키는 대로 가족, 이웃, 친구, 친척 등 20명의 이름을 적었습니다. 교수가 다시 말했습니다. "이제 덜 친한 사람 이름을 지우세요." 여성은 이웃의 이름을 지웠습니다. 교수는 또 한 사람을 지우라고 했고, 여성은 회사 동료의 이름을 지웠습니다. 몇 분 후 칠판에는 네 사람, 부모와 남편 그리고 아이만 남게 되었습니다. 교실은 조용해졌고 다른 여성들도 말없이 교수를 바라보았습니다.

그때 교수는 여성에게 또 한 사람을 지우라고 했습니다. 여성은 망설이다가 부모의 이름을 지웠습니다. 교수는 다시 또 한 사람을 지우라고 했습니다. 여성은 각오한 듯 아이 이름을 지웠습니다. 그리고 펑펑 울기 시작했습니다. 얼마 후 여성이 안정을 되찾자 교수가 물었습니다. "남편을 가장 버리기 어려운 이유가 무엇입니까?" 모두가 숨을 죽인 채 여성의 대답을 기다렸고, 얼마 후 여성은 이렇게 말했습니다. "시간이 흐르면 부모는 나를 떠날 것이고, 아이 역시 언젠가 나를 떠날 것입니다. 그러나 일생을 나와 함께 지낼 사람은 남편뿐입니다."

사실 이 세상에 평생을 함께 할 사람은 나의 아내, 나의 남편밖에 없습니다. 언젠가는 부모도 떠나고, 자녀도 떠나며, 곁에 있는 사람들이 다 자기의 행복을 찾아 떠나갑니다. 그러니 삶이 다하는 그날까지 함께할 사람은 나의 배우자밖에 없는 것입니다. 그렇다면 지금 내 곁에 있는 배우자가 얼마나 소중하고 귀한 존재입니까?

태초에 하나님께서 천지를 지으실 때 이 땅의 모든 피조물을 창조하시고 심히 좋아하셨습니다. "참으로 좋구나. 참으로 좋구나" 하고 탄성을 올리셨습니다. 그러나 하나님께서 보시기에 최초로 좋지 않은 것이 있었습니다. 그것이 바로 인류 최초의 남자 아담이 혼자서 독처하는 것이었습니다. 하나님께서는 아담이 배우자도 없이 고독하게 사는 것을 싫어하셨습니다.

이것을 놓고 《실낙원》의 저자 밀턴은 이렇게 말한 바 있습니다. "고독이야말로 하나님께서 보시기에 최초로 좋지 못한 것이었다."

결국 하나님께서는 아담을 깊이 잠재우신 후에 그의 갈빗대를 취하여 인류 최초의 여자 하와를 지으셨습니다. 그때 아담은 하와를 보고 너무나 감격스러워서 눈물 나도록(?) 진한 사랑의 고백을 했습니다. "이는 내 뼈 중의 뼈요 살 중의 살이라"(창 2:23). 아담은 하와가 자신의 뼈와 살로 지음 받은 존재임을 알았습니다. 부부는 처음부터 한 몸에서 시작되었고, 서로 사랑하지 않고서는 견딜 수 없는 존재로 지음 받은 사실을 깨달은 것입니다. 아담은 그 감격을 가지고 자신의 아내인 하와의 이름을 '여자'(히브리어, 이쇠)라고 불렀습니다. '이쇠'(여자)는 '남자'란 뜻의 '이쉬'에서 파생된 말로서 여자는 본질상 남자와 하나요, 서로 사랑하지 않으면 안 되는 존재임을 시사하고 있는 말입니다.

그렇다면 부부는 사랑으로 하나가 되어야 진정한 의미에서의 부부라고 할 수 있습니다. 하나님께서는 오늘도 인류 최초의 주례사를 통해 이것을 확인시켜 주십니다. "이러므로 남자가 부모를 떠나 그의 아내와 합하여 둘이 한 몸을 이룰지로다"(창 2:24). 부부는 처음부터 한 몸에서 시작되었으니까 자기의 몸처럼 사랑하고 언제나 행복을 노래하라는 것입니다.

부부는 처음부터 사랑으로 하나 되어 살도록 지음 받았습니다. 그러므로 부부가 서로 사랑하고 끝까지 행복하게 살아야 하는 것은 결코 선택이 아니라 필수 사항입니다. 부부가 행복하게 살아야 하는 것은 신성한 의무인 것입니다. 일찍이 이 섭리를 깨달은 송강 정철은 부부 사랑을 이렇게 노래하고 있습니다. "한 몸이 둘에 나눠 부부 만드시니, 있을 제 함께 늙고 죽으면 한 데 간다. 어디서 망령의 것이 눈 흘리려 하느뇨."

미운 사람 죽이기

❖   미운 사람을 죽이는 특별한 방법이 하나 있습니다. 이 방법은 사람을 죽이고도 절대로 쇠고랑을 차지 않는 가장 안전한 비결인데, 그 방법이 다음과 같은 이야기에 담겨 있습니다.

옛날에 시어머니가 너무나 고약하게 굴어서 도저히 견딜 수가 없던 며느리가 있었습니다. 사사건건 트집을 잡고 하도 야단을 쳐서 나중에는 시어머니의 음성이나 얼굴을 생각만 해도 속이 답답하고 숨이 막힐 지경이 되었습니다. 시어머니가 죽지 않으면 자기가 죽겠다는 위기의식까지 생기자 그 며느리가 존경하는 목사님을 찾아갔습니다.

목사님은 그 며느리의 이야기를 다 듣고 나서 좋은 방법이 있다고 했습니다. 눈이 번쩍 뜨인 며느리가 그 방법이 무엇이냐고 다그쳐 물었습니다. "목사님, 그 방법이 뭐죠?" 그러자 이번에는 목사님이 며느리에게 물었습니다. "시어머니가 가장 좋아하는 음식이 무엇입니까?" "인절미를 좋아하십니다." "그러면 앞으로 백일 동안 하루도

빼놓지 말고 인절미를 새로 만들어서 시어머니에게 아침, 점심, 저녁으로 대접하세요. 그렇게 할 때 시어머니가 이름도 모를 병에 걸려 죽을 것입니다."

며느리가 신이 나서 돌아왔습니다. 그리고는 찹쌀을 정성껏 씻고 잘 익혀서 인절미를 만들었습니다. 아침, 점심, 저녁에 지극정성으로 대접했습니다. 시어머니는 좋아하는 인절미를 먹으면서도 욕을 퍼부었습니다. "야, 너 죽을 날이 얼마 안 남았냐? 왜 안 하던 짓을 하고 난리야?" 하지만 며느리는 아무 소리도 하지 않고 계속해서 인절미를 갖다 드렸습니다. 시어머니는 그렇게 보기 싫던 며느리가 매일같이 말랑말랑한 인절미를 갖다 바치자 며느리에 대한 생각이 달라지기 시작했습니다. 야단치는 일도 없어졌습니다. 두 달이 넘어서자 시어머니는 하루도 거르지 않는 며느리의 마음 씀씀이에 감동이 되어 동네 사람들에게 침이 마르도록 칭찬을 하며 돌아다녔습니다.

그러다가 석 달이 되자 며느리는 겁이 나기 시작했습니다. 자신을 야단치기는커녕 동네방네 다니면서 자기를 칭찬하고 항상 웃는 낯으로 대해 주는 시어머니를 죽인다는 것은 보통 잘못이 아니었기 때문입니다. 그렇게 좋은 시어머니가 정말로 죽을까 봐 덜컥 겁이 난 며느리는 즉각 목사님을 찾아가 호소했습니다. "목사님, 제가 잘못 생각했습니다. 이제는 시어머니가 죽지 않고 건강하게 살아갈 수 있는 방법을 알려 주세요." 목사님 앞에서 닭똥 같은 눈물을 줄줄 흘렸습니다. 그때 목사님이 빙긋이 웃으면서 이렇게 말했다고 합니다. "미운 시어머니는 벌써 죽었죠?"

생각보다 미운 사람을 죽이는 방법이 쉽습니다. 미운 사람에게 더 잘해 주면 그 미운 사람은 죽고 오직 사랑스러운 사람만 존재하는 것입니다. "미운 놈 떡 하나 더 준다"라는 속담이 아마 같은 맥락에서 나오지 않았나 하는 생각이 듭니다. 대부분의 경우 내가 싫어하면 상대방에게도 그 마음이 전달되어 인간관계가 갈수록 불편해지기 마련입니다. 그러나 "미운 사람 떡 하나 더 준다"라는 심정으로 악을 선으로 갚으면 거기서 인생역전이 일어나는 것입니다.

예수님은 오늘도 우리에게 말씀하십니다. "또 눈은 눈으로, 이는 이로 갚으라 하였다는 것을 너희가 들었으나 나는 너희에게 이르노니 악한 자를 대적하지 말라 누구든지 네 오른편 뺨을 치거든 왼편도 돌려 대며 또 너를 고발하여 속옷을 가지고자 하는 자에게 겉옷까지도 가지게 하며 또 누구든지 너로 억지로 오 리를 가게 하거든 그 사람과 십 리를 동행하고 네게 구하는 자에게 주며 네게 꾸고자 하는 자에게 거절하지 말라"(마 5:38-42).

악을 악으로 이기는 것보다 때로 선으로 악을 이기는 것이 쉬울 수가 있습니다. 그 누구든 사랑으로 대하면 미운 사람은 죽고 사랑스런 사람이 새롭게 태어나는 것입니다.

역지사지의 은혜

❖ 어떤 남자가 어린 아들을 데리고 기차에 올라갔습니다. 그런데 그 아들이 고삐 풀린 망아지처럼 기차 속에서 이리 뛰고 저리 뛰고 난리를 쳤습니다. 사람들이 그 아이에게 눈총을 주고, 아버지에게도 일제히 눈총을 쏘아 댔습니다. 그런데도 아버지는 그 망나니 아들을 제어하려고 하질 않았습니다. 핏기 없는 얼굴로 그냥 멍하니 앉아 있었습니다. 그럴수록 아들은 더 야단법석을 떨었고, 승객들의 불만도 점점 고조되어 갔습니다. 그러다가 마침내 한 신사가 참지 못하고 그 아버지에게 불같이 화를 냈습니다. "여보시오. 당신 아들만 귀하고 여기 있는 사람들은 다 하찮습니까? 자식이 망아지처럼 뛰어다니며 시끄럽게 굴면 좀 제어하고 혼을 내야 하지 않습니까?"

그러자 그제야 정신이 돌아온 듯 이 남자가 뜨거운 눈물을 흘리며 사정을 말했습니다. "여러분, 사실은 저 아이의 엄마가 죽어서 오늘 막 장례식을 치르고 돌아가는 길입니다. 저도 가슴이 찢어질 듯 아프고 슬픈데 저 아이는 얼마나 힘들겠습니까? 저 아이가 저렇게 뛰어다니며 소리 지르는 것을 오늘만 이해해 주시기 바랍니다." 그랬더니 버럭 화를 냈던 신사가 즉각 사과를 했고, 승객들도 여기저기서 눈물을 닦았다는 일화가 있습니다.

뭐든지 알 것 같아도 모르는 것이 인생입니다. 상대방의 신발을 신어 보지 않고는 그 사람을 온전히 이해할 수 없는 것입니다. 항상 나의 눈높이, 나의 주관, 나의 철학, 나의 감정만을 앞세우는 인생이고 보면 얼마든지 실수하고, 실패할 수 있습니다. 그러므로 우리는 늘 상대방의 입장에 서서 생각하고 이해하려고 하는 마음을 가지고 살아야 합니다.

초등학교 4학년 어린아이가 어떤 사람에게 수수께끼라며 문제를 냈습니다. "아저씨, 퀴즈 하나 낼 테니 맞춰 보세요. 5 빼기 3은 뭘까요?" '5-3=2'인 것이 분명하지만 그 사람의 생각으로는 넌센스 문제 같기도 해서 한참을 생각하다가 "글쎄" 하고 대답할 수밖에 없었습니다. 그러자 꼬마 녀석은 깔깔대며 말했습니다. "아저씨는 바보예요. 5 빼기 3은 2인데 그것도 몰라요? 아, 진짜 쉬운 것도 못 맞추시네." 아저씨가 피식 웃자 다시 그 꼬마는 물었습니다. "그런데 '5-3=2'에 다른 뜻도 있어요. 그것이 뭔지 모르시지요?" 고개를 갸우뚱하자 또 다시 말을 이어갔습니다. "오(5)해를 타인의 입장에서 세(3) 번만 더 생각하면 이(2)해가 된다는 뜻이에요." 참으로 지당한 말이었습니다.

우리가 사는 세상은 오해가 많습니다. 그런데 이 오해는 대부분의 경우 타인을 이해하지 못해서 생겨나고, 이해하지 못하는 이유는 항상 나의 입장에서만 생각해서인 경우가 많습니다. 그러면 이 불행을 어떻게 막을 수 있겠습니까? 언제나 타인의 입장에서 바라보고,

타인의 입장에서 생각해 보면 됩니다.

'역지사지'(易地思之)라는 말이 있습니다. 이 말은 《맹자》(孟子)의 '이루편'(離婁編)에 나오는 '역지즉개연'(易地則皆然)이라는 표현에서 비롯된 말로 '다른 사람의 처지에서 생각하라'는 뜻입니다. 똑같은 상황에서도 상대방의 입장에서 생각해 보면 이해의 폭이 넓어질 수 있습니다. 희한하게도 이해가 되면 분노가 사라집니다. 그리고 이해가 되면 내가 편해집니다.

꼬마는 신이 나서 퀴즈를 하나 더 냈습니다. "아저씨, 2 더하기 2는요?" "4잖아." "맞았어요. 그러면 그 뜻은요?" "글쎄." 꼬마는 또 다시 설명해 주었습니다. "이(2)해하고 또 이(2)해하는 게 사(4)랑이래요."

이것도 명답이 아닐 수 없습니다. 이해는 곧 사랑입니다. 예수님은 이해하시는 데 있어서는 타인의 추종을 불허합니다. 우리가 아는 대로 예수님은 우리 죄인들의 구제불능을 이해하시고 친히 이 땅에 오셨습니다. 마음은 원이로되 육신이 약하여서 늘 깨어 있지 못하고 시험 드는 인생인 것을 이해하시고 긍휼히 여기셨습니다. 배고파할 때는 그 심정을 이해하고 오병이어의 기적을 베풀어 배불리 먹이셨고, 질병으로 고통당하는 사람들은 은혜로 치유해 주셨습니다. 우리를 구원하기 위해 십자가를 지실 때도 무지한 백성들을 바라보며 이렇게 간구하셨습니다. "아버지여, 저들을 용서하여 주시옵소서. 저들은 자기들이 하는 일을 모르나이다."

우리들을 끝까지 이해하시고 사랑하셨던 예수님은 마침내 인류 구원의 대 역사를 이루셨습니다. 이해가 곧 사랑이요, 능력이요, 가장 큰 은혜인 것입니다.

감동이 사람을 움직인다

　국민가수 조용필의 명곡인 '비련'에 얽힌 일화가 있습니다. 조용필 씨가 앨범 4집을 발표한 후 한창 바쁠 때 한 요양병원 원장에게서 전화가 왔습니다. 그 당시 매니저였던 최동규 씨가 전화를 받았는데 그 내용이 이렇습니다. "우리 병원에 14세 된 지체장애 여자 아이가 있습니다. 그런데 조용필 씨의 노래 4집에 수록된 '비련'을 듣더니 갑자기 눈물을 흘렸습니다. 입원 8년 만에 처음으로 감정을 나타내 보인 것입니다. 이 소녀의 보호자 측에서 돈은 원하는 만큼 줄 테니 조용필 씨가 직접 찾아와 이 소녀에게 '비련'을 불러 줄 수 없느냐고 합니다. 꼭 부탁합니다. 노래하기가 어렵다면 지나가는 길에 병원에 와서 얼굴이라도 한번 보게 해주시면 좋겠다고 하는데 어떻게 안 될까요?"

　그 당시에 조용필 씨는 카바레에서 노래 한 곡 부르면 지금 돈으로 3~4천만 원 정도를 받았습니다. 몸값이 보통 비싼 가수가 아니었습니다. 매니저인 최동규 씨가 병원장의 말을 그대로 전했습니다. 그런데 그 이야기를 듣던 조용필 씨가 피던 담배를 툭 끄더니 이렇게 말했습니다. "그 아이가 있는 병원에 지금 갑시다." 조용필 씨는 그 날만 해도 행사가 4개나 예약되어 있었지만 전부 다 취소하고 위약금을 물어 주면서까지 시골 병원으로 달려갔습니다. 병원 원장과 직원들이 놀라서 입을 다물지 못하자 매니저는 그날의 상황을 설명했고 사람들이 큰 감동을 받았습니다.

조용필 씨는 병원에 들어가자마자 사연 속의 소녀를 찾았습니다. 소녀는 아무 표정도 없이 멍하니 누워 있었는데, 기적은 그때부터 일어나기 시작했습니다. 조용필 씨가 소녀의 손을 잡고 "기도하는 사랑의 손길로 떨리는 그대를 안고 포옹하는 가슴과 가슴이 전하는 사랑의 손길!" 하고 '비련'을 부르자 소녀가 눈물을 펑펑 쏟았던 것입니다. 그 소녀의 부모도 감격의 눈물을 흘렸습니다.

노래가 끝난 뒤에 조용필 씨가 여자 아이를 안아 주고서 직접 사인을 한 음악 CD를 건네주고 차에 올라가는데 아이의 어머니가 물었습니다. "선생님, 감사합니다. 돈은 어디로 얼마나 보내면 됩니까?" 그러자 조용필 씨가 조용히 말했습니다. "따님의 눈물이 제 평생 벌었던 돈보다 더 비쌉니다."

세상에는 아직도 가슴 따뜻한 사람이 더 많습니다. 가슴 뭉클하게 감동을 주는 사람들이 많다는 얘기입니다. '감동'은 한자로 느낄 '감'(感) 자와 움직일 '동'(動) 자가 합쳐진 단어입니다. 사람들로 하여금 느끼게 해서 움직이도록 하는 것을 감동이라고 말하는 것입니다. 이 감동은 대단한 위력을 가지고 있습니다. 돈이 주는 위력과 비교가 되지 않습니다. 감동은 항상 사람의 마음을 움직이고, 그 사람의 인생을 움직이고, 더 나아가 세상을 움직이는 힘으로 작용합니다.

주님의 제자들을 생각해 보면 금방 이해할 수 있습니다. 주님의 사랑에 감동받은 제자들은 하나같이 순교의 길을 갔습니다. 십자가에 거꾸로 못 박혀 죽고, 참수를 당해 죽고, 창에 찔려 죽고, 온갖 고난을 다 당하다가 순교의 길을 갔습니다. 단지 성경의 지식이 그들을 그렇게 만든 것이 아닙니다. 주님의 말할 수 없는 은혜에 감동받았기 때문에 그처럼 초지일관 사명에 불타 살다가 순교자의 반열에 오른 것입니다.

미국의 칩 히스 교수와 댄 히스 연구원은 그들의 공동 저서 《스위치》를 통해서 '인간은 기본적으로 감성에 의해 움직이는 존재'라고 말합니다. 그래서 사람을 설득하고 변화시키려면 이성뿐만 아니라 감성을 움직여야 한다고 강조합니다.

감동이 없으면 사람을 움직일 수 없습니다. 그러나 감동받으면 누구나 새로운 역사를 써 내려갑니다. 감동은 그 자체가 곧 힘이요 능력이기 때문입니다. 이 아름다운 절기에 나도 그 누군가에게 감동을 주는 사람으로 산다면 주님께서 얼마나 기뻐하실까요?

환경을 다스리라

❖   어느 꽃다운 처녀가 17세에 연지곤지 찍고 시집을 갔습니다. 그런데 시집간 지 2년 만에 남편이 갑자기 죽어 채 피지도 못한 19세 나이에 과부가 되었습니다. 마을 사람들이 그녀를 볼 때마다 "불쌍해서 어떡하나. 나이가 아깝네!" 하면서 위로해 주었지만, 19세 과부는 너무도 원망스럽고 서러워 울기도 많이 울었습니다.

그러던 어느 날 마음을 다잡고 거울 앞에 앉아 긴 댕기 머리카락을 사정없이 잘라 버렸습니다. 자신의 기구한 운명을 헤쳐 나갈 방도를 곰곰이 생각해 보았습니다. 남편도 없고 자식도 없는 시댁에 더 이상 머무를 수도 없어 무언가 새로운 길을 모색해야 했습니다. 그래서 무작정 서울행 열차에 몸을 실었습니다. 낯설고 물선 서울 생활이 그리 녹록한 것은 아니었지만 이를 악물고 닥치는 대로 일을 했습니다.

식당에서 설거지도 하고 남의 집 빨래도 하며 차츰 차츰 서울 물정에 눈을 떴을 때 어떤 지인의 소개로 부잣집 가정부가 되어 일하게 되었습니다. 그녀는 그 집에서 밤낮으로 열심히 일했습니다. 그러자 마음씨 좋은 주인 어른에게 인정을 받았고, 주인은 그녀에게 하고 싶은 일이 있으면 말하라고 했습니다. 그녀는 조심스럽게 두 가지를 말했습니다. 먼저 늦었지만 야간학교라도 가서 공부를 하고 싶다고 했고, 또 하나는 주일날 꼭 교회에 갈 수 있게 해달라고 부탁했습니다. 그러자 마음씨 좋은 주인은 정말 기특한 생각을 했다며 젊은 과부의 소박한 소원을 들어주었습니다.

그 후 그녀는 숙명여학교 야간부에 입학을 했고, 주일날에는 빠지지 않고 교회에 갈 수 있었습니다. 그녀는 주인의 은혜에 감동하여 낮에는 집에서 가정부 일을 두 배로 더 열심히 했고, 밤에는 학교에서 죽기 살기로 공부를 했습니다. 그러다 보니까 최우수 학생이 되었고, 일제 강점기 때인지라 학교에서 일본으로 유학을 보내주었습니다. 유학생 신분으로 일본에 가게 된 젊은 과부는 감사한 마음으로 더욱 열심히 공부를 했습니다.

소정의 과정을 마치고 귀국한 그녀는 다시 한국으로 돌아와 그 당시 조선총독부 장학사로 일했습니다. 그러다가 해방과 함께 학교를 세우게 되었으니, 그녀가 바로 숙명여자대학 초대 학장이 된 임숙재(1891~1961년) 여사입니다. 임숙재 학장은 숙명여대를 크게 성장시켰을 뿐만 아니라 불굴의 의지로 운명을 바꾸어 놓은 위대한 하나님의 사람으로 알려져 있습니다. 그녀는 항상 제자들에게 이렇게 가르쳤습니다. "성공하기를 원하십니까? 그러면 환경을 다스리십시오."

이 세상의 모든 사람들에게는 잠재된 능력이 있습니다. 무한한 가능성이 있습니다. 그러므로 주어진 환경을 잘 극복하고 다스리기만 하면 반드시 성공적인 삶을 살아갈 수 있습니다.

구약성경에 나오는 요셉은 일찍이 형들의 미움을 사서 노예로 팔려갔습니다. 부모의 총애를 받던 그의 입장에서는 기가 막힌 일이었습니다. 그러나 그는 환경을 잘 극복했습니다. 애굽의 장군 보디발의 집에서 성실하게 일했고, 모든 사람들에게 인정을 받았습니다. 하지만 또 다시 누명을 쓰고 억울하게 감옥 생활을 해야 했습니다.

눈물의 행진이 계속되었습니다. 10대, 20대의 황금과 같은 시기에 그는 너무나 큰 시련을 겪어야 했습니다. 그래도 요셉은 낙심하지 않았습니다. 합력하여 선을 이루실 하나님만 바라보고 끝까지 어려움을 잘 이겨 냈습니다. 그러자 약관 30세에 하나님께서 그를 요셉의 총리로 세우시고 모든 사람들의 축복의 통로로 쓰셨습니다.

훗날 그는 형들과 재회하여 그들에게 오히려 은혜를 베풀었는데 그의 고백이 이렇습니다. "하나님께서는 모든 것을 합력하여 선을 이루셨습니다." 지독하게 어려운 환경까지도 합력하여 선을 이루었다는 고백은 요셉이 자신의 환경을 잘 극복했다는 간증이기도 합니다. 오늘도 하나님께서는 환경을 다스리는 자에게 성공의 문을 열어 주십니다.

바보 같은 사람

❖ 우리나라에 뷔페 식당이 막 생겼을 때 생전 처음으로 뷔페 식당을 가 본 적이 있습니다. 친구 목사가 제 목사 안수를 축하하는 뜻으로 식사 대접을 하겠다고 했는데, 시골에서 올라가 보니까 그 당시의 최고급 식당인 여의도 63빌딩 뷔페 식당으로 예약을 해놓은 상태였습니다. 1인당 2만 원(?)만 내면 100가지가 넘는 음식을 마음대로 먹을 수 있다고 하니 꽤나 기대가 되었고 자못 흥분이 되기도 했습니다. 마침 그 목사님의 부인이 약사라서 약국에 가 미리 소화제를 먹고 방에서 팔굽혀펴기를 하며 준비운동까지 할 정도로 만반의 준비를 했습니다. 워낙 못 먹고 자란 촌사람들이기에 반드시 본전은 뽑으리라 하는 기세로 입장을 해서 그야말로 최선을 다해 음식을 먹었습니다.

두 쌍의 부부가 배꼽이 튀어나오도록 먹었는데 문제는 소화시키는 일이었습니다. 너무 많이 먹어서 한참을 씩씩거리다가 돌아올 때는 또 다시 약국에 들러 소화제를 먹어야 했던 에피소드가 있습니다. 지금도 그때를 생각하면 미소를 머금게 되는데, 어쨌든 뷔페 식당의 좋은 점은 일단 소정의 음식 값만 내면 무엇이든 먹을 수 있다는 것입니다. 100가지가 넘는 음식을 아무리 많이 먹어도 누가 질책을 하거나 참견하지 않습니다. 그것이 단돈 2만 원(?)의 특권입니다.

오늘날 우리가 사는 세상에는 그리스도인과 비그리스도인이 있습니다. 이 중에서 그리스도인은 특권을 가진 사람들이고, 비그리스도인은 특권이 없는 사람들이라고 할 수 있습니다. 여러 가지 차이가 있겠지만, 특권이 있고 없고가 가장 두드러진 차이점입니다. 그리스도인들에게는 눈앞에 펼쳐진 수십 가지의 진귀한 음식들을 얼마든지 먹을 수 있는 특권이 있는데 그것을 먹는 방법은 기도입니다. 오직 기도로 먹습니다. 기도만 하면 얼마든지 먹을 수 있고, 무엇이든지 먹을 수 있고, 언제든지 먹을 수 있습니다.

그런데도 지금 쫄쫄 굶고 있다면 얼마나 한심한 일이겠습니까? 세상 사람들은 특권이 없어서 굶지만 성도인 우리가 특권을 가지고 있으면서도 눈앞에 펼쳐진 것을 먹지 못한다면 보통 한심한 일이 아닙니다. 그래서 기도하지 않는 그리스도인을 가리켜 '바보, 어리석은 자, 못난 사람'이라고 말하는 것입니다.

소쩍새는 밤새도록 처량하게 울어 댑니다. 왜 그렇습니까? 하나님께서 그렇게 울도록 창조하셨기 때문입니다. 독수리는 하늘 높이 치솟습니다. 왜 그렇습니까? 하나님께서 하늘 높이 비상하도록 창조하셨기 때문입니다. 시계는 시침, 분침, 초침이 돌아가며 시간을 알려 줍니다. 왜 그렇습니까? 시계 공장에서 그렇게 만들었기 때문입니다.

그러면 인간은 왜 기도해야 합니까? 하나님께서 태초에 인간을 지으실 때 기도하도록 창조하셨기 때문입니다. 다른 피조물과는 달리 코에 생기를 불어넣으셔서 영적 존재가 되게 하시고, 기도를 통해서 하나님과 대화할 수 있는 특권을 주셨습니다. 그렇기 때문에 우리는 반드시 기도해야 합니다. 기도해야 하나님과 영적 대화를 할 수 있고, 기도해야 하나님의 뜻을 알 수 있습니다. 기도해야 하늘의 능력을 끌어올 수 있고, 기도해야 인간답게 살면서 범사에 승리할 수 있습니다.

그런데 우리 가운데는 기도하지 않는 성도가 있습니다. 울지 못하는 소쩍새는 죽은 소쩍새이고, 하늘을 날지 못하는 독수리는 죽은 독수리이며, 돌아가지 않는 시계는 고장 난 시계입니다. 그렇다면 기도하지 않는 성도는 죽은 성도라고 할 수 있습니다. 기도하지 않으면 능력이 나타나지 않습니다. 하나님께서 주시고자 하는 특별한 선물을 받지 못합니다. 그렇기에 엄청난 특권을 가지고 있으면서도 기도하지 않는 성도는 바보 같은 사람이라고 말하는 것입니다.

내일 일을 모른다면

❖   1960년대 중반 프랑스 남부 아를 지방에 잔느 칼망이라는 노파가 살았습니다. 그러던 어느 날 한 변호사가 이 할머니를 찾아와 살고 있는 아파트를 매각하라고 제안했습니다. 그런데 매매 조건이 좀 특이했습니다. 잔느 칼망 할머니가 살아 있는 동안 매달 2,500프랑을 지급하고, 그녀가 사망한 후에 소유권을 넘겨받기로 한 것입니다. 계약 조건은 두 사람 모두를 만족하게 했습니다. 별다른 소득이 없던 90세의 할머니 입장에서는 자신의 집에 살면서 죽는 순간까지 매달 일정한 수입이 생기게 되었고, 변호사도 큰 목돈을 들이지 않고서 집주인이 될 수 있었기 때문입니다.

하지만 변호사의 예측은 보기 좋게 빗나가고 말았습니다. 1년, 2년, 10년, 20년, 30년이 지난 1995년에 변호사가 77세를 일기로 사망한 때까지도 잔느 칼망 할머니는 여전히 살아 있었습니다. 변호사는 무려 30년 동안 매달 약속한 금액을 꼬박꼬박 지급했지만 죽는 순간까지 집주인이 될 수 없었습니다. 결국 계약은 변호사가 죽은 다음에 가족들이 승계 받았고, 그때까지 낸 돈이 집값의 두 배가 넘었습니다. 변호사가 사망한 다음에도 잔느 칼망 할머니는 2년을 더 살았습니다. 그리고 1997년 8월 4일 122세의 나이로 사망했으며, 세계 최장수자로 기네스북에 등재되었습니다.

우리가 한 생을 살면서 부딪치는 수많은 예측은 언제나 불확실성을 동반합니다. 정확한 예측은 거의 불가능하다는 얘기입니다. 그래서 피터 드러커는 이렇게 말한 바 있습니다. "미래를 예측하려고 하는 것은 밤중에 시골길을 전조등도 켜지 않고 달리면서 뒤에 있는 창문으로 밖을 보려는 것이나 다름없다."

사실 우리는 답답하지만 내일 일은 알 길이 없습니다. 우리는 한 치 앞도 내다보지 못합니다. 빛이 있어도 보지 못합니다. 눈을 떴어도 보지 못합니다. 바보 멍청이는 아닌데도 내일 일은 전혀 모릅니다. 아는 것 같고 지혜는 있는 것 같은데도 앞일을 모릅니다. 만약 우리가 내일 일을 미리 아는 존재라면 화재 사건으로 다수가 사망한 제천 스포츠센터에 들어갈 리가 없습니다.

아쉽게도 인간에게는 내일을 알 수 있는 권리가 주어지지 않았습니다. 내일은 하나님의 손 안에 있습니다. 내일은 하나님의 비밀의 휘장으로 가리어 놓았기 때문에 우리는 전혀 모릅니다. 그런 의미에서 내일은 우리의 것이 아닙니다. 오직 하나님의 것일 뿐입니다. 그나마 우리가 알 수 있는 것은 오늘입니다. 그러므로 해야 할 일이 있다면 오늘 해야 합니다. 오늘 해야 할 일을 알 수도 없는 미지의 시간인 내일로 미룬다는 것은 참으로 어리석은 행동입니다. 내일은 우리의 날이 아닐 수도 있습니다. 오늘 최선을 다해서 일해야 합니다. 매 순간 최선을 다하는 것이 사실은 나의 과거가 되고, 현재가 되고,

미래가 되는 것입니다.

  해야 할 일이 있다면 지금 하십시오. 오늘 사랑하고, 오늘 봉사하고, 오늘 선을 베풀고, 오늘 충성을 다해야 할 이유가 바로 여기에 있습니다. 꼭 실천해야 할 일이 있다면 지금 하십시오. 고쳐야 할 잘못이 있다면 지금 고치십시오. 회개해야 할 일이 있다면 지금 회개하십시오. 결단할 일이 있다면 지금 결단하십시오. 용서해야 할 일이 있다면 지금 하십시오. 풀어야 할 매듭들이 있다면 지금 푸십시오.

  시간은 지나가고 있습니다. 기회도 지나가고 있습니다. 서두르지 않으면 후회할 때가 반드시 올 것입니다.

인간관계가 행복을 결정한다

❖   "당신은 10억 원을 주면 죄를 짓고 1년 동안 감옥에 갈 수 있겠는가?" 이것은 몇 년 전 '흥사단 투명사회운동본부 윤리연구센터'가 '청소년 정직 지수와 윤리 의식'을 조사하기 위해 작성한 설문 중의 하나입니다. 그런데 조사 결과에 따르면, 고등학생 응답자의 47퍼센트가 "10억 원이 생긴다면 죄를 짓고 1년 정도 감옥에 가도 괜찮다"라고 답했다는 것입니다. "뭐니 뭐니 해도 머니(money)가 최고다"라는 말이 진리처럼 여겨지는 세상에서 살다 보니까 우리의 사회가 이렇게 바뀌었습니다. 큰돈만 생긴다면 1년 정도는 죄를 짓고 감옥에 들어가도 괜찮다는 고등학생이 절반이나 되니 충격이 아닐 수 없습니다.

돈은 분명히 위력이 있습니다. '유전무죄, 무전유죄'라는 말도 그냥 나온 얘기가 아닙니다. 황금의 위력은 막강합니다. 그러나 돈 그 자체가 행복을 가져다주는 것은 아닙니다. 돈이 있어야 인생의 성공자가 되고, 돈이 있어야 행복한 인생이 되는 것이 아닙니다.

실제로 행복 심리학을 연구한 에드 디너 교수는, 빈민가에 사는 사람들이나 초부유층의 행복 수준은 크게 차이가 나지 않는다고 말합니다. 지독하게 가난하며 건강도 나쁘고 가족과 사별한 상태인데도 자기 삶에 그런대로 만족하며 살아가는 사람들이 있는가 하면, 억만장자 중에도 행복하기는커녕 오히려 불행을 곱씹는 사람들이 있기 때문입니다.

그의 연구에 의하면, 부자든 가난한 자든 돈보다는 친구나 가족, 건강, 신앙심 등이 행복과 불행을 결정짓는다는 것입니다. 특히 사람들과의 유대감을 행복의 필수조건으로 꼽았습니다. 다른 조건이 다 채워져도 인간관계에서 실패하면 행복하게 살아갈 수 없다는 얘기입니다.

하버드대학교 의과대학 정신과 교수 로버트 월딩어 역시 '관계'(relationship)가 인생에서 행복을 결정하는 중요한 요소라고 강조하고 있습니다. 그는 1938년부터 75년간 남성 724명의 인생을 추적해서 연구했는데 그가 75년간 축적한 수만 페이지짜리 인생 데이터를 통해 내린 결론이 이렇습니다. "행복은 부나 성공, 명예, 혹은 열심히 노력하는 것으로 결정되지 않았다. 75년간의 연구에서 얻은 가장 분명한 메시지는 바로 '좋은 관계'가 우리를 건강하고 행복하게 만든다는 것이다."

속으면 안 됩니다. 돈이나 성공이나 명예가 행복을 가져다주는 것이 아닙니다. 좋은 인간관계가 행복을 가져다주는 것입니다. 오늘의 시대를 'NQ(Network Quotient) 시대'라고 말합니다. NQ란 다른 사람과 더불어 살아가는 능력을 나타내는 '공존지수'를 뜻합니다. 성공적인 삶을 위해서는 '지능지수'(IQ)나 '감성지수'(EQ)만으로는 부족하다는 것입니다. 인생의 역경을 극복하고 행복을 노래한 사람들은 하나같이 건강한 인간관계를 가지고 살았다는 공통점이 있습니다. 다른 사람을 존중하고 배려할 줄 아는 사람, 즉 공존지수가 높은 사람은 나 자신뿐 아니라 다른 사람까지도 행복하게 만드는 것입니다.

부부관계도 마찬가지입니다. 미시간 대학 루이 버브루그와 제임스 하우스 교수의 연구에서는 불행한 결혼 생활을 하는 사람이 행복한 결혼 생활을 하는 사람보다 병에 걸릴 확률이 35% 높고, 수명은 4년 정도 짧은 것으로 나타났습니다. 친밀한 부부관계가 건강과 행복을 가져다준다는 것입니다. 그래서 가트맨 교수는 헬스클럽에서 매일 운동하는 것보다 하루 20분이라도 부부간의 화목한 관계를 위해 노력하는 것이 건강과 장수에 더욱 효과적이라고 주장합니다.

주님은 오늘도 말씀하십니다. "네 이웃을 네 자신같이 사랑하라, 그러므로 예물을 제단에 드리려다가 거기서 네 형제에게 원망들을 만한 일이 있는 것이 생각나거든 예물을 제단 앞에 두고 먼저 가서 형제와 화목하고 그 후에 와서 예물을 드리라, 화평하게 하는 자는 복이 있나니 그들이 하나님의 아들이라 일컬음을 받을 것임이요." 행복은 성적순이 아니라 좋은 인간관계순입니다.

호세 카레라스의 변화

❖　　　　호세 카레라스는 스페인의 성악가로서 루치아노 파바로티, 플라시도 도밍고와 함께 세계 최고의 3대 테너로 알려져 있습니다. 카레라스는 1970년 데뷔 후 베르디 국제음악콩쿠르에서 1위를 차지하며 주목을 받기 시작해 밀라노 라 스칼라 극장, 뉴욕 메트로폴리탄 오페라, 샌프란시스코 오페라, 빈 국립 오페라, 바이에른 국립 오페라 등을 누비며 세계 정상급 테너로 인정받았습니다. 그러한 그가 경희대 개교 60주년 기념 공연차 내한하여 백혈병 환자를 위한 위문공연을 한 적이 있습니다. 그가 백혈병 환자들에게 남다른 애착을 갖게 된 것은 그 자신이 인생의 절정기에 백혈병의 고난을 겪었던 경험 때문입니다.

　성악가로서 그의 명성이 최고조에 달했던 1987년, 그의 나이 41세 되던 해 7월이었습니다. 유명한 오페라 '라보엠'에서 주인공 역을 맡아 신나게 연습을 하다가 갑자기 쓰러졌습니다. 병명은 급성 림프구성 백혈병이었습니다. '이제 꼼짝없이 끝나는구나' 하고 생각하니까 기가 막혔습니다.

그러나 그는 히스기야 왕의 이야기가 떠오르자 즉각 하나님께 매달리기 시작했습니다. "사랑의 하나님, 저에게 생명을 조금만 더 연장시켜 주시면 남은 생애는 오직 주님을 위해 살겠습니다." 그는 강인한 정신력으로 투병 생활을 시작했습니다. 머리카락이 빠지고 손톱과 발톱이 떨어져 나가는데도 찬송과 기도를 멈추지 않았습니다. 골수 이식 수술과 힘든 화학 치료도 믿음으로 잘 견디어 냈고, 마침내 그는 건강을 되찾았습니다.

그때부터 그의 삶은 그의 것이 아니었습니다. 자신이 다시 살게 된 것은 오직 하나님의 은혜라 믿고 전 재산을 팔아서 바르셀로나에 '호세 카레라스 백혈병 재단'을 세웠습니다. 백혈병 환자들을 위해 헌신하기 시작했습니다. 그는 이 일을 위해 지금도 공연에서 얻은 수익금의 절반을 쓰고 있습니다. 호세 카레라스가 겪은 백혈병의 경험은 그의 삶을 방향을 완전히 바꾸어 놓았고, 그가 백혈병 환자들에게 베푸는 사랑과 관심은 그의 성악 못지않게 큰 감동을 주고 있습니다.

그는 어느 신문 기자와의 인터뷰에서 이렇게 말했습니다. "나는 그냥 노래를 부르는 것이 아닙니다. 내 생명을 연장시켜 주신 하나님을 찬양하며, 그분께 영광을 돌리는 것입니다." 그의 말대로 그는 이제 단순히 노래만 부르는 것이 아닙니다. 그는 생명을 연장시켜 주신 하나님께 대한 감사와 살아 있음에 대한 기쁨을 노래하며 백혈병 환자들에게 희망을 불어넣어 주는 희망 전도사로 살아가고 있는 것입니다.

한 생을 살다 보면 우리 앞에 시련의 골짜기가 나타날 수 있습니다. 눈물의 골짜기를 지나가야 하는 때가 있습니다. 그러나 그때도 주님을 바라보는 사람에게는 주님께서 반드시 새 힘을 주십니다. 새로운 능력을 주십니다. 도와주십니다. 굳세게 해주십니다. 긍휼을 베풀어 주십니다. 승리를 주십니다. 합력하여 선을 이루어 주십니다. 인생역전의 은혜를 베풀어 주십니다. 바로 이것이 지금 힘들어도 주님을 바라보아야 할 이유입니다.

주님을 앙망하는 신앙을 가지고 부르짖을 때 주님께서는 반드시 응답하시고, 하늘의 크고 은밀한 것을 보여주신다고 약속하셨습니다. 물이 변하여 포도주가 되게 하신 주님은 오늘도 실패가 변하여 성공이 되게 하시고, 고난이 변하여 복이 되게 하시고, 눈물이 변하여 찬송이 되게 해주시는 은혜를 베풀어 주십니다. 그러므로 우리는 끝까지 믿음의 주요 또 온전하게 하시는 이인 주님만 바라보고 믿음으로 살아가기만 하면 되는 것입니다.

지금 바람에 흔들린다 해도

❖ 충북 음성에 가면 '고추 박사'라는 별명을 갖고 있는 대한민국 최고 기술의 고추 농사꾼이 있습니다. 그 사람이 바로 농사꾼으로서는 최초로 고등학교 교과서 '진로와 직업'란에 소개된 이종민 씨입니다. 평생 고추 농사만 지은 그는 컴퓨터 농사를 짓는 것도 아니고 기발한 방법으로 농사를 지은 것도 아닌데 교과서에 실려 오늘날 모든 학생들의 귀감이 되고 있습니다. 그의 학력은 중학교 한 학기 공부한 것이 전부입니다. 집안이 너무나 가난해서 학자금조차 낼 수 없었습니다. 그래서 부모님의 걱정을 덜어 드리려고 일부러 학교를 중퇴하고는 곧바로 농사짓는 일에 뛰어들었습니다.

그는 충북 음성이 이름난 고추 산지라는 사실을 알고서 고추로 성공해 보자고 결심했습니다. 그런데 고추 농사로 성공하기 위해서는 먼저 시장 조사를 해야 했기에, 도시에 살고 있는 사람들이 어떤 고추를 좋아하는지 연구했습니다. 조사 결과 한국 사람의 70%가 매운 고추보다는 달면서도 덜 매운 고추를 좋아한다는 사실을 알아냈습니다. 그때부터 그는 밤잠을 자지 않고 연구를 거듭했습니다. '물을 얼마나 주면 그런 고추가 나올까? 물을 몇 시에 몇 번 주면 달고 맵지 않은 고추가 생산될까?' 그는 모든 방법을 다 동원해 보았고 마침내 사람들이 선호하는 고추 생산에 성공했습니다. 그야말로 피눈물 나는 노력의 결과였습니다.

또 고추 빛깔은 검붉은 것이 제일 좋다는 것도 알아냈습니다. 어떻게 하면 그런 고추가 나오는지를 계속 연구한 것입니다. 건조법도 개발했습니다. 비닐하우스 건조장 안에 돌을 깔고 그 위에다 고추를 말리면 햇빛과 온돌 방식으로 동시에 말리기 때문에 색깔도 좋고 건강에도 좋은 최고 품질의 태양초 고추가 되는 것도 알게 되었습니다. 끊임없이 연구하고 노력한 결과 그는 명품 고추를 만들어 낸 것입니다.

그러자 그의 고추를 사겠다는 사람이 1년이면 4~5만 명이나 되었습니다. 그것을 기회로 삼아 그는 음성에 고추 전시장을 만들어 사람들을 끌어들였습니다. 그때부터는 고추를 생산하기만 하면 아무리 비싸도 사겠다는 사람이 늘어났습니다. 항상 수요를 채우지 못할 정도로 날개 돋친 듯이 팔려 나갔습니다. 그는 고추 농사에 성공한 자가 되어 오늘도 많은 사람들에게 자신이 아는 모든 기술을 공개하고 직접 가르쳐 주기에 바쁩니다.

그는 누가 뭐라 해도 인간 승리의 표상입니다. 그는 학력의 장애물과 자본의 문제, 배경의 어려움을 모두 다 극복하고 승리를 거두었습니다. 그러나 그가 모든 사람들이 인정하는 '고추 박사'가 되기까지 얼마나 많은 시련의 골짜기를 지나가야 했겠습니까? 바람에 흔

지금 바람에 흔들린다 해도

들리지 않고 피는 꽃이 없는 것처럼 그에게도 엄청난 어려움과 난관이 있었습니다. 하지만 그는 그 지독한 악조건 속에서도 마침내 승리의 꽃을 피워 낸 것입니다.

꽃이 피려면 시도 때도 없이 불어닥치는 바람에 끊임없이 흔들려야 합니다. 고난 없는 영광은 없습니다. 그래서 훗날의 영광을 바라보는 자들은 고난의 바람을 무서워하지 않습니다. 끝까지 견디어냅니다. 이기는 자가 됩니다. 이런 역사를 잘 아는 도종환 시인은 '흔들리며 피는 꽃'이라는 제목의 시를 발표했습니다.

> 흔들리지 않고 피는 꽃이 어디 있으랴
> 이 세상 그 어떤 아름다운 꽃들도
> 다 흔들리면서 피었나니
> 흔들리면서 줄기를 곧게 세웠나니
> 흔들리지 않고 가는 사랑이 어디 있으랴
> 젖지 않고 피는 꽃이 어디 있으랴
> 이 세상 그 어떤 빛나는 꽃들도
> 다 젖으며 젖으며 피었나니
> 바람과 비에 젖으며 꽃잎 따뜻하게 피웠나니
> 젖지 않고 가는 삶이 어디 있으랴

이 세상의 모든 것들은 흔들림 속에서 성장하는데, 우리 인생도 이와 똑같습니다. 그렇다면 지금 바람에 흔들린다 해도 낙심하지 말고 훗날의 영광을 바라보며 오늘 최선의 경주를 해야 할 것입니다.

생각에서 시작되는 행복과 불행

❖ 어떤 사람이 나이아가라 폭포의 장관을 보다가 목이 말라 그 물을 마셨습니다. 그런데 물을 마시고 나서 옆을 보니까 'Poison'(포이즌: 독약이라는 뜻)이라고 쓰여 있는 팻말이 있고, 그 옆에 'X'(엑스) 표시가 되어 있었습니다. 그 경고의 문구를 보자마자 갑자기 배가 아프기 시작했고, 그는 곧 창자가 녹아 죽을 것이라는 공포감에 황급히 병원을 찾아갔습니다. 의사가 진료를 해보았지만 아무런 이상이 없었습니다. 이야기를 들어 보니까 그 관광객이 착각을 하고서 그렇게 소동을 일으킨 것입니다. 그 사람이 본 영어는 'Poison'(포이즌)이 아니고 'S'자가 하나 더 붙은 프랑스어 'Poisson'(쁘와송)이었습니다. 이 단어는 생선(fish)이라는 뜻의 프랑스어였고, 그 옆의 'X'자는 낚시를 하지 말라는 뜻이었습니다. 결국 그를 아프게 했던 것이나 안 아프게 했던 것 모두가 그의 생각에서 나왔다는 얘기입니다.

자신이 알고 있는 어떤 상식이나 믿음은 자신의 마음뿐만 아니라

몸까지 다스리고 지배합니다. 고난 속에서도 희망을 가진 사람은 행복의 주인공이 되지만 화난다고 짜증을 부리면 몸도 마음도 상합니다. 행복은 우리의 마음먹기에 달려 있는 것입니다. 어떤 상황이나 조건 때문에 행복하고 불행한 것이 아니라 우리의 마음가짐이 행복과 불행을 결정합니다. '자살'이라는 글자를 반대로 읽으면 '살자'가 됩니다. '스트레스'(stressed)의 반대는 '디저트'(desserts)라는 말도 있습니다.

이처럼 나 자신이 마음먹기에 따라 행복과 불행은 교차하는 것입니다. 1퍼센트의 부정이 99퍼센트의 긍정을 이기는 경우가 많습니다. 그러므로 행복하기를 원하는 자들은 항상 긍정적 바이러스로 살아가야 합니다. 운명은 우리를 행복하게 만들지도 않고 불행하게 만들지도 않습니다. 다만 그 재료만 우리에게 제공할 뿐입니다. 결국 행복을 택할 것이냐, 아니면 불행을 택할 것이냐 하는 것은 우리에게 달려 있다는 얘기입니다.

피카소와 반 고흐는 유럽이 낳은 세계적인 화가입니다. 피카소는 자신만만한 태도로 희망이 넘쳤으며 긍정적인 사고를 갖고 있었습니다. "나는 그림으로 억만장자가 될 것이다. 나는 미술사에 한 획을 긋는 화가가 되겠다. 나는 갑부로 살다가 죽겠다." 이처럼 당당하게 말하며 살았습니다. 그는 화가로서 성공하겠다는 철저한 계획이 있었고, 인내와 끈기를 가지고 실천하겠다는 강한 의지를 보였습니다.

반면에 반 고흐는 항상 자신을 부정적으로 생각했습니다. "나는 평생 비참하게 살다가 죽게 될 거다. 틀림없다. 나는 돈과 인연이 없는 사람이다. 불행은 내게서 절대로 떠나지 않을 거다." 환경이 비슷한 피카소와 반 고흐였지만 그들의 생각은 큰 차이를 보였고, 결국 두 사람은 각각 생각하는 대로 되었습니다. 피카소는 살아생전에 억만장자가 되었고, 반 고흐는 동생의 도움으로 겨우 먹고 살면서 가난한 화가의 처지를 벗어나지 못했습니다.

인생을 살다 보면 밝은 쪽이 있고, 어두운 쪽이 있습니다. 햇빛이 비치는 쪽은 밝고, 그 반대편은 그림자가 생겨서 어둡습니다. 이때 어느 쪽을 보고 사는 사람이 행복할 것인지는 두말할 것이 없습니다. 밝은 쪽을 보고 사는 사람이 행복합니다. 날마다 밝은 쪽을 보고 감사하면 하나님은 그 긍정의 신앙을 기뻐하시고 복을 주십니다.

하나님은 오늘도 우리에게 말씀하십니다.

"여호와의 말씀이니라 너희를 향한 나의 생각을 내가 아나니 평안이요 재앙이 아니니라 너희에게 미래와 희망을 주는 것이니라" (렘 29:11).

하나님은 우리가 평안하고 행복하기를 원하십니다. 항상 희망을 가지고 살아가기를 원합니다. 그런데 그 평안과 행복과 희망은 멀리 있는 것이 아니라 바로 내 안에 있습니다. 하나님을 모시고 사는 내가 어떻게 생각하고 사느냐가 인생의 행복과 불행을 결정짓는 것입니다.

행복을 가로막는 욕심

❖ 　　북미에서 유적을 탐사하던 답사단이 한 오지에서 광부가 기거했던 것으로 보이는 오두막을 발견했습니다. 오두막 집으로 들어가 보니까 그 안에는 두 개의 해골과 많은 금이 있었습니다. 모두가 '왜 두 명의 광부는 이토록 많은 금을 모아 놓고 죽었을까?' 하고 생각할 때 한 단원이 이렇게 해석했습니다. "이들은 금을 캐는 기쁨에 북쪽은 일찍 겨울이 온다는 사실을 잊고 있었을 것입니다. 이들은 적당량의 금을 갖고 빨리 이곳을 떠나야 했습니다. 그러나 금에 대한 욕심 때문에 떠나지 못했고, 엄청난 눈보라를 맞았을 땐 이미 식량도 바닥나 있었을 것입니다."

지나친 욕심은 언제나 화를 불러오는데, 사람들은 너무도 자주 이 사실을 잊고 살아갑니다. 그래서 오늘도 오직 물질을 더 많이 얻기 위해서 동분서주하는 사람들이 많습니다.

토머스 모어가 쓴 책 《유토피아》는 현실에 존재하지 않는 이상향을 뜻합니다. 그러나 영국의 경제학자 케인스는 100년 전 우리가 사는 세상에 유토피아가 찾아올 것이라고 말했습니다. "100년이 지나면 선진국의 생활 표준은 지금보다 최소 4배, 많게는 8배까지 상승할 것입니다. 그렇다면 하루에 세 시간만 일을 해도 충분한 삶의 질을 유지할 수 있습니다. '모두가 충분히 가진 세상'이 찾아오기 때문에 그때 인류는 물질이 아닌 다른 가치를 위한 삶을 살아가게 될 것입니다."

케인스의 예측대로 100년이 지난 지금 선진국의 소득은 4배 이상이 늘었습니다. 그러나 유토피아는 찾아오지 않았습니다. 일하는 시간은 여전히 줄지 않았고, 사람들은 더더욱 물질적인 가치를 추구하고 있습니다. 그 이유를 심리학자들은 인간의 탐욕에서 찾습니다. 흔히 사람들은 상대적으로 더 많이 가진 상태를 행복하다고 느낍니다. 지금도 많은 것을 소유하고 있지만 다른 사람보다 더 많이 가지면 행복하다고 생각해서 끝없이 노력하고 불철주야 일합니다. 바로 이것이 사회를 항상 경쟁 사회로 만들어가고, 우리들에게서 행복을 빼앗아가는 것입니다.

우리가 한 생을 살면서 아무런 욕심 없이 살 수는 없습니다. 욕심은 누구에게나 있습니다. 욕심이 있기에 우리가 살고 있습니다. 욕심 그 자체는 선하지도 악하지도 않습니다. 다만 그 욕심이 무엇을 위한 것이냐에 따라 선할 수도 있고 악할 수도 있습니다.

예를 들어 에디슨은 인류의 문명과 편리한 생활을 위해 1,300건 이상의 발명품을 만들어냈습니다. 인류의 안녕과 행복을 위해 계속해서 발명품을 만들어 내는 거룩한 욕심을 가졌던 것입니다. 반면에 히틀러는 자기 만족을 위해 탐욕을 가졌습니다. 독일의 최고 지도자만으로도 충분히 인정받고 칭송을 받을 수 있었습니다. 그러나

행복을 가로막는 욕심

그는 세계를 지배하려고 하는 탐욕을 가지고 끝내 제2차 세계대전을 일으키고, 수천만 명의 희생자를 낳았습니다. 한 개인의 어처구니없는 탐욕으로 인류는 역사상 가장 큰 재앙을 만났던 것입니다.

한국 최고의 지성 이어령 교수의 말대로 우리는 욕심을 가지고 경쟁해야만 먹고 사는 존재인 것이 틀림없습니다. 이것이 우리의 운명이고, 우리의 원죄이고, 우리의 실존임을 부인할 수가 없습니다. 그러나 우리는 주 안에서 우리의 욕심을 극복할 수 있는 비결을 찾을 수 있습니다.

먼저 모든 것의 주인은 하나님이시고, 우리는 하나님의 것을 잠시 관리하는 청지기에 불과하다는 청지기 의식을 갖고 사는 것이 비결입니다. 다시 말해서 돈이 우리를 지배하는 것이 아니라 하나님이 우리를 다스리시도록 모든 주권을 하나님께 내주어야 한다는 얘기입니다. 항상 청지기 의식을 가지고 물질을 대하고 소유보다는 관계를 중시하는 가치관으로 살아갈 때, 욕심을 극복해 나갈 수 있는 것입니다.

다음으로 바울처럼 자족하는 마음을 갖는 것이 비결입니다. 마귀는 처음부터 일관되게 가진 것이 부족해서 불행하다고 속삭입니다. 인간의 탐욕을 알기 때문에 지금보다 더 가져야 행복하다고 부추깁니다. 그러나 하나님은 지금 있는 것에 만족하라고 말씀하십니다. 바울은 하나님의 뜻을 알았습니다. 그는 어떠한 형편에 처하든지 자기는 자족하는 마음을 배웠다고 고백합니다. 오직 하나님의 영광을 위해 살고자 하는 거룩한 욕심을 가지니까 이 세상의 좋다고 하는 것들을 다 배설물로 여기고 범사에 감사하며 자족하고 살았던 것입니다.

감동이 있는 삶

❖ 어떤 남자가 아들을 결혼시키게 되었습니다. 그런데 결혼식 날 친구가 축의금으로 100만 원을 내놓았습니다. 그때 남자는 친구가 너무나 고마워 콧등이 시려 오는 것을 겨우 참았습니다. 그 뒤로 친구에게 항상 감사한 마음으로 살았습니다. 그러던 어느 날 그 친구로부터 아들 결혼 청첩장을 받았습니다. 하지만 그때는 기쁜 마음보다 걱정이 앞섰습니다.

하루 먹고 하루 살기에도 빠듯한 삶이었기에 어떻게 축의금을 챙길까 하는 걱정이 앞섰던 것입니다. 아내와 상의를 했고, 결국 빚을 내서라도 100만 원의 축의금을 내기로 작정했습니다. 축의금은 축하로 주는 돈이기 전에 상부상조한다는 뜻이 담겨 있기에 빚을 낸 축의금을 가지고 결혼식장에 갔습니다. 친구는 결혼식장에 와줘서 고맙다고 거듭 감사의 말을 했습니다. 바쁜 틈에도 안부까지 물어가며 마음을 썼습니다. 이 남자 부부는 집에 돌아오면서 돈을 빌려서라도 사랑의 빚을 갚게 된 것이 참 잘한 일이라고 말했습니다.

그런데 며칠 후에 그 친구가 집으로 등기우편을 보내 왔습니다. 감사의 인사장을 왜 등기로 보냈나 하고 뜯어보았더니 그 속에 친구의 낯익은 글씨가 쓰여 있었습니다. "이 사람아! 내가 자네 형편 다 아는데 무슨 축의금을 100만 원씩이나 했는가? 자네 살림 어려운 것 다 아는데 이게 무슨 짓인가? 자네는 우정을 돈으로 사려고 했는가?" 친구는 우정 어린 나무람과 함께 99만 원의 수표까지 보내왔습니다. "이 사람아, 나는 자네 친구야. 어려운 자네 형편에 100만 원이 무슨 소리야. 나는 만 원이면 족하네. 여기 99만 원 보내니 그리 알게. 이 돈을 안 받는다면 나는 자네를 친구로 생각하지 않겠네." 그 편지와 수표를 받아 든 남자가 뜨거운 눈물을 흘렸다는 일화가 있습니다.

20세기의 유명한 사상가인 에리히 프롬은 그의 저서 《소유냐 존재냐》에서 인간의 생존 양식을 소유에 전념하는 '소유 양식'과 자기 능력을 능동적으로 발휘하며 삶의 희열을 확신하는 '존재 양식'의 두 가지로 구분한 바 있습니다. 다시 말하면 효율성, 경제성, 돈 되는 일, 자기 과시, 대가를 바라는 태도, 학벌, 재력, 권력 등을 좇아가는 '소유 지향적 삶'과 정성, 배려, 갚음을 바라지 않고 베풂, 나눔, 순수한 마음, 사랑 등을 좇아가는 '존재 지향적 삶'이 있는데, 선택은 우리에게 달려 있다는 것입니다.

소유 지향의 삶을 살면 샹들리에가 걸려 있는 천장만 보며 살지만, 존재 지향의 삶을 살면 별이 빛나는 하늘을 보며 살 수 있습니다. 존재 지향적 인생이 되면 하나님께서 매달아 놓으신 더 멋진 샹들리에를 바라보며 살 수 있다는 얘기입니다. 또 소유 지향의 삶을 살면 자신의 울타리 안 정원만을 즐기지만, 존재 지향의 삶을 살면

온 지구를 정원으로 즐길 수 있습니다. 진정한 부는 소유하는 자의 것이 아니라 누리는 자의 것입니다. 이것을 깨닫고 사는 사람이 복이 있는 사람입니다.

오로지 돈 모으는 것이 인생의 전부인 양 아등바등하다가 어느 날 허둥지둥 죽는 것은 불행한 일입니다. 세상 사람들이 다 한 길로 간다고 해도 우리는 그 길에 동참할 이유가 없습니다. 우리는 하늘 나그네이기 때문입니다. 이 세상에는 하늘 나그네와 땅의 나그네가 있습니다. 땅의 나그네는 땅에서 와 땅에서 나오는 것을 먹고 살다가 땅으로 가는 인생을 말하고, 하늘 나그네는 하늘에서 와 잠시 땅의 것을 먹고 살다가 하늘로 돌아가는 인생을 말합니다.

그러므로 하늘 나그네는 땅의 나그네와 신분도 다르고, 생각하는 것도 다르고, 말하는 것도 다르고, 살아가는 모습도 다른 것입니다. 하늘 나그네에게는 언제나 그리스도의 향기가 있고, 진한 감동이 있습니다.

당신도 날 수 있습니다

❖ 미국의 타임(Time)지가 선정한 19세기의 가장 위대한 인물은 미국의 발명가 토머스 에디슨(Thomas A. Edison, 1847~1931년)이고, 20세기의 가장 위대한 인물은 독일의 물리학자 알버트 아인슈타인(Albert Einstein, 1879~1955년)입니다. 이 두 사람의 천재성에 대해서 모르는 사람은 별로 없습니다. 그러나 이 사람들이 똑같이 학습장애아였다는 사실을 아는 사람은 많지 않습니다.

에디슨은 학교에 입학한 지 3개월도 못 돼서 '바보'로 낙인찍힌 학습장애아였습니다. 그러나 에디슨은 전등, 전축, 현대 전화기의 전신인 탄소송화기, 백열전구, 발전기, 가정용 영사기 등을 발명했고, 특허만 무려 1,093개를 받아 특허의 기록까지 세웠습니다. 에디슨은 19세기를 빛낸 대표적인 인물로서 조금도 손색이 없는 위대한 업적을 남긴 것입니다.

아인슈타인도 독일에 사는 유태인 가정에서 태어났는데, 어린 시절에는 학습장애아로 낙인찍힌 사람이었습니다. 장래를 염려한 부모는 여러 번 이사하면서 전학을 시키곤 했지만 소용이 없었습니다. 그러나 아인슈타인은 상대성 원리와 중력에 관한 이론으로 과학적 탐구의 혁명을 일으켰습니다. 1921년에 노벨 물리학상을 받은 그는 우주에 대한 인간의 이해에 크게 기여했으며, 지금까지 위대한 과학의 거인으로 남아 있습니다.

이 두 사람의 숨겨진 이야기를 듣고 사람들은 이런 의문을 가집니다. "학습장애아였던 그들이 어떻게 그와 같은 천재성을 발휘할 수 있었는가?" 물론 자녀 교육에 있어서 남다른 관심과 열성을 가졌던 부모를 간과할 수 없습니다. 부모의 헌신적인 교육과 지도가 천재성을 개발시킨 것이 사실입니다.

그러나 많은 교육학자들은 그들의 인생과 사물을 보는 긍정적 태도를 결정적인 요인으로 보고 있습니다. 삶의 자리가 어렵고 힘들어도 그것을 부정적으로 보지 않고 매사에 긍정적인 입장에서 보는 자세가 천재성을 개발시켰다는 것입니다. 시련과 역경이 올 때 그것을 부정적인 관점에서 저주로 보면 저주가 되고, 긍정적인 관점에서 기회로 보면 기회가 되는데, 이들은 모든 것을 기회로 여겨 놀라운 결실을 거두었다는 얘기입니다.

사람은 한 생을 살면서 숱한 고난과 역경을 만납니다. 그때마다 거기에는 긍정적인 면과 부정적인 면이 있기 마련입니다. 그런데 그것을 긍정적인 관점에서 보고 도전하는 것이 승리로 향하는 첫 번째 단계입니다. 부족한 것, 없는 것, 잃은 것에만 집착하고, 원망과 불평만 일삼으면 절대로 승리할 수가 없습니다. 모든 일을 긍정적인 면에서 생각하고 밝은 면을 보아야 승리할 수 있습니다.

그래서 성경은 말씀합니다. "내게 능력 주시는 자 안에서 내가 모든 것을 할 수 있느니라"(빌 4:13). 사람에게는 무한한 잠재력이 있습니다. 하나님께서 이미 그 능력을 주셨습니다. 다만 우리가 그것을 느끼지 못하고 활용하지 않는 것이 문제입니다. 하나님의 손을 붙잡는 사람은 무엇이든 할 수 있습니다. 하늘을 비상할 수 있는 능력을 행할 수 있습니다.

지금 힘든 상황에 처해 있습니까? 믿음의 날개를 펴십시오. 힘껏 날갯짓을 해보십시오. 당신도 날 수 있습니다. 여기에 로버트 슐러 목사의 인상 깊은 고백을 소개합니다.

"절벽 가까이로 나를 부르셔서 다가갔습니다. 절벽 끝에 더 가까이 오라고 하셔서 더 다가갔습니다. 그랬더니 절벽에 겨우 발을 붙이고 서 있는 나를 절벽 아래로 밀어 버리시는 것입니다. 물론 나는 그 절벽 아래로 떨어졌습니다. 그런데 나는 그때까지 내가 날 수 있다는 사실을 몰랐습니다."

인생은 만남이 중요하다

❖　　　미국 보스턴의 한 보호소에 앤이란 소녀가 있었습니다. 앤의 엄마는 죽었고, 아빠는 알코올 중독자였습니다. 아빠로 인한 마음의 상처에다 보호소에 함께 온 동생마저 죽자, 앤은 그 충격으로 미쳐 버렸습니다. 실명까지 하게 되었습니다. 앤은 수시로 자살을 시도했고, 괴성을 질렀습니다. 결국 앤은 회복 불능 판정을 받고 정신병동 지하 독방에 수용되었습니다. 모든 사람이 치료를 포기했습니다.

그때 늙은 간호사인 로라가 앤을 돌보겠다고 자청했습니다. 로라는 정신과 치료보다는 그냥 앤의 친구가 되어 주었습니다. 날마다 과자를 들고 가서 책을 읽어 주고 기도해 주었습니다. 그렇게 한결같은 사랑을 쏟았지만 앤은 담벼락처럼 아무 말이 없었고, 자기에게 가져다 준 특별한 음식도 먹지 않았습니다. 그래도 로라는 계속해서 책을 읽어 주고 기도해 주었습니다. 그러자 앤이 독방 창살을 통해 조금씩 반응을 보였고, 가끔 정신이 돌아온 사람처럼 이야기하기 시작했습니다. 그러다가 2년 만에 앤은 정상인 판정을 받아 파킨스 시 각장애아학교에 입학했고, 교회에 다니면서 비로소 웃음을 찾았습니다.

그 후 로라가 죽는 시련을 겪었지만 앤은 로라가 남겨준 희망을 볼 수 있는 마음의 눈으로 시련을 이겨내고 학교를 최우등생으로 졸업했습니다. 또 한 신문사의 도움으로 개안 수술을 받아 세상을 볼 수 있는 인생 대역전이 일어났습니다.

그러다가 어느 날 신문 기사를 보았습니다. "보지 못하고, 듣지 못하고, 말하지 못하는 아이를 돌볼 사람을 구합니다." 앤은 그 아이에게 자신이 받은 사랑을 돌려주기로 결심했습니다. 주변 사람들은 앤이 보지 못하고 듣지 못하고 말도 못하는 아이를 도저히 못 가르칠 것이라고 했지만 앤은 말했습니다. "저는 하나님의 사랑을 확신해요." 결국 사랑으로 그 아이를 20세기 최고의 위인으로 키워 냈는데, 이 이야기는 바로 앤 설리번과 헬렌 켈러의 이야기입니다.

늙은 간호사 로라는 앤과 함께 있어 주고 앤의 고통을 공감하면서 앤을 정상인으로 만들어 냈고, 앤도 헬렌과 48년 동안 함께 있어 주었습니다. 헬렌이 하버드 대학에 다닐 때는 헬렌과 모든 수업에 함께하면서 그녀의 손에 강의 내용을 적어 주었습니다. 헬렌은 말했습니다. "항상 사랑과 희망과 용기를 불어넣어 준 앤 설리번 선생님이 없었으면 저도 없었을 것입니다. 만약 제가 볼 수 있다면 가장 먼저 설리번 선생님을 보고 싶어요." 만일 앤이 늙은 간호사 로라를 만나지 못했다면 앤은 죽었을 것입니다. 헬렌 켈러가 앤을 만나지 못했다면 삼중고의 장애를 이겨 내고 훌륭한 사람이 될 수 없었을 것입니다. 누구를 만나느냐 하는 것은 그 사람의 인생에 있어서 아주 중요한 일입니다.

　독일의 문학자 한스 카롯사는 이렇게 말했습니다. "인생은 너와 나의 만남이다." 인간은 만남의 존재입니다. 산다는 것은 곧 만난다는 것입니다. 적어도 내가 이 세상을 살아가는 동안은 부모와의 만남, 스승과의 만남, 친구와의 만남, 배우자와의 만남, 좋은 책과의 만남, 성도들과의 만남 등 수많은 만남은 쉬지 않고 계속됩니다. 이러한 만남이 우리의 행복과 불행을 결정짓습니다. 그런 의미에서 여자는 좋은 남편을 만나야 하고, 남자는 좋은 아내를 만나야 합니다. 학생은 훌륭한 스승을 만나야 하고, 스승은 좋은 제자를 만나야 합니다. 자식은 부모를 잘 만나야 하고, 부모는 자식을 잘 만나야 합니다. 씨앗은 땅을 잘 만나야 하고, 땅은 씨앗을 잘 만나야 합니다. 백성은 왕을 잘 만나야 하고, 왕은 백성을 잘 만나야 합니다. 인생의 모든 것은 만남이 결정합니다.

　그런데 이 세상을 살아가면서 아무리 좋은 사람을 만나고 좋은 환경을 만났다 할지라도 인생의 주인 되신 주님을 만나지 못하면 진정한 의미에서의 행복은 없습니다. 그 누구도 영원한 행복을 노래할 수가 없는 것입니다. 이 세상에서의 만남은 길어야 100년입니다. 그러나 주님과의 만남은 영원한 운명을 결정짓습니다. 주님을 만나면 죄와 죽음의 문제가 해결됩니다. 주님을 만나면 하나님의 자녀가 되는 권세를 얻습니다. 주님을 만나면 삶에 놀라운 변화가 일어납니다. 주님을 만나면 영원히 사는 복을 얻습니다. 주님을 만나면 영원히 행복을 노래하게 됩니다.

진정한 부자가 되라

❖ 　　화가 제임스 티소트(James Tissot, 1836~1902년)가 그린 수채화 성경 연작 중에 '어리석은 부자의 비유'라는 그림이 있습니다. 이 그림을 보면 곡식이 가득 들어 있는 자루가 곳간에 빈틈없이 채워져 있습니다. 그리고 손을 턱에 괴고서 자루 뒤에 앉아 뭔가 골똘히 생각하는 사람이 그려져 있습니다. 그런데 누군가가 바로 그 사람 뒤에 서 있습니다. 그는 양쪽으로 긴 날개를 펴고 칼자루에서 칼을 거의 다 빼낸 상태입니다. 그는 바로 죽음의 천사였습니다.

　이 작품의 배경은 누가복음 12장입니다. 예수님께서 사람들에게 비유를 들어 말씀하셨습니다. "어떤 부유한 사람이 땅에서 많은 소출을 거두었다. 그래서 그는 속으로 '내가 수확한 것을 모아 둘 데가 없으니 어떻게 하나?' 하고 생각했다. 그러다가 혼자서 중얼거렸다. '곳간들을 헐어 내고 더 큰 것들을 지어 거기에다 내 모든 곡식과 재물을 모아 두어야겠다. 그리고 나 자신에게 말해야지. 자, 네가 여러 해 동안 쓸 많은 재산을 쌓아 두었으니 쉬면서 먹고 마시며 즐겨라.'

그러나 하나님께서 그에게 말씀하셨다. '어리석은 자야, 오늘 밤에 네 목숨을 되찾아 갈 것이다. 그러면 네가 마련해 둔 것은 누구 차지가 되겠느냐? 자신을 위해서는 재화를 모으면서 하나님 앞에서는 부유하지 못한 사람이 바로 이러하니라.'"

언제부턴가 우리 사회의 인사말이 "부자 되세요!"가 되었습니다. 시대마다 인사말은 바뀌는 것이고, 바뀌는 인사말 속에는 시대의 흐름이나 분위기가 담기기 마련입니다. 너무 쉽게 단정할 일은 아니지만 "부자 되세요!"라는 말이 인사말로 자리를 잡은 것은 재물에 대한 관심이 삶의 우선순위를 차지하는 오늘의 시대 풍조와 무관하지 않다는 생각이 듭니다. 과거에는 재물에 대한 관심이 있다 해도 그것을 밖으로 드러내는 것을 부끄럽게 생각했습니다. 재물보다 더 중요한 것들이 많고 정신세계와 관계된 수준 높은 가치관을 가지고 사는 사람들이 많았기 때문입니다.

그러나 지금은 아예 대놓고 부자가 되라고 표현합니다. 물론 부자가 되라고 하거나 부자가 되고 싶은 열망 속에는 부가 행복을 가져다줄 것이라는 기대가 담겨 있습니다. 하지만 정말로 그런 것인지를 진지하게 돌아보는 대신 너무 쉽게 그런 생각이 가치관으로 자리를 잡는다면 불행한 일이 아닐 수 없습니다. 부와 행복은 정비례하지 않습니다. 그러므로 왜 부자가 되려고 하는지, 깨끗하게 부를 축적한 다음에는 어떻게 살아야 할 것인지를 먼저 생각해야 합니다.

이 세상의 것들은 근본적으로 나의 소유가 아닙니다. 만물의 주인은 하나님이십니다. 나의 생명과 자녀, 은사, 능력, 지혜, 건강, 재물이 다 하나님의 소유인데 지금 우리는 잠시 빌려 쓰고 있는 것입니다. 때가 되면 다 돌려드려야 합니다. 그렇다면 우리가 어떤 인생관을 가지고 살아야 하는지가 참으로 중요합니다.

지난 2008년에 83세로 타계한 영화배우 폴 뉴먼은 외모, 재능, 지성, 명성, 부 등에서 어느 하나도 빠지지 않는 완벽한 남자였습니다. 1954년 '은술잔'으로 영화계에 데뷔한 폴 뉴먼은 그 후 '뜨거운 양철 지붕 위의 고양이', '내일을 향해 쏴라', '타워링' 등 다양한 장르의 영화에 출연하며 명성을 쌓았습니다. 할리우드 정상의 배우로 50년 이상 활동했던 폴 뉴먼은 20세기 최고의 배우 중 한 명이었을 뿐만 아니라 가정에 매우 충실한 모범 가장이었습니다.

그는 사업에서도 성공했는데, 그의 재산은 모두 자선 단체에 기부되었습니다. 그가 생전에 기부한 기부금은 5천억 원이 넘습니다. 그리고 그의 장례식 이후에 남긴 유산 310억 원도 자선 단체에 추가로 기부했습니다. 그는 자기가 가진 재물을 아낌없이 다 나누어주고 갔습니다. 그래서 오늘도 사람들은 그를 할리우드의 '기부 전설'이라고 말하며 존경과 찬사를 보내고 있습니다.

세상에는 부자가 많습니다. 그러나 진정한 의미에서의 부자는 돈을 많이 가진 사람이 아닙니다. 진짜 부자는 하나님께로부터 받은 복을 나누고자 하는 마음을 가진 사람입니다. 부족한 중에도 자신의 것을 나누어주고, 사랑을 베푸는 사람이 진정한 부자인 것입니다.

시련 없는 성공은 없다

❖ 한 남자가 오랫동안 마음에 두던 여인에게 프러포즈를 했습니다. "당신을 사랑합니다. 저와 결혼해 주십시오." 그러자 여인이 이렇게 말했습니다. "당신이 앞으로 100일 동안 하루도 빠짐없이 저의 집 창문 앞에서 꽃을 들고 밤을 샌다면 내가 당신의 사랑을 받아들이겠습니다." 남자는 그 다음날부터 매일 밤 꽃을 들고 여인의 집 앞에서 밤새도록 서 있기 시작했습니다. 비가 오나 눈이 오나 바람이 부나 애절하고 애틋한 그의 구애는 계속되었습니다.

시간이 흘러 99일째 날이 되었습니다. 그날따라 천둥이 치고 비바람이 몰아쳐서 외출하는 것이 몹시 힘들었습니다. 그래도 남자는 눈 하나 깜짝하지 않고 여인의 창문 앞에 서 있었습니다. 그 모습을 본 여인이 감동의 눈물을 흘리며 대문 밖으로 달려 나갔습니다. 그리고는 비에 젖은 남자를 끌어안고 외쳤습니다. "당신의 진실한 사랑을 깨달았어요. 이제 더 이상 내일까지 기다릴 필요가 없습니다." 그때 비에 젖은 남자가 여인의 팔을 풀며 떨리는 음성으로 이렇게 말했습니다. "아가씨, 죄송하지만 저는 아르바이트생인데요."

우리가 사는 세상에는 시험이 많습니다. 눈만 떴다 하면 사랑의 시험이 있고, 믿음의 시험이 있습니다. 물질의 시험이 있고, 이성의 시험이 있습니다. 질병의 시험, 권세의 시험, 인기의 시험, 먹는 것의 시험까지 이런 시험 저런 시험은 쉴 새 없이 우리를 찾아옵니다. 그 누구도 시험을 면제받는 사람은 없습니다. 우리는 한 생을 살면서 수도 없이 많은 시험을 당하는 것입니다.

그러나 주님께서는 사도 바울을 통해 이렇게 말씀하십니다. "내 형제들아 너희가 여러 가지 시험을 당하거든 온전히 기쁘게 여기라"(약 1:2). 시험 당하는 것을 오히려 기쁘게 여기라는 것입니다. 여기서 말하는 '시험'은 '시련'의 의미를 가지고 있습니다. 그러므로 이 말씀은 어떠한 시련을 만나도 그 시련을 기쁘게 여기고, 그 시련을 잘 극복하라는 얘기입니다. 우리가 당하는 모든 시련은 그것이 다 믿음의 시련이기 때문입니다. 하나의 시련을 통해서 믿음을 얻고, 믿음을 굳히고, 믿음이 성장한다면 그 시련이야말로 축복이 아닐 수 없는 것입니다. 실제로 우리 가운데는 건강을 잃으면서 믿음을 얻는 사람이 많습니다. 재산을 잃어버리고서 믿음을 정비하는 사람이 많습니다. 자식을 잃고서 예수 믿는 사람도 있습니다. 수도 없이 넘어지고 자빠지고 고통당하는 믿음의 시련을 통해서 오히려 축복의 길로 들어선 사람들이 많습니다.

1948년에 작고한 베이브 루스라고 하는 유명한 야구 선수가 있습니다. 그는 미국 메이저리그의 전설적인 홈런왕으로서 1974년 행크 아론이 그의 기록을 깰 때까지 무려 714개의 홈런을 기록했습니다. 그래서 그의 별명이 '홈런왕'입니다. 그런데 많은 사람들이 그가 홈런왕인 동시에 스트라이크 아웃의 세계 기록 보유자라는 사실은 모르고 있습니다. 그는 무려 1,330번의 스트라이크 아웃을 당했습니다. 1,330번의 실패를 경험하면서 714개의 홈런을 날린 것입니다. 그런데도 많은 사람들이 실패한 것은 생각하지 않고 오로지 홈런 친 것만 생각합니다.

시련 없는 성공은 없습니다. 시련 없는 강인한 인격도 존재하지 않습니다. 시련 없는 훌륭한 믿음도 없습니다. 역사상 위대한 업적을 남긴 사람들은 극한의 고통 속에서 오히려 삶의 풍성한 열매를 맺었습니다. 기독교인들이 성경 다음으로 가장 많이 읽은 책은 존 번연이 저술한 《천로역정》입니다. 그런데 존 번연은 이 유명한 책을 얼음장 같이 차가운 감옥 속에서 집필했습니다. 프란시스 파크맨 역시 시력이 약해서 항상 큰 글씨로 글을 써야 했는데, 그 고통 속에서 20권이나 되는 대작 미국사를 집필했습니다. 에디슨은 청각장애가 있었으나 축음기를 발명했고, 파스퇴르는 반신불수 상태에서 질병에 대한 면역체를 개발했습니다. 밀턴은 시각장애인이었으나 영국 최고의 시인으로 칭송받았고, 프랭클린 루스벨트는 지체장애인이었으나 미국 역사상 전무후무한 4선 대통령이 되었습니다.

역사는 언제나 시련에 용감하게 맞선 사람들에 의해 새로 쓰이고 있습니다. 그러므로 시련을 하나님의 저주로 여기고 낙심하면 안 됩니다. 절망하면 안 됩니다. 시련을 잘 극복하고 고난을 축복으로 바꾸어 가야 합니다. 고신복 목사님의 작품 중에 '모든 것이 시련이라는 것을 안다면 얼마나 좋을까'라는 제목의 시가 있는데 그 시가 참으로 감동적입니다.

지금의 패배가 승리를 위한 시련이라는 것을 안다면 얼마나 좋을까
지금의 실수가 완성을 위한 시련이라는 것을 안다면 얼마나 좋을까
지금의 가난이 넉넉함을 위한 시련이라는 것을 안다면 얼마나 좋을까
지금의 헤어짐이 새로운 만남을 위한 시련이라는 것을 안다면 얼마나 좋을까
지금의 눈물이 웃음을 준비하는 시련이라는 것을 안다면 얼마나 좋을까
지금의 어두움이 광명을 위한 시련이라는 것을 안다면 얼마나 좋을까
지금의 핍박이 평안을 위한 시련이라는 것을 안다면 얼마나 좋을까
지금의 병듦이 건강을 위한 시련이라는 것을 안다면 얼마나 좋을까
지금의 신앙적 어려움이 천국을 위한 시련이라는 것을 안다면 얼마나 좋을까

하나님께서는 택한 백성들과 언제나 함께하십니다. 합력하여 선을 이루게 하십니다. 승리를 주십니다. 그러므로 우리는 잠깐 처박혀도 괜찮습니다. 넘어져도 괜찮습니다. 일을 그르쳐도 괜찮습니다. 지나고 나면 지금의 시련도 다 간증거리가 되기 때문입니다.

눈물이 나도록 감사하며 살아야

❖ 두 아이의 엄마였던 영국의 샬롯 키틀리가 36세를 일기로 세상을 떠났습니다. 그녀는 대장암 4기 진단 후 암이 간과 폐에 전이되어 방사선 치료를 25번 받고, 화학치료도 39번이나 받았습니다. 그러나 암을 이기지 못하고 끝내 하늘나라로 돌아갔습니다. 그녀가 블로그에 남긴 마지막 글이 이렇습니다.

"살고 싶은 날이 저리도 많은데 저한테는 허락하지 않네요. 내 아이들이 커 가는 모습도 보고 싶고, 남편에게 못된 마누라도 되면서 늙어 보고 싶었는데 그럴 시간을 안 주네요. 살아 보니 그렇더라고요. 매일 아침 아이들에게 일어나라고, 서두르라고, 이 닦으라고 소리 소리 지르는 나날이 행복이었더군요. 살고 싶어서 해보라는 온갖 치료 다 받아 봤어요. 기본적인 의학 요법은 물론 기름에 절인 치즈도 먹어보고 쓰디쓴 즙도 마셔 봤습니다. 침도 맞았지요. 그런데 아니더라고요. 귀한 시간 낭비란 생각이 들어요. 장례식 문제를 미리 처리해 놓고 나니 매일 아침 일어나 내 아이들 껴안아 주고 **뽀뽀해**

줄 수 있다는 게 새삼 너무 감사하게 느껴졌어요. 얼마 후 나는 그이의 곁에서 잠을 깨는 기쁨을 잃게 될 것이고 그이는 무심코 커피잔 두 개를 꺼냈다가 커피는 한 잔만 타도 된다는 사실에 슬퍼하겠지요. 딸아이 머리를 땋아 줘야 하는데……. 아들 녀석 잃어버린 레고의 어느 조각이 어디에 굴러 들어가 있는지는 저만 아는데…… 그건 누가 찾아 줄까요?

6개월 시한부 판정을 받고 22개월을 살았습니다. 그렇게 1년 보너스로 얻은 덕에 아이가 초등학교 입학하는 첫날 학교에 데려다 주는 기쁨을 품고 갈 수 있게 됐습니다. 녀석의 첫 번째 흔들거리던 이빨이 빠져 그 기념으로 자전거를 사 주러 갔을 때는 정말 행복했습니다. 보너스 1년 덕분에 30대 중반이 아니라 30대 후반까지 살고 가네요. 중년의 복부 비만이요? 늘어나는 허리둘레, 그거 한번 가져 봤으면 좋겠습니다. 희어지는 머리카락이요? 그거 한번 뽑아 봤으면 좋겠습니다. 그만큼 살아남는다는 얘기잖아요. 저도 한 번 늙어 보고 싶어요. 부디 삶을 즐기세요. 두 손으로 삶을 꼭 붙드세요. 여러분이 부럽습니다. 눈물이 나도록 감사하며 살아가세요."

생각해 보면 우리 앞에 펼쳐지는 하루하루가 얼마나 귀한 날인지 모릅니다. 오늘이라고 하는 날은 어제의 누군가가 그렇게 살고 싶어 했던 하루인 것입니다. 흔히 건강할 때는 이 사실을 망각하고 살아갑니다. 그래서 사소한 일에도 목숨 걸고 싸우면서 불행하게 살아갑니다. 가장 사랑해야 할 사람과 얼굴을 붉히며 악담을 퍼붓습니다. 잠깐 등장했다가 내려와야 할 인생의 무대에서 끝까지 악역을 맡고 살아갑니다. 짧은 인생 살면서 서로 원수 맺고 원망하며 살아갑니다. 자기중심적으로 살면서 소중한 세월을 탕진합니다. 가정을 내팽

개치고 방탕한 생활을 합니다. 행복하게만 살기에도 너무나 짧은 인생인데 평생을 고통 속에서 살아갑니다. 얼마나 불행한 일입니까?

에베소서 5장 16절을 보면 "세월을 아끼라"고 말씀합니다. 이 말씀은 단순히 '분주하게 살아서 시간을 낭비하지 말라'라는 뜻이 아닙니다. 헬라어에는 시간에 해당하는 단어가 두 가지 있습니다. 하나는 '물리적인 시간'을 지칭하는 '크로노스'이고, 다른 하나는 '때, 기회'를 뜻하는 '카이로스'입니다. 그런데 여기서 말하는 '세월'은 '카이로스'를 의미하는 말입니다. 결국 '세월을 아끼라'는 말씀은 '하나님께서 주신 기회를 놓치지 말고 잡으라'는 뜻입니다. 하나님께서 주신 시간을 잘 활용하여 복되게 살아가라는 얘기입니다. 돈을 잃으면 다음 기회에 다시 얻을 수 있습니다.

그러나 하나님께서 주신 시간은 한 번 지나가면 다시 돌아오지 않습니다. 그렇다면 오늘 기회가 왔을 때 힘껏 사랑하고 눈물이 나도록 감사하며 행복하게 살아가는 사람이 지혜로운 인생이 되는 것입니다.

개가 짖어도 기차는 간다

❖ 　　　　오늘도 교회에서 조금 떨어진 철길 위로 기차가 지나갑니다. 아름다운 삼산과 서천을 배경 삼아 철길 위로 기차가 지나가면 그것 자체가 한 폭의 그림입니다. 특히 새하얀 뭉게구름이 하늘을 수놓는 날 삼산의 아래 자락 터널 사이로 기차가 기어 나오면 스위스 어느 산골에서 본 아름다운 정경이 자꾸 겹치곤 합니다. 거기에다 어린 시절의 추억까지 새록새록 떠올라 마음을 어디에 두어야 할지 모를 정도로 흥분이 되는가 하면, 기차를 타고 어디론가 떠나고 싶은 충동까지 일어납니다. 지금이야 맘만 먹으면 비행기도 타고, 고속버스도 타고, 기차도 탈 수 있습니다. 그러나 어린 시절에는 기차 한 번 타는 것도 꿈같은 얘기인지라 코스모스 한들거리는 기찻길에 얽힌 추억이 더 많습니다.

　기차 레일 위에 침을 뱉은 후 못을 얹어놓으면 기차가 지나갈 때마다 못이 칼로 변하여 우리를 즐겁게 했고, 친구와 손을 잡고 레일 위를 걸으며 마음만 서울로 보냈던 시절이 있었습니다. 특별히 소년기에 살았던 외갓집은 기찻길에서 얼마 떨어지지 않아 밤마다 기적 소리를 들으며 꿈나라로 가야 했습니다.

그런데 기차가 소리를 내며 지나갈 때면 꼭 동네 개들이 짖어대곤 했습니다. 개 한 마리가 짖기 시작하면 동네의 모든 개들이 합창을 했고, 온 동네가 들썩들썩했습니다. 그야말로 기차만 지나가면 온 동네가 개 세상이요, 개판(?)이 되곤 했습니다. 하지만 그렇게 개가 짖고 요란을 떨어도 기차는 단 한 번을 멈춘 적이 없습니다. 개들이 아무리 짖어대도 기차는 목적지를 향해 달려갔습니다. 그래서 나온 유명한 말이 있습니다. "개가 짖어도 기차는 간다." 우스갯소리 같지만 깊은 깨우침을 주는 명언이 아닐 수 없습니다. 큰 사명을 가진 기차는 사소한 일에 신경 쓰지 않습니다. 주위의 잡소리에 마음 빼앗기지 않습니다. 오직 목적지를 향해 달려갈 뿐입니다.

그런데 우리들도 마찬가지입니다. 우리는 누가 뭐라 해도 천성을 향해 달려가는 믿음의 경주자들입니다. 그러므로 다른 사람들의 평가나 험담에 시험 들고 흔들릴 시간이 없습니다. 오직 주님만 바라보고 최선의 경주를 해야 하는 것입니다. 성도들 가운데는 종종 다른 사람들의 이야기를 듣고 넘어지는 경우가 있습니다. 비난하는 소리, 폄하하는 소리, 비웃는 소리, 정죄하는 소리, 누명을 씌우는 소리, 이간질하는 소리를 들을 때마다 큰 상처를 받고 자리에 눕는 일이 많습니다. 오직 믿음의 주요 또 온전하게 하시는 이인 예수 그리스도만 바라보고 믿음의 경주를 하면 되는데, 사람의 소리에 그만 실족하고 만 것입니다.

사람의 소리는 어디까지나 사람의 소리일 뿐입니다. 그러므로 나를 시험 들게 하는 시시한 소리가 들린다 해도 그 소리를 마음에 담아 둘 필요가 없습니다. 내가 주목해야 할 분은 오직 주님밖에 없기 때문입니다. 마지막 날 나를 영접하고 나에게 상 주시기 위해 심판하실 분은 주님밖에 없습니다. 바로 이것 때문에 우리가 주님만 바라보고 믿음의 경주를 하는 것입니다.

동방의 의인이라 일컫던 욥은 한순간에 도둑들에게 재산을 다 빼앗기고, 10명의 자녀들을 한꺼번에 잃어버리는 큰 시련을 만납니다. 그것도 부족해서 몸에 악창이 생겨 밤낮으로 몸을 긁고 앉아 있어야 했습니다. 그때 그를 가장 괴롭혔던 것은 주위의 친구들이 그를 정죄하는 말이었습니다. 숨겨 놓은 죄를 회개하라고 욥을 책망하는 친구도 있었습니다. 다른 것보다 이들의 소리가 욥을 죽을 만큼 힘들게 했습니다. 그러나 욥은 이렇게 고백하고 일어섰습니다. "그러나 내가 가는 길을 그가 아시나니 그가 나를 단련하신 후에는 내가 순금같이 되어 나오리라"(욥 23:10).

욥은 합력하여 선을 이루실 하나님만 믿고 오직 하나님께만 주목했습니다. 바로 이 신앙이 그를 승리의 자리로 이끌고 훗날 갑절의 복을 받게 만들었습니다. 오늘도 동네 개는 짖습니다. 그러나 기차는 오직 목적지를 향해 달려갈 뿐입니다.

chapter

2

잠시
살다 가는 인생인데

배려의 향기

❖　　　　한 유학생이 미국 대학의 박사 과정에 입학했습니다. 학교에서 주는 장학금으로는 월세와 책값을 제하면 하루 세 끼를 먹을 수 없는 상황이었습니다. 아르바이트를 하면 식사 문제는 어느 정도 해결할 수 있었지만 그렇게 쓰는 시간이 아까워 차라리 점심을 거르고 학업에 집중하기로 했습니다. 그러던 어느 날 그가 학과 휴게실에 놓아둔 물건을 가지러 갔을 때 점심을 먹던 학과장이 그에게 말을 걸었습니다. "나는 이제 나이가 들어 체중 조절을 해야 하는데 아내가 샌드위치를 너무 많이 담아 준단 말이야. 음식을 많이 먹는 것이 부담스러운 나이가 되었어. 미안하지만 나의 샌드위치 한쪽을 먹어 주면 안 될까?" 얼떨결에 학과장의 샌드위치를 얻어먹게 된 그는 그 후로도 종종 샌드위치를 같이 먹으며 학과장의 고민을 덜어 주었습니다.

그러다가 세월이 흘러 박사 논문을 마치고 학위를 받게 되었습니다. 그는 너무 감사하여 학위 과정에서 도움을 준 교수들을 부부 동반으로 초청하여 저녁을 대접하기로 했습니다. 물론 학과장 부부도 초대했습니다.

하지만 학과장은 그 자리에 혼자 왔습니다. 사모님이 함께 오지 못한 것이 못내 아쉬워서 그가 학과장에게 말했습니다. "사모님께 오늘은 꼭 감사의 인사를 드리려고 했는데 못 오셔서 심히 섭섭합니다." 그러자 학과장이 이렇게 말했습니다. "오늘은 내가 자네에게 이 얘기를 해야 할 것 같아. 사실 내 아내는 오래전에 세상을 떠났다네. 자네에게 사실대로 말하지 못한 점 미안하게 생각하네."

점심도 제대로 못 먹는 가난한 유학생의 사정을 알게 된 학과장은 그동안 샌드위치를 넉넉하게 준비해서 그의 점심을 해결해 주었던 것입니다. 그 이야기를 들은 유학생은 말할 수 없는 감동을 받았습니다. 그는 귀국해서 강의를 할 때 제자들에게 이런 말을 했습니다. "어쩌면 학위 과정에서 배운 그 어떤 것보다 학과장에게 배운 배려의 마음이 더 컸다."

배려의 기본은 '역지사지'(易地思之)입니다. 상대방의 입장에 서서 생각해 주는 것이 배려이고, 또한 상대방을 위해 어느 정도 나를 희생하지 않으면 배려는 할 수 없습니다. 유럽에 가 보면 집의 창틀마다 예쁜 꽃 화분들이 놓여 있거나 매달려 있는 것을 볼 수 있습니다. 집안에서는 잘 보이지 않는 그 꽃들을 집 주인이 정성스럽게 가꾸는 것은 내 가족이 아닌 집 바깥에 있는 남을 위해서입니다. 그곳의 풍경들이 아름답고 감동적으로 보이는 것은 건물이 아름다워서라기보다는 꽃 몇 송이로 남을 배려하는 넉넉한 마음이 집 밖으로 향기롭게 퍼져 나오기 때문입니다.

예수님은 우리가 예수님의 향기가 되기를 원하십니다. 다른 사람에게 따뜻함과 친절함을 가지고 대하면서 배려하며 살아가기를 원하십니다. 그런데 이런 배려는 크게 어려운 일이 아닙니다. 노약자에게 자리를 양보하고, 장애인이나 임산부에게 가까운 주차 자리를 양보하는 것이 배려입니다. 교회에서 예배 후에 엘리베이터를 탈 때도 노약자나 장애인이 먼저 탈 수 있도록 양보하는 것이 배려입니다. 교회에서 새신자에게 먼저 인사하는 것도 배려입니다. 타인을 편하게 하고, 기쁘게 하고, 양보하려는 애정 어린 마음이 배려인데, 이 마음만 있으면 우리는 예수님의 향기로 살아갈 수 있는 것입니다.

아테네의 극작가 메난드로스는 이런 말을 남겼습니다. "마음을 자극하는 단 하나의 사랑의 명약, 그것은 진심에서 나오는 배려이다." 그렇습니다. 배려가 사랑의 명약입니다. 배려는 손바닥에 떨어뜨린 한 방울의 향수 같습니다. 주먹을 쥐어 향수의 모습은 감출 수 있어도 향수가 뿜어내는 향기는 반드시 주변에 아름답게 퍼지기 마련입니다. 아무도 보고 있지 않고 알아주는 사람이 없어도 남을 배려하는 마음을 우리의 삶 속에 계속 간직하다 보면 배려의 아름다운 향기는 온 세상에 퍼져 나갈 것입니다.

우아하게 삽시다

❖ 국어사전에서 '우아미'(優雅美)라는 말을 찾아보면 이렇게 해석해놓고 있습니다. '고상하고 기품이 있으며 아름다움.' 일상성을 긍정하며 조화롭고 균형을 잘 갖춘 대상을 선호하는 미의식을 우아미라고 말합니다. 이 우아함을 어떤 사람이 이렇게 정의해 놓았는데 공감이 가는지 확인해 보시기 바랍니다.

"짜증날 때도 상냥함을 유지하는 것, 악다구니를 쓰고 싶을 때 부드러운 말투로 말하는 것, 당장 그에게 전화해서 난리 치고 싶을 때 냉정함과 침묵을 유지하는 것, 말하고 싶을 때 참는 것, 비겁하고 싶을 때 용기 있게 말하는 것, 자리에 앉고 싶은 마음을 누르고 자리를 양보하는 것, 먹고 싶을 때 참고 다이어트 계획을 실천하는 것, 모두가 피하는 왕따에게 먼저 말 걸어 주는 것, 퍼져 있고 싶은 욕구를 참는 것, 울면서 바짓가랑이에 매달리고 싶을 때 그를 보내 주는 것, 좋은 물건을 사기 위해 쓸데없는 쇼핑은 참는 것, 식탐 부리지 않고 상대방에게 양보하는 것, 초대받은 자리를 제외하고는 가급적 본인이 밥값을 내려고 하는 것, 상대방의 거절을 받아들이고 더 이상 조르지 않는 것, 예상치 못한 불편함이 따르더라도 상대방과의 약속을 지키는 것, 배신당해도 복수하지 않는 것 등이 우아함이다."

그렇습니다. 우아함은 한마디로 '멋진 삶'을 가리키는 말입니다. 인간의 품격과 고상함을 잃지 아니하고 반짝반짝 빛나는 삶을 사는 사람을 가리켜 우아한 인생이라고 얘기하는 것입니다. 그런데 요즘 우리나라 아줌마들 가운데는 '3포족'이 있다는 얘기가 들립니다. 세 가지를 포기한 사람들이라는 얘기인데, 그 세 가지는 다름 아닌 '우아함, 여성다움, 부끄러움'을 말합니다. 젊었을 때는 '우아함, 여성다움, 부끄러움'을 가지고 살다가도 일단 아줌마의 반열에 들어서면 세 가지 미덕을 깡그리 포기하고 산다는 것입니다. 이런 사람들이 주위에 많습니다.

예를 들면 공공장소에서 큰 소리로 싸우면서도 부끄러움을 모르고 당당한 아줌마가 그들입니다. 버스든 지하철이든 자리만 나면 몸을 날려 엉덩이를 들이미는 아줌마 역시 3포족입니다. 시장이나 백화점에 가서 갑질을 해대면서도 전혀 부끄러운 줄 모르는 아줌마도 3포족입니다.

그런가 하면 우리들을 부끄럽게 만드는 아저씨들 또한 많은 것이 현실입니다. 벌겋게 술에 취해 여성들 뒤에서 치근덕거리는 아저씨나 남 생각 안 하고 다리 쩍 벌리고 앉아 있는 아저씨들이 비슷한 부류의 사람들입니다. 소위 지체 높은 것을 자랑하는 사람들이 밀폐된 공간에서 상상할 수 없을 정도로 추한 행동을 하는데, 이들 역시 아저씨라는 이름을 부끄럽게 만드는 족속들이라고 할 수 있습니다. 이런 사람들에게서 우아함을 찾기란 하늘의 별 따기와 같습니다.

사람은 언제나 우아한 삶을 포기하면서부터 비참한 인생이 됩니다. 반대로 세월이나 환경에 관계없이 우아함을 잃지 않고 사는 사람들에게는 항상 승리가 있는 것입니다.

예수님은 이 땅에서 가장 우아한 삶을 살다 가셨습니다. 병든 자는 고쳐 주시고, 눌린 자는 해방시켜 주시고, 가난한 자에게는 먹을 것을 주시고, 죄책감에 시달리는 사람에게는 자유함을 주셨습니다. 슬픈 자는 위로하시고, 고난 당한 자에게는 인생 역전의 은혜를 베풀어 주셨습니다. 무엇보다 우리 인생들을 죄와 사망 가운데서 구원하시려고 십자가에서 기꺼이 희생제물이 되어 죽으셨습니다. 무지한 군중들이 아무런 죄도 없는 예수님을 채찍질하고, 조롱하고, 침 뱉고, 끝내 십자가에 매달아 죽일 때도 예수님은 이렇게 기도하셨습니다. "아버지여, 저들은 자기들이 하는 일을 모르나이다. 저들을 용서하여 주시옵소서." 처참한 십자가에서 물과 피를 다 쏟고 죽어야 하는 자리인데도 예수님은 극치의 우아함을 보여주셨습니다.

그분 예수님을 따라가는 사람들이 우리들이라면 우리는 죽을 때까지 우아함을 잃지 않고 살아야 합니다. 멋진 삶을 살아야 하는 것입니다. 실러라는 사람은 말했습니다. "어떤 사람이 자신의 자발적 결단에 의해 너무나도 자연스럽게 도덕적 행위를 할 때 우아미를 느낀다." 그러나 우리는 예수님을 따라가면서 예수님을 닮아 가려고 애쓸 때 벌써 우아미를 갖춘 사람이 되는 것입니다. 그런 의미에서 예수님을 따라가는 제자인 우리는 오늘도 빛으로 살고, 소금으로 살고, 예수님의 향기로 살고, 예수님의 편지가 되어 살아야 합니다. 하나님의 영광을 위해서 그 무엇인가 아름다운 일을 행하면서 살아갈 때 우리는 자연스럽게 멋진 삶을 사는 '우아한 인생'이 되는 것입니다.

절망을 극복하라

❖   지금부터 100여 년 전 미국에 헨리 콤스톡이라는 땅 부자가 살고 있었습니다. 그가 어느 날 자신이 가지고 있던 척박한 산을 1만 달러를 받고 팔았습니다. 우리 돈으로 천만 원 정도밖에 되지 않는 돈을 받고도 그는 기뻐했습니다. 그런데 몇 년 후 그 산이 엄청난 가치가 있는 땅이라는 것을 알게 되었습니다. 척박해 보이기만 하던 산에서 미국 최대 규모의 금광이 발견된 것입니다. 매장량이 무려 5억 달러를 상회했습니다. 우리 돈으로 5천억이 훨씬 넘는 돈입니다. 그 사실을 알게 된 콤스톡 씨는 땅을 치며 후회했습니다. 그리고는 자신의 잘못된 선택을 한탄하며 술로 세월을 보내다가 딱 한 달 만에 스스로 목숨을 끊었습니다.

그러나 이와는 전혀 대조적인 사건도 있습니다. 1914년에 한 발명가의 집과 연구실이 전소되는 대화재가 일어났습니다. 200만 달러가 넘는 전 재산을 한순간에 날려 버린 그의 인생은 문자 그대로 잿더미 인생이 된 것입니다. 그 당시 그 발명가의 나이는 67세였습니다.

사람들이 재기하기에는 너무 나이 들어 보이는 그를 찾아가 위로의 말을 건넸습니다. "얼마나 상심이 되십니까? 용기를 내십시오." 그러자 그 위대한 발명가는 빙그레 웃으면서 이렇게 말했습니다.

"하나님께서 낡은 건물과 시설에 연연하는 내 좁은 소견을 깨우쳐 주시려고 이번에 깨끗하게 청소를 해주신 것입니다. 하나님께서 나에게 새것을 주시기 위한 방법으로 화재를 택하신 것이지요. 괜찮습니다. 오히려 감사합니다." 이 사람이 누구일까요? 바로 발명왕 토머스 에디슨입니다. 그는 화재를 딛고 일어나 예전보다 더 훌륭한 연구실을 지었고, 더 의욕적인 연구 활동을 펼쳤습니다. 그가 발명한 발명품만 1,300여 종이나 되어서 인류 문명의 발전에 얼마나 큰 공헌을 했는지 모릅니다.

콤스톡과 에디슨은 똑같은 절망 앞에서 서로 상반된 선택을 했습니다. 한 사람은 고난을 이겨 내지 못하고 자살을 선택했고, 또 한 사람은 한 번의 고난을 오히려 새 출발의 기회로 삼았습니다. 절망을 극복하면 그것이 인간을 소생시키고 깊은 주름을 펴게 하지만, 절망을 극복하지 못하면 그것은 산 사람도 죽음으로 내몰고 인생을 실패로 끌고 가는 것입니다. 그러므로 끊임없이 찾아오는 절망을 잘 극복하는 것이 중요합니다.

우리는 한 생을 살면서 실망스런 일을 겪지 않고 살 수가 없습니다. 누구라고 해서 실망스런 일을 겪지 않고 살아갈 수 있겠습니까? 실망과 절망은 틈만 나면 찾아옵니다. 마치 친구처럼 시도 때도 없이 찾아옵니다. 그러나 이렇게 수시로 찾아오는 절망을 극복하면 승리자가 되고, 절망에 굴복하면 패배자가 됩니다.

우리가 아는 대로 절망이 깊어지면 무력감에 빠지기 쉽습니다. 우울증을 수반하기도 합니다. 절망이 심해지면 더 이상 믿음을 갖지 못합니다. 더 이상 사랑하지 못합니다. 더 이상 꿈을 갖지 못합니다. 심지어는 삶을 포기하는 사람도 있습니다. 그래서 덴마크 철학자 키에르케고르는 그의 저서를 통해 '절망은 죽음에 이르는 병'이라고 말하고 있습니다. 그는 절망이 얼마나 유해한지를 지적하면서 "절망은 죄다" 하고 선포한 적이 있습니다.

그러면 믿음의 사람들이 왜 이렇게 절망에 빠집니까? 그 이유를 세 가지만 들자면 다음과 같습니다. 먼저 출발점을 잊어버리고 살아가기 때문입니다. 우리가 죄의 종노릇을 하고 있던 상태에서 벗어나 감격스러운 구원을 얻어 하나님의 자녀가 된 사실을 기억하고 있다면 절대로 절망하지 않습니다. 인생 최대, 최고의 복을 이미 받았다고 하는 그 출발점을 기억하는 사람은 끝까지 소망을 가지고 살아갈 수 있습니다. 그러나 그 출발점을 잊어버리면 절망에 빠지기 쉽다는 것을 알아야 합니다.

다음으로 우리가 도착 지점을 잊어버리고 살아가기 때문에 절망하는 것입니다. 우리의 도착 지점은 천국입니다. 그러므로 이 신앙이 분명한 사람은 잠깐 당하는 현실의 고난 때문에 절망하지 않습니다. 장차 누리게 될 영광을 생각하며 현재의 고난을 잘 이겨 내고, 눈물을 찬송으로 바꿉니다. 그러나 이 사실을 잊어버리니까 절망하고 낙심에 빠져 사는 것입니다.

또 우리가 절망하는 이유는 임마누엘의 하나님을 잊어버리고 살아가기 때문입니다. 하나님은 언제나 우리와 함께하십니다. 우리가 바다 끝에 가서 거한다 할지라도 하나님은 우리와 함께하시고, 사망의 음침한 골짜기를 지나간다 할지라도 하나님은 우리와 함께하십니다. 그러므로 임마누엘의 하나님, 우리와 영원히 함께하시는 하나님을 인정하는 사람은 절대로 절망에 빠지지 않습니다.

하나님의 사전에는 "아차!"라는 단어가 없습니다. 하나님은 실수가 없으신 하나님이십니다. 하나님께서는 지금도 나에 대한 선한 계획을 갖고 계시며, 하나님의 뜻대로 그 계획을 이루어 가고 계십니다. 그렇다면 지금 삶의 자리가 어려워도 낙심하면 안 됩니다. 앞이 캄캄하고 어두워도 포기하면 안 됩니다. 하나님께서 합력하여 선을 이루어 주실 것이기 때문입니다. 주님은 아직까지 십자가에 못 박혀 계신 분이 아닙니다. 무덤에 누워 계시는 분이 아닙니다. 죽음을 정복하시고 부활하신 주님은 오늘도 우리와 함께하십니다.

기쁨과 슬픔의 눈물이 교차하는 이유

❖ 태국 치앙라이주 탐루엉 동굴에서 실종됐던 유소년 축구팀 선수들과 코치가 17일 만에 기적같이 생환했습니다. 태국 네이비실은 SNS를 통해 이렇게 구조 소식을 전했습니다. "이것이 기적인지 과학인지 확신하지 못한다. 13마리의 야생 멧돼지가 동굴을 빠져나왔다." 치앙라이의 '무빠(야생 멧돼지) 축구 아카데미' 소속인 소년들과 코치는 지난달 23일 오후 훈련을 마치고 관광차 동굴에 들어갔습니다. 그런데 갑자기 내린 폭우로 동굴 내에 물이 차면서 완전히 고립되고 말았습니다. 이들의 실종을 인지한 당국은 즉각 수색에 들어갔고, 수색대는 실종 열흘째 되는 날 동굴 입구로부터 5킬로미터 가량 떨어진 지점에서 실종자들을 발견했습니다.

그러나 높아진 수위 등으로 인해 즉각적인 구조가 어려웠습니다. 동굴 밖으로 나가기 위해서는 먼 거리를 잠수하며 수영을 해야 했습니다. 동굴 속 길 또한 험난하기 그지없었습니다. 여기에다 우기가 시작되어 또다시 폭우가 쏟아지면 동굴 속 수위가 높아져 모든 희망이 사라질지 모르는 상황이었습니다.

그러나 전 세계인의 염원대로 태국 동굴 속에 갇힌 소년과 코치 전원은 기적적으로 구조되었습니다. 누구도 장담하지 못했던 '전원 구조'의 기적 뒤에는 묵묵히 제 역할을 해준 숨은 영웅들이 있습니다. 실종 열흘 만인 지난 2일 동굴 입구에서 무려 5킬로미터 가량 떨어진 경사지에서 소년들과 코치의 생존을 발견한 영국인 전문 잠수사들이 그들입니다. 소방관 출신인 리처드 스탠턴과 영국 브리스틀에서 컴퓨터 기술자로 일하는 존 볼랜던이 동굴 바닥을 기고 급류 속을 헤엄쳐 생존자들을 발견했는데, 이들이야말로 구조의 가능성을 알린 일등공신입니다.

또 이들과 함께 깜깜한 동굴 안에서 거센 물살을 헤치며 구조활동에 동참한 미군 인도태평양사령부 소속 구조대원과 태국 해군 네이비실 대원 등 다이버 90여 명 역시 숨은 영웅들입니다. 그런가 하면 소년들이 발견된 직후부터 모두 구조될 때까지 그들 곁을 지키며 건강을 돌본 호주인 의사 리처드 해리스도 사람들의 찬사를 받고 있습니다.

소년들과 함께 동굴에 들어갔다가 고립됐던 코치 엑까뽄 찬따윙(25세)도 숨은 영웅으로 꼽힙니다. 갑작스러운 폭우로 동굴 안 수위가 급상승하자 소년들을 경사지 위로 올라가게 해 생존 공간을 확보한 뒤 천장과 종유석에 맺힌 물방울을 마시게 하는 등 기지를 발휘했고, 명상 훈련을 통해서 안정을 시키며 그들을 사랑으로 돌보았습니다. 그는 아이들에게 간식이나 과자를 먹이면서도 자신은 일체 먹을 것을 입에 대지 않았습니다. 아무것도 먹지 않아 상태가 좋지 않았기 때문에 먼저 구조하려 할 때도 "나는 괜찮다. 너희들 먼저 가

라. 나는 나가더라도 맨 마지막에 나간다"고 하면서 소년들을 먼저 내보냈습니다.

이런 숨은 영웅들이 있었기에 천하보다 귀한 13명의 생명들이 기적적으로 귀환한 것입니다. 처음부터 살아 돌아오기를 간절히 기도했는데, 하나씩 둘씩 구조될 때마다 얼마나 눈물이 났는지 모릅니다. 그러나 '이런 쾌거, 이런 기적이 어디 있는가?' 하는 생각에 감격의 눈물이 나면서 자꾸 떠올려지는 사건이 있었습니다.

가슴이 아프지만 우리나라의 세월호 참사가 그것입니다. 세월호가 침몰해 가는 그 순간에 원칙과 상식으로만 대응했다면 우리의 수백 명 자녀들은 꽃다운 나이에 수장되지 않았을 것입니다. '선장이 팬티 차림으로 맨 먼저 탈출해 버리지만 않았더라면, 정부가 제대로 일만 했더라면, 생명을 구할 수 있는 골든타임을 놓치지만 않았더라면, 대통령이 어디서 뭘 했는지도 모르게 7시간을 허비하고 부시시한 모습으로 나타나지만 않았더라면' 하는 생각에 오늘도 아쉬움이 넘쳐납니다.

'태국 동굴 소년 구조 사건'을 보면 기쁨의 눈물이 흘러나오면서도 '세월호 사건'이 떠올라 자꾸 슬픔의 눈물이 교차하는 이유가 바로 이것입니다. 우리나라에는 왜 숨은 영웅들이 없었을까요?

어떤 흔적을 남길 것인가?

❖　　　　공중 화장실에 가면 종종 볼 수 있는 글귀가 있습니다. "아름다운 사람은 머문 자리도 아름답습니다." 다른 사람을 위해서 깨끗하고 청결하게 사용하라는 것인데, 사람이 머물다 떠난 자리는 어떤 것이든 흔적이 남기 마련입니다. 결혼식이 끝난 후에는 꽃잎과 꽃가루가 남습니다. 전쟁이 끝난 자리에는 낡은 포들과 전쟁의 상흔이 남습니다. 하얀 눈이 내린 길을 걸어가면 사람의 발자국이 남습니다. 어디서나 사람이 머물다 간 곳에는 흔적이 남습니다.

그런데 우리 인생도 한 번 이 세상에 오면 반드시 흔적을 남깁니다. 이 세상을 사는 동안에도 그렇거니와 세상을 떠난 뒤에도 그 사람의 흔적은 남아 있게 됩니다. 어떤 사람은 악하고 추한 행실의 흔적을 남기고, 어떤 사람은 자랑스럽고 고귀한 흔적을 남깁니다. 구한말의 매국노 이완용은 지금까지 비참하고 더러운 이름으로 남아 있지만, 조국을 위해 자기 목숨을 초개같이 불살랐던 안중근 의사는 아직까지 자랑스러운 이름으로 남아 있습니다. 시인은 시로 말하고,

음악가는 오선지로 말하며, 화가는 그림으로 말하듯 사람은 삶으로 말하는 것입니다. 그렇다면 우리도 언젠가는 이 세상을 떠날 터인데 어떤 흔적을 남겨야 하겠습니까?

기독교의 역사를 바꾸어 놓은 사도 바울은 이렇게 고백한 적이 있습니다. "이후로는 누구든지 나를 괴롭게 하지 말라 내가 내 몸에 예수의 흔적을 지니고 있노라"(갈 6:17). 이 말은 "이제부터 아무도 나를 괴롭히지 마십시오. 내 몸에는 예수님 때문에 생긴 거룩한 상처와 흔적이 있습니다"라는 얘기입니다. 우리가 만일 사도 바울의 벗은 몸을 세밀히 관찰하여 본다면 그 몸에서 남들이 갖지 않은 특이한 흔적들을 찾아볼 수 있었을 것입니다.

먼저 그의 발목에는 빌립보 감옥에서 차꼬에 채워졌을 때 생긴 흔적을 볼 수 있었을 것입니다. 또 그 어깨 언저리에는 루스드라에서 돌에 맞아 죽을 뻔했을 때 입은 흉터를 볼 수 있고, 허리에는 40에 하나 감한 매를 다섯 번 맞았을 때 생긴 채찍의 깊은 상처를 볼 수 있었을 것입니다. 그것을 볼 때마다 끔찍하고 소름 끼치는 기억이 되살아나겠지만, 바울은 그것을 자랑스러운 '예수의 흔적'이라고 고백하는 것입니다.

그런가 하면 바울이 하늘나라로 돌아간 뒤에도 그가 남긴 흔적은 세상 어디에 가도 남아 있습니다. 그의 희생과 헌신, 복음 전파의 열정이 한국 교회의 부흥에까지 연결되어 있는 것을 보면, 바울이 남긴 흔적은 그 누구도 지울 수 없는 흔적인 것입니다.

오늘도 어떤 사람은 아무런 흔적도 없이 바람처럼 왔다가 바람처럼 사라집니다. 그런가 하면 사람들에게 상처만 주고 가는 사람도 있습니다. 그러나 어떤 사람들은 많은 봉사와 섬김, 사랑의 흔적을 남긴 채 아쉽게 떠나가기도 합니다. 이런 사람들은 죽었으나 믿음으로 말하는 자들로서 언제나 우리의 마음속에 살아 있는 것입니다.

하나님의 자녀 된 우리는 어디서나 믿음으로 살다간 흔적이 있어야 합니다. 하나님의 사람이기에 감수할 것들이 있습니다. 그것이 바로 시간의 희생입니다. 물질의 희생입니다. 봉사의 희생입니다. 섬김의 희생입니다. 나눔의 희생입니다. 사랑의 희생입니다. 헌신의 희생입니다. 한 알의 밀이 땅에 떨어져 죽지 아니하면 그 어떤 열매도 거둘 수 없습니다.

그러나 죽으면 많은 열매를 거둡니다. 평생 주님의 영광을 위해 살면서 바울처럼 아름답고 귀한 흔적을 남기려고 애쓰는 사람만이 사실은 진정한 그리스도인입니다.

창조의식을 가지고 살라

❖   한때 유행하던 말 중에 '대책 없는 자' 시리즈가 있습니다. 몽고반점을 중국 음식점이라고 우기는 사람, 'LA'와 'Los Angeles'가 다르다는 사람, 으악새가 새의 이름이라고 바득 바득 우기는 사람, 컴퓨터 바이러스가 몸에도 전염된다고 생각하는 사람, 이런 이들은 도대체 대책이 없는 구제불능의 사람들이라는 것입니다.

그러나 진짜로 구제불능의 사람은 자신이 하나님의 사랑을 받고 살면서도 그 사실을 모르고 사는 사람입니다. 구제불능의 사람은 하나님이 자신을 사랑할 리가 없다고 단정해 버립니다. 자기는 사랑 받을 자격이 없다는 것입니다. 이렇게 못나고 무능한 사람이 또 어디 있느냐고 한탄합니다. 그러나 이 세상에 아무런 의미 없이 던져진 존재는 없습니다.

하나님은 우리를 사랑하셔서 하나님의 목적에 맞게 우리를 지으셨습니다. 하나님은 심혈을 기울여 우리 각자를 독특한 존재로 창조하신 것입니다. 따라서 우리의 성격이나 입맛, 취미, 나아가 영적 성향이 남과 다르다고 해서 기죽을 하등의 이유가 없습니다. 외향적이고 활동적인 사람이 있는가 하면, 앞에 잘 나서지 않는 소심한 사람도 있습니다. 정장과 넥타이를 즐겨 입는 사람이 있는 반면, 편안한 청바지를 주로 입는 사람이 있습니다. 어떤 이는 하나님을 경배할 때 눈을 감고 손을 들지만, 어떤 이는 절제된 자세로 하나님을 경배합니다. 모두 다 좋은 것입니다.

하나님은 다양성을 좋아하십니다. 우리의 모습 하나하나를 사랑하십니다. 그러므로 다른 누군가의 틀에 맞춰야 한다는 강박관념에 빠질 필요가 없습니다. 남이 내 뜻에 맞지 않는다고 화를 내서도 안 됩니다. 우리 각자가 하나님께서 창조하신 모습 그대로 최선을 다하면 그것으로 충분합니다.

많은 사람이 만족하지 못하는 주된 이유는 자신을 남과 비교하기 때문입니다. 친구와 비교하고, 이웃집 사람과 비교하고, 영화배우와 비교하고, 타인과 비교하며 스스로 열등감에 빠지거나 교만에 빠지면서 문제가 생깁니다. 알고 보면 비교가 모든 비극의 원인이 됩니다. 나를 남에게 견주어 보는 것은 득이 될 것은 하나도 없고 오히려 고약한 결과만 따라옵니다.

우선 '내가 너보다 낫다'라는 판단이 서면 나도 모르게 우월감이 생기고 교만해집니다. 또 '내가 너보다 못하다'라는 판단이 서면 그때부터 열등감이 생기고 비굴해집니다. 그리고 '내가 너와 동등하다'라는 판단이 서면 조급증이 생기고 불안해집니다. 나를 남에게 견주어 본 결과로 생기는 이 세 가지는 모두 다 인생을 힘들게 합니다. 인간이 인간답게 사는 일에 아무런 도움이 되지 못할 뿐만 아니라 오히려 해독만 끼칩니다.

창조의식을 가지고 살라

다른 사람의 최대치에 나를 비교하기보다는 나 자신의 최대치에 나를 비교해야 합니다. 인생은 무슨 사건이 일어나는가에 달린 것이 아니라 일어난 사건에 어떻게 대처하는가에 달린 것입니다.

하나님이 원하시는 것은 '비교의식'이 아니라 '창조의식'입니다. 하나님은 이 세상의 70억 인구 모두를 각자 서로 다르고 독특한 고유의 특징을 가진 사람으로 만드셨기 때문에 모두가 가치 있는 사람입니다. 쌍둥이라 할지라도 자세히 비교해 보면 서로 다른 곳이 최소한 60가지 이상이 있다고 합니다. 이 세상에 단 하나밖에 없는 나는 그래서 '천연기념물'입니다.

하나님은 우리 각자를 위한 특별 계획을 갖고 계십니다. 그래서 남에게 통하는 방법이 꼭 내게 통하는 것은 아닙니다. 하나님은 우리 각자에게 소명대로 일할 수 있는 은혜를 주셨습니다. 그러므로 애써 다른 사람을 따라갈 필요가 없습니다. 하나님께서 내게 주신 인생 달리기의 코스에서 최선을 다해 경주하며 독특한 존재로 살아가면 되는 것입니다. 하나님은 오늘도 '비교의식'은 버리고 오직 '창조의식'을 가지고 살아가기를 원하십니다.

잠시 살다 가는 인생인데

❖ 1950년에 발발한 6·25 전쟁이 끝나갈 무렵 중년의 박목월 시인이 그의 제자인 여대생과 사랑에 빠져 모든 것을 버리고 종적을 감추었습니다. 가정과 명예, 그리고 서울대학교 국문학과 교수라는 자리도 버리고 홀연히 사랑하는 여인과 함께 자취를 감추었습니다. 얼마만큼의 시간이 지난 후 박목월의 아내는 그가 제주도에서 살고 있다는 소식을 듣고 남편을 찾아 나섰습니다. 남편과 젊은 여자가 함께 사는 집을 찾아가 보니까 한눈에도 심히 궁색해 보였습니다. 자그마한 단칸방에 초라한 세간살이는 차마 눈뜨고 볼 수 없을 정도였습니다.

생활고로 어렵게 살고 있는 그들을 마주한 박목월의 어진 아내는 그들 앞에서 이렇게 말했습니다. "얼마나 살기가 힘들고 어렵습니까? 여기 돈과 옷 좀 가지고 왔으니 추운 겨울 따뜻하게 지내시기 바랍니다." 박목월의 아내는 준비해 간 돈 봉투와 겨울옷을 내밀고서 즉각 서울로 올라갔습니다. 박목월과 여인은 그 모습에 감동하고 가슴이 아파서 그들의 사랑을 끝내기로 작정했습니다. 마침내 박목월이 서울로 떠나기 전날 밤 사랑하는 여인에게 이별의 선물로 시 한 편을 지어 주었는데, 그 시가 바로 이렇습니다.

기러기 울어 예는 하늘 구만리
바람이 싸늘 불어 가을은 깊었네
아아 너도 가고 나도 가야지

한낮이 끝나면 밤이 오듯이
우리의 사랑도 저물었네
아아 너도 가고 나도 가야지

산촌에 눈이 쌓인 어느 날 밤에
촛불을 밝혀 두고 홀로 울리라
아아 너도 가고 나도 가야지

박목월의 이 시에 작곡가 김성태 교수가 곡을 붙여 만든 노래가 '이별의 노래'인데, 지금은 한국의 대표적인 가곡입니다. 한때 이 노래를 즐겨 불렀지만 그런 사연이 담긴 노래인지는 예전에 미처 몰랐습니다. 아픔과 고통 속에서 진주가 생성되듯 '이별의 노래' 역시 아픔과 고통 속에서 생성된 노래라고 할 수 있습니다.

훗날 가정으로 돌아온 박목월을 아내 유익순은 따뜻하게 맞아 주었고, 집으로 돌아온 박목월은 전보다 더 충실한 가장이 되었습니다. 실로 유익순 여사는 한 시인과 시와 가정을 진정으로 사랑했던,

마음이 한량없이 넓은 여인이었습니다.

　몇 십 년 후 그녀의 큰아들 박동규 교수(서울대)가 어머니에게 물었습니다. "엄마! 엄마는 눈 오는 겨울 밤 어린 여동생 업고 눈사람이 되도록 몇 시간을 왜 바깥에 서 있었어요?" 그때 유익순 여사는 이렇게 말했습니다. "아빠가 시를 쓰는데 아이가 울면 글을 못 쓰잖아. 그래도 네 아빠가 시를 발표하기 전에 꼭 날더러 읽어 보랬어. 나는 그 순간이 너무 행복했었단다."

　찢어지게 가난해서 바느질 등으로 생계를 책임져야 했던 착한 아내 유익순, 그녀의 인내와 사랑이 없었다면 오늘의 박목월은 없었을 것입니다. 그녀는 한평생 하나님의 아가페적인 사랑을 가지고 가정을 위해, 자녀를 위해 기꺼이 썩어 가는 한 알의 밀알이 되었던 우리 시대의 위대한 하나님의 사람이었습니다.

　오늘도 '이별의 노래'를 부르면서 사랑의 불장난이 얼마나 서로를 아프게 할까를 생각합니다. 또 바람난 남편을 찾아 제주도로 가는 길에서 한 여인의 가슴은 얼마나 시리고 아팠을까를 생각합니다. 잠시 살다 가는 인생인데 우리는 너무도 종종 배신하고 상처 주고 고통을 주며 살아갑니다. 평생을 후회와 회한 속에서 살아갑니다.

　세상 사람들이 즐겨 가는 넓은 길은 결코 좋은 길이 아닙니다. 넓은 문, 넓은 길은 그 마지막이 멸망입니다. 오직 좁은 문, 좁은 길로 가야만 마지막이 영원한 승리로 끝납니다. 세상이 아무리 화려해도 한눈 팔지 않고 우리가 좁은 문, 좁은 길로 가는 이유는 그 마지막에 영원한 생명, 영원한 승리가 있기 때문입니다. 이제 선택은 여러분에게 달려 있습니다.

인내하라

❖ "나는 더 이상 정복할 땅이 없다"고 말했던 알렉산더 대왕에게는 어렸을 때부터 함께 자란 클레토스라는 절친한 친구가 있었습니다. 그 친구는 성인이 되어서도 친구인 알렉산더 대왕의 휘하에서 장군으로 봉사했습니다. 그런데 한번은 이 친구가 술에 잔뜩 취해 알렉산더의 많은 군졸들 앞에서 그를 모욕하는 실수를 저질렀습니다. 화가 난 알렉산더 대왕은 순간적으로 옆에 있던 군졸의 창을 빼앗아 클레토스에게 던졌습니다. 물론 죽이려고 그랬던 것은 아니었습니다. 그러나 불행하게도 그 창이 친구의 가슴에 정확히 꽂혔고, 친구는 그 자리에서 즉사하고 말았습니다. 알렉산더는 그 일로 얼마나 후회했는지 모릅니다. 자신의 손으로 사랑하는 친구요 나라의 명장을 죽였다는 생각에 자살을 시도하기도 했습니다. 그는 전 세계를 정복했지만 자기의 분노를 다스리는 일에는 실패한 사람이 된 것입니다.

오늘도 이 세상에는 한 번만 참으면 되는데 그것을 참지 못해서 평생 후회하며 살아가는 사람들이 있습니다. 그래서 성경은 말씀합니다. "노하기를 더디하는 자는 용사보다 낫고 자기의 마음을 다스리는 자는 성을 빼앗는 자보다 나으니라"(잠 16:32). 참는다는 것은 쉽지 않습니다. 참기 위해서는 말할 수 없는 고통도 당합니다. 그러나 우리가 범사에 인내해야 하는 이유는 언제나 인내가 가져다주는 복이 크고 놀랍기 때문입니다.

한자의 '참을 인(忍)' 자는 '칼 도(刀)' 자 밑에 '마음 심(心)' 자가 놓여있습니다. 이 말 그대로 참을 인(忍) 자를 해석하면 가슴에 칼을 얹고 있다는 뜻으로 풀이됩니다. 가만히 누워 있는데 시퍼런 칼이 지금 내 가슴 위에 놓여 있습니다. 잘못하다가는 가슴 위에 놓인 칼에 찔릴지도 모를 상황입니다. 그렇다면 누가 와서 짜증나게 하고, 심사를 건드린다고 해도 화를 낼 수 없습니다. 자리를 박차고 일어날 수도 없습니다. 움직여 봤자 나만 상하게 됩니다.

화나는 일이 생겨도 기다리고, 감정이 밀어닥쳐도 죽은 듯이 가만히 기다려야 합니다. 이렇게 '참을 인(忍)' 자는 참지 못하는 자에게 가장 먼저 피해가 일어난다는 뜻을 담고 있습니다. 결국 자기 평정을 잘 유지할 줄 아는 것이 인내라는 얘기입니다.

그리고 '참을 인(忍)' 자에는 또 다른 가르침이 있습니다. 사람의 마음속에는 때로 죽순처럼 솟아오르는 것들이 있습니다. 온갖 시기와 질투, 미움, 증오, 분노, 복수심, 배타심, 탐욕들이 끊임없이 자라납니다. 이런 것이 싹틀 때마다 마음속에 담겨 있는 칼로 잘라 버리라는 것입니다. 아주 귀한 의미가 있습니다. 그만큼 인내에는 아픔이 필요합니다. 결단력이 필요합니다. 하지만 인고의 삶을 터득하는 사람에게는 그 누구도 범접할 수 없는 인격이 주어집니다. 복이 찾아옵니다. 승리가 있습니다.

공자는 성질 급한 제자 자장에게 이런 말을 남겼습니다. "천자가 참으면 나라에 해가 없고, 제후가 참으면 큰 나라를 이룩한다. 벼슬아치가 참으면 그 지위가 올라가고, 형제들이 참으면 집안이 부귀해진다. 부부가 참으면 일생을 마칠 수 있고, 친구끼리 참으면 이름이 없어지지 않으며, 자신이 참으면 재앙과 화를 당하지 않는다."

자장이 물었습니다. "스승님, 참지 않으면 어떻게 됩니까?" 그러자 공자가 다시 말했습니다. "천자가 참지 않으면 나라가 공허하게 되고, 제후가 참지 않으면 그 몸을 잃는다. 벼슬아치가 참지 않으면 형법으로 죽게 되고, 형제가 참지 않으면 각각 헤어져 살게 되며, 부부가 참지 않으면 자식을 외롭게 만든다. 친구끼리 참지 않으면 정의(情意)가 소원해지고, 자신이 참지 않으면 근심이 덜어지지 않는다."

한마디로 말해서 참는 게 최고라는 겁니다. 참으면 모든 일이 잘 되고, 참지 못하면 모든 일을 망친다는 얘기입니다. "참는 자가 복이 있다"라는 말은 만고불변의 진리입니다.

쉼이 있습니까?

❖   신학자 칼 바르트가 농담으로 이런 말을 한 적이 있습니다. "천사들이 하나님 앞에 있을 때는 바흐의 음악을 듣지만 자기들끼리 있을 때는 모차르트의 음악을 듣는다." 바흐의 음악은 주로 교회의 음악이고 경건함과 웅장함이 있습니다. 그래서 바흐의 음악을 들을 때는 누구나 옷깃을 여미고 하나님을 생각하게 됩니다. 그러나 모차르트의 음악은 아기자기하고 달콤하고 평안해서 그의 음악을 들을 때마다 사람들은 사랑을 생각하고, 낭만을 생각하고, 마음이 평안해집니다. 그러니까 바르트의 얘기는, 천사들이 하나님 앞에 있을 때는 경건해야 하지만 자기들끼리만 있을 때는 긴장을 풀고 편안하게 있고 싶어 하는 마음을 가진다는 것입니다.

바르트는 이 농담을 통해서 우리에게 아주 의미 있는 교훈을 주고 있습니다. 사람은 일을 해야 하지만 동시에 쉴 줄도 알아야 한다는 것입니다. 사실 일을 하고 난 다음에 쉼을 갖는 것은 하나님께서 인간을 지을 때부터 정해 놓으신 창조의 원리입니다. 성경이 그것을 증언하고 있습니다. "6일 동안 일하고 7일째 되는 날은 쉬어라." 그러므로 인간은 하나님께서 정해 놓으신 창조적인 리듬을 따라 사는 것이 가장 유익하고 좋습니다.

죽도록 일만 하다가 쓰러지거나 과로사하는 것은 지혜롭지 못한 인생입니다. 우리 주변을 보면 주 5일 근무제의 확대 시행으로 직장인의 '삶의 질'이 크게 개선될 것이라는 인식을 가진 사람들이 많습니다. 그러나 이런 인식과 달리 물불 가리지 않고 일에 몰입하는 '일 중독증' 환자가 많이 늘고 있는 것이 현실입니다. 정신의학계에서는 보통 1주일에 60시간 이상 일하는 사람을 '일 중독자'로 분류합니다. 일 중독증은 보통 경제력에 대해 강박관념을 가지고 있는 사람, 완벽을 추구하거나 성취지향적인 사람, 자신의 능력을 과장되게 생각하는 사람, 배우자로부터 도피하려는 성향이 강한 사람들에게 잘 나타난다고 말합니다.

그러나 다른 중독증과 달리 일 중독증은 사회적으로 비난이나 징벌의 대상이 아니라 그 사람들을 '일 잘하는 사람, 성실한 사람, 능력이 뛰어난 사람, 모범적인 사람'으로 칭찬하고 포상하기 때문에 더욱 조장되고 은폐되는 특수성이 있습니다. 특히 우리의 사회가 바람직한 것으로 조장하기 때문에 일 중독증을 병리 현상이라 인정하고 치유하려는 자세를 가지기는 더욱 힘들어집니다. 하지만 방치할 경우 일 중독증이 인체에 치명적인 결과를 초래할 수도 있습니다.

일반적으로 사람들은 일정한 일을 해서 일정한 성과를 이루면 흥분하게 되어 있습니다. 이렇게 사람의 뇌가 흥분 상태에 빠지면 '노르에피네프린'이라는 호르몬이 분비되는데, 이것이 체내에서 과도하게 분비되면 심장박동수가 빨라지고 말초혈관이 수축되어 신경 시스

템에 장애가 발생할 수 있습니다. 특히 고혈압이나 심근경색 등의 질병이 나타나고 극단적인 경우 과로사로 생명을 잃을 수도 있습니다.

따라서 자신이 '일 중독증'에 빠질 위험이 있거나 이미 빠져 있다고 생각하면 과감하게 인생관을 바꾸고 생활 태도를 고쳐야 합니다. 물론 전혀 일하지 않고 쉬기만 하는 사람도 무능력자가 되기 쉽고, 또 깊은 열등감 속에서 성격장애자가 될 수도 있습니다. 그렇기 때문에 우리에게는 일과 쉼의 조화가 얼마나 중요한지 모릅니다.

예수님은 우리에게 말씀하십니다. "수고하고 무거운 짐 진 자들아 다 내게로 오라 내가 너희를 쉬게 하리라." 진정한 쉼은 주님께서 주십니다. 그렇다면 주 안에서 즐겁게 일하고, 주 안에서 즐겁게 쉬는 사람이 복 있는 인생이 되는 것입니다. 장차 우리는 영원한 안식을 누려야 할 천국 백성들입니다. 영원한 안식을 누릴 수 있는 자는 지금 여기에서도 그 안식을 맛보고 살아야 합니다. 이 땅에서부터 영적으로, 정신적으로, 육체적으로 잘 쉬는 복이 있기를 바랍니다.

나눔의 행복

❖　　　　지난주에 한 집사님이 불우이웃을 도와주라고 20킬로그램짜리 쌀 10포대를 교회로 보내왔습니다. 본인도 넉넉하게 살지 못하지만 나눔의 기쁨을 누리고 싶어서 또 다시 두 번째 기부를 했습니다. 그리고 또 다른 한 집사님의 가정은 가난한 자들을 위해 매월 20킬로그램짜리 쌀 5포대를 기부하고 있습니다. 이 아름다운 선행은 벌써 15년 넘게 한 달도 거르지 않고 계속되고 있습니다. 그런가 하면 중학교 1학년 여학생이 학교 대표로 글짓기 대회에 나가 수상한 상금 20만 원을 교회에 기탁했습니다. 사춘기 여학생이 사고 싶은 것도 많고 갖고 싶은 것도 많을 텐데, 독거노인을 도와주라고 상금을 몽땅 내놓았습니다.

　하나님의 사랑을 나누고 싶어 하는 그 마음이 얼마나 아름다운지 큰 감동을 받았습니다. 평소에 목회를 하면서 이런 성도들을 많이 만나는데, 하나같이 감동입니다. 먹고 싶은 것 먹지 않고, 누리고 싶은 것 누리지 않으면서 이웃을 위해서는 기꺼이 가진 것을 내놓는 이들은 이 땅 위의 날개 없는 천사들입니다.

하나님은 우리가 받은 복을 나누기를 원하십니다. 그래서 오늘도 말씀하십니다. "네 손이 선을 베풀 힘이 있거든 마땅히 받을 자에게 베풀기를 아끼지 말며"(잠 3:27). "너희가 여기 내 형제 중에 지극히 작은 자 하나에게 한 것이 곧 내게 한 것이니라"(마 25:40). 받은 복을 나누고, 베풀고, 섬기면서 나눔의 행복을 노래하라는 것입니다. 하나님은 아름다운 세상을 창조하시고, 우리에게 그것을 선물로 주셨습니다. 아낌없이 주시되 산과 하늘, 물, 공기, 그리고 먹을 것과 입을 것을 함께 공유하도록 복을 주셨습니다. 그래서 행복이 있고, 평화가 있고, 기쁨이 있게 하셨습니다. 이것이 하나님의 거룩한 뜻이요, 섭리입니다.

그런데 우리가 사는 이 세상이 어떻게 변했습니까? 나누고자 하는 마음이 없습니다. 이기주의에 깊이 빠져 있습니다. 저마다 '나'만 생각하고 '너'는 없습니다. 남이야 배가 고프든 말든 나만 배부르면 최고요, 이웃이야 고통을 당하든 말든 나만 편하면 된다는 식으로 살아갑니다. 그래서 배신하고, 속이며, 훔치고, 살인하는 것이 예사로운 세상이 되었습니다. 하나님께서 주시는 복을 스스로 반납해 버린 것입니다. 이제 우리는 움켜쥔 손을 펴야 합니다. 나눔의 행복을 찾아야 합니다. 그래야 이 냉랭한 세상을 따스한 사랑의 세계로 회복시킬 수 있습니다.

이 가을에 윤동주 시인의 '내 인생에 가을이 오면'이라는 시가 더욱 가슴에 와 닿는 이유가 뭘까요?

내 인생에 가을이 오면

나는 나에게
물어 볼 이야기들이 있습니다

내 인생에 가을이 오면
나는 나에게
사람들을 사랑했느냐고 물을 겁니다

그때 가벼운 마음으로 말할 수 있도록
나는 지금 많은 사람들을 사랑하겠습니다

내 인생에 가을이 오면
나는 나에게
열심히 살았느냐고 물을 것입니다

그때 자신에게 말할 수 있도록
나는 지금 맞이하고 있는 하루하루를
최선을 다하여 살겠습니다

내 인생에 가을이 오면
나는 나에게
사람들에게 상처를 준 일이 없었느냐고 물을 겁니다

그때 자신 있게 말할 수 있도록
사람들을 상처 주는 말과 행동을 말아야 하겠습니다

내 인생에 가을이 오면
나는 나에게
삶이 아름다웠느냐고 물을 겁니다

그때 기쁘게 대답할 수 있도록
내 삶의 날들을 기쁨으로 아름답게 가꾸어 나가야겠습니다

내 인생의 가을이 오면
나는 나에게
어떤 열매를 얼마만큼 맺었느냐고 물을 겁니다

그때 나는 자랑스럽게 대답하기 위해
지금 나는 내 마음 밭에 좋은 생각의 씨를 뿌려 놓아 좋은 말과
좋은 행동의 열매를 부지런히 키워야 하겠습니다.

나눔의 행복

가장 이상적인 인성교육

❖ 어느 초등학생 소녀가 학교에 가자마자 담임선생님에게 물었습니다. "선생님, 제가 길에서 주워 온 야생화인데 이 꽃 이름이 무엇인가요?" 선생님은 꽃을 한참 동안 살펴보더니 이렇게 말했습니다. "미안해서 어떡하지? 선생님도 잘 모르니까 내일 알아보고 알려 줄게." 선생님의 말에 소녀는 깜짝 놀랐습니다. 선생님은 세상에 모르는 게 없을 거라 믿었기 때문입니다.

집으로 돌아온 소녀는 아빠에게 말했습니다. "아빠, 오늘 학교 가는 길에 주운 꽃인데, 이 꽃 이름이 뭐예요? 우리 학교 담임선생님도 모른다고 해서 놀랐어요." 그런데 소녀는 그날 두 번이나 깜짝 놀라고 말았습니다. 믿었던 아빠도 꽃 이름을 모른다는 것이었습니다. 소녀의 아빠는 식물학을 전공했고 대학에서 강의를 하는 교수였는데, 꽃 이름을 모른다는 것이 충격이었습니다.

그 다음날 담임선생님이 그 소녀를 불렀습니다. 그리고는 전날 질문했던 꽃에 대해 자세히 설명해 주었습니다. 소녀는 아빠도 모르는 것을 알려 준 선생님이 대단하다고 생각하며 감탄했습니다. 그런데 사실은 전날 밤 소녀의 아빠가 선생님에게 전화하여 그 꽃에 대해 자세히 설명해 주었던 것입니다. 아빠는 그 꽃이 어떤 꽃인지 이미 알고 있었지만 사랑하는 딸이 혹시라도 선생님께 실망하지 않을까 걱정이 되어 그토록 사려 깊게 행동했다는 얘기입니다.

학교교육과 가정교육은 100년의 약속입니다. 100년의 미래를 위해 100년의 시간을 준비하는 길고 긴 과정이 바로 교육이기 때문입니다. 그런 의미에서 가정교육과 학교교육이 잘 연계되고 조화를 이루어 가정에서는 스승을 존경하도록 가르치고, 학교에서는 부모님을 공경하도록 가르치면 이상적인 인성교육이 되는 것입니다. 그런데 오늘 한국 교육의 현주소는 어떻습니까? 심히 염려가 되고 걱정스럽습니다.

한 기관의 조사에 의하면, 우리나라의 경우 교직을 권하는 비율은 세계에서 두 번째로 높으면서도 학생들의 교사 존경도에 대한 믿음(학생들이 교사를 존경한다고 생각하는가라는 질문에 대한 응답)은 11퍼센트로 매우 낮게 나왔습니다. 이 보고서는 기성 세대가 학생들에게 기대하는 교사 존경 수준은 높은데, 학생들의 스승 존경 전통은 급속도로 무너져 내렸다는 것을 여실히 보여주고 있습니다. 실제로 교권이 무너졌다는 말을 들은 지 오래되었고, 이제 학교에서의 교육은 갈 데까지 가 버렸다고 우려하는 목소리가 높습니다.

공교육은 멍들고 입시 위주의 사교육이 판을 치는 세상이 되어 인성교육은 이미 실종되어 버렸다고 탄식하는 사람들이 많습니다. 좋은 대학만 갈 수 있다면 수단 방법을 가리지 않는 한국의 교육열은 이미 상식을 벗어난 지 오래되었습니다. 얼마 전 현직 여고 교사가 같은 학교에 다니는 쌍둥이 딸에게 시험지를 빼돌려 알려 주어서 한순간에 전교 1등을 만들어 준 것이 좋은 예라고 할 수 있습니다. 목적을 위해 수단 방법을 가리지 않은 그들의 비양심적인 행위는 자신은 물론 자녀의 인생까지 망치고 이 땅의 모든 학생들과 학부모들에게도 말할 수 없는 상처와 분노를 안겨 주었습니다.

입시 지옥의 교육 환경, 상상을 초월하는 사교육비, 교육부 장관이 바뀔 때마다 수시로 바뀌는 입시 정책, 교권의 추락, 인성교육의 실종 등은 방향감각을 잃은 한국 교육계의 맨 얼굴입니다.

이제 우리는 빨리 본질로 돌아가야 합니다. "공부해서 남 주나?" 하고 가르칠 것이 아니라 "공부해서 남 주자" 하고 가르치면서 먼저 사람을 만드는 인성교육에 힘을 쏟아야 합니다. 인성교육이 없는 교육은 우리 사회를 망치고, 인류를 망치는 길로 몰고 가는 것입니다. 인류의 역사가 그것을 증명하지 않습니까? 잘못된 사고, 잘못된 가치관, 잘못된 인생관, 잘못된 세계관을 가진 사람들이 인류를 전쟁터로 몰고 가고, 멸망의 길로 몰고 간 역사는 셀 수 없이 많습니다.

그러면 최고의 인성교육이 어떤 것입니까? 우리의 자녀를 일찍부터 하나님께 붙들어 매는 교육이 가장 이상적인 인성교육입니다. 천지만물을 지으신 분은 여호와 하나님이십니다. 인생의 주인은 하나님이십니다. 지금도 인간의 역사를 써 내려가시는 분이 하나님이십니다. '역사'(history)를 '그분의 이야기'(his+story)라고 정의하는 이유가 바로 여기에 있습니다. 그렇다면 우리를 지으시고 이 땅에 보내신 하나님께 등 돌리고 어디에 가서 사람이 사람답게 살 수 있는 비결을 찾겠습니까? 하나님과 말씀을 제외하고는 답이 없는 것입니다.

이스라엘에는 청소년 문제가 없다는 말이 있습니다. 철저하게 하하님 중심, 말씀 중심으로 살아가도록 신앙을 교육시키는 전통이 이스라엘을 건강하고 막강한 나라로 세워 놓았습니다. 가장 이상적인 교육은 인생의 주인 되시는 하나님께 붙들어 매는 교육입니다.

쌤소나이트의 탄생

❖ '쌤소나이트'는 전 세계적으로 유명한 트렁크입니다. 저희 집에도 몇 개가 있습니다. 미국의 비즈니스맨이나 여행객이 즐겨 들고 다니는 트렁크 역시 대부분이 '쌤소나이트'입니다. 이 쌤소나이트 사의 창립자는 '쉬웨이더'라는 유대인입니다.

그는 1900년대 초에 아버지를 따라 동유럽에서 미국으로 이주해 온 사람입니다. 그의 아버지는 처음에 뉴욕에서 자리를 잡고 잡화상을 차렸습니다. 하지만 장사가 잘 되지 않았습니다. 이곳저곳으로 이사를 다니던 쉬웨이더 일가는 마지막으로 콜로라도 주의 덴버 시에 눌러앉게 되었습니다. 쉬웨이더 아버지는 야채 가게를 차렸으나 거기서도 역시 재미를 보지 못했습니다. 빚만 자꾸 늘어났고 나중에는 야반도주해야 할 지경에까지 몰리게 되었습니다. 그때 쉬웨이더가 아버지를 붙잡고 설득했습니다. "아버지, 저에게 가게를 맡겨 주십시오."

그 당시만 해도 덴버는 요양지로 이름이 꽤 높았습니다. 사계절

요양소를 찾아오는 사람들로 거리는 늘 북적거렸습니다. 그래서 야채 가게에 앉아 있으면 버스 정류장에서 내린 여행객들이 저마다 트렁크를 들고 무리를 지어 요양소로 향하는 광경을 자주 지켜볼 수 있었습니다. 그때 사소한 일 같았지만 아주 중요한 것이 쉬웨이더의 눈에 띄었습니다. 요양소에서 집으로 돌아가는 여행객들의 트렁크가 대부분 터지거나 찢어져 있다는 점이 그것이었습니다. 그들은 끈이나 벨트 같은 것으로 트렁크를 묶어서 들고 다녔는데 그 모습이 우습기도 하고 애처롭기까지 했습니다.

이런 점을 유심히 살피던 쉬웨이더는 과감히 야채 가게를 때려치우고 간판을 가죽가방 상점으로 바꿔 달았습니다. 마침 점포가 버스 정류장 근처에 있었기 때문에 길을 오고 가는 여행객들에 의해 트렁크는 진열되기가 무섭게 팔려 나갔습니다. 선금을 보내 주지 않으면 납품할 수 없다고 콧대를 세우던 뉴욕의 트렁크 제조회사들도 얼마 후에는 쉬웨이더의 상점에 앞을 다투어 신제품을 보냈습니다. 불과 2년 만에 쉬웨이더의 상점은 트렁크의 매상고를 미국에서 제일 많이 올린 점포가 될 만큼 빠르게 성장했습니다.

그 상점을 찾아가면 최신 모델 트렁크를 비교적 싼값에 살 수 있다는 소문이 나자 수백 킬로미터 떨어진 곳에서도 트렁크를 사러 오는 사람이 있을 정도였습니다. 그러자 일류 메이커의 사장들이 쉬웨이더를 만나 그 동안의 노고에 감사를 표하겠다는 생각으로 그를 뉴욕으로 초대했습니다. 쉬웨이더가 도착하는 날 뉴욕의 펜실베이나 철도 중앙역에는 각 회사의 사장들과 중역들이 몰려나와서 마치 무슨 대회라도 벌이는 듯 북새통을 이루었습니다.

그런데 열차에서 내린 쉬웨이더를 보자 그들은 그만 입이 쩍 벌어지고 말았습니다. 쉬웨이더 상회 사장이 불과 16세의 소년이었기 때문입니다. 그 뒤 쉬웨이더는 트렁크를 만드는 회사를 직접 차렸습니다. 떨어뜨려도 끄떡없고, 부딪치거나 던져도 결코 파손되지 않는 질기고 튼튼한 트렁크를 제작하려고 계속 노력했습니다. 그리고는 마침내 자신이 만든 트렁크에 '쌤소나이트'(Samsonite)라는 이름을 붙였습니다. 괴력을 발휘하여 적을 무찌른 천하무적의 용사 삼손처럼 강하고 튼튼한 트렁크라는 뜻으로 지은 이름입니다.

유대인의 상술이라고 해서 기상천외한 것은 아닙니다. 현실의 직시와 파악, 그리고 적절하고 합리적인 판단, 마지막으로 본인의 결심과 노력 여하에 달려 있는 것이 바로 성공하는 상술입니다. 성공적인 상술은 때를 맞추어 앞을 내다볼 줄 아는 안목과 정직, 성실, 이 세 가지만 갖추면 그다지 어려운 일은 아니라는 것을 쉬웨이더는 오늘도 우리에게 교훈하고 있습니다.

세상을 두려워하는 이유

❖ 어떤 남자가 연초에 사주팔자를 봤는데 점쟁이가 이렇게 말했습니다. "올해는 물을 조심하시오." 본래 이런 말은 안 듣는 것만 못합니다. 그런데 이 남자가 마귀의 올무에 걸려들고 말았습니다. 그는 일류 회사의 직원이었기 때문에 회사일로 비행기를 타고 태평양과 대서양을 건너갈 때가 많았습니다. 그러나 물을 조심하라는 말이 걸려서 그해에는 해외 출장 가는 것을 거부했습니다. "전 출장 못 갑니다." 결국 불순종의 죄로 그해 승진에서 탈락되고 말았습니다. 동료들은 다 승진하는데 그 사람만 승진하지 못했습니다.

그뿐 아닙니다. 사랑하는 애인이 바다에 놀러 가자고 해도 그 청을 들어주지 못하고 둘러댔습니다. "나는 물을 좋아하지 않으니까 바다에 가는 것은 싫어." 점괘 때문에 물을 조심해야 한다는 말은 차마 못하고 그냥 물을 싫어한다고 했습니다. 그때 애인이 "나를 사랑하면 내가 좋아하는 바닷가에 한 번쯤 가 줄 수도 있을텐데 그런

아량도 없습니까?" 하고 섭섭해 했습니다. 결국 그것이 발단이 되어 크게 싸웠고 여자는 그 남자를 떠나 버렸습니다.

물 때문에 직장에서 승진도 못하고 애인도 잃어버린 남자는 우울증에 걸려 살아갈 욕망조차 잃어버렸습니다. 극도의 괴로움 속에서 자살하려고 물속에 뛰어들었습니다. 그때 지나가던 사람이 그 모습을 보고 신고를 해서 남자는 구사일생으로 목숨을 건졌습니다. 그런데 연락을 받고 헐레벌떡 뛰어온 어머니가 그 아들을 붙잡고 하는 말이 이랬답니다. "야 이놈아! 올해는 물 조심하라고 했는데 왜 물에 뛰어들어서 이 고생이냐?" 그놈의 사주팔자만 안 봤으면 승진도 하고, 결혼도 하고, 우울증도 안 생기고, 자살하려고 물로 뛰어들지도 않았을 텐데 사주팔자가 남자의 발목을 붙잡고 멸망의 길로 이끌어 간 것입니다.

희한하게도 하나님을 두려워하지 않으면 사람들은 세상을 두려워합니다. 하나님을 두려워하고 하나님 앞에 나와 기도하는 사람은 세상을 두려워하지 않지만 하나님을 두려워하지 않는 사람은 하나같이 세상을 두려워합니다. 인류 최초의 사람 아담과 하와가 하나님을 두려워하지 않고 선악과를 따 먹었습니다. 하나님께서 금하신 금단의 열매를 먹고 타락한 이후에 그들이 무엇을 두려워했습니까? 벌거벗은 것을 두려워했습니다. 벌거벗은 것이 두려워서 동산 나무숲에 숨었습니다. 하나님을 두려워하지 않으니까 하나님의 영광이 떠났고, 벗은 것을 두려워하게 된 것입니다. 하나님을 두려워한 것이 아니라 벗은 것을 두려워했다는 얘기입니다.

오늘도 마찬가지입니다. 우리가 하나님을 두려워해서 하나님 앞에 나아와 죄를 회개하고 예수님의 보혈로 씻으면 자신의 양심을 두려워하지 않습니다. 자신의 양심이 보혈로 깨끗해지기 때문입니다. 그러나 하나님을 두려워하지 않고 자기 마음대로 살아서 양심이 더러워진 사람은 양심을 두려워합니다. 자유롭지 못합니다. 떳떳하지 못합니다. 결국 하나님을 두려워하지 않으면 세상과 마귀와 양심까지도 두려워하게 되는 것입니다.

하나님을 믿지 않는 사람들은 새해가 되면 사주팔자나 토정비결을 봅니다. 이것도 사실은 내일이 두렵고 세상이 두려워서 행하는 일들입니다. 내일에 대한 두려움, 마귀에 대한 두려움, 양심에 대한 두려움, 세상에 대한 두려움 때문에 점을 치는 것입니다. 하나님을 두려워하고 경배하면 오직 하나님만 의지하기 때문에 세상을 두려워하지 않습니다. 죽음까지도 두려워하지 않습니다. 그러나 하나님을 두려워하지 않는 사람들은 세상이 두렵고, 죽음이 두렵고, 지옥이 두렵습니다. 모든 것이 두렵습니다. 당신은 하나님을 두려워하는 사람입니까, 아니면 세상을 두려워하는 사람입니까?

질병은 마귀가 주는 것인가?

❖   넌센스 퀴즈가 있습니다. "'병든 자여 다 내게로 오라' 하고 말한 사람은 누구입니까?" 정답은 엿장수입니다. 요즘 젊은 사람들은 이 말의 의미를 잘 몰라서 해석이 필요합니다. 옛날에는 비료부대나 빈 병을 가져다주면 엿장수가 얼마만큼의 엿을 잘라 주었습니다. 소위 말하는 물물교환이 있었습니다. 바로 거기서 위와 같은 넌센스 퀴즈가 나온 것입니다.

그런데 예수님도 우리들을 향해 친히 말씀하셨습니다. "병든 자여 다 내게로 오라." 물론 예수님이 말씀하시는 병은 빈 병이 아닙니다. 질병을 말합니다. 육신의 질병, 정신의 질병, 영혼의 질병 등 질병에 허덕이는 자들은 다 예수님께 오라는 말씀입니다. 예수님은 우리를 질병에서 자유하게 하시고, 우리를 구원하시려고 이 세상에 오셨습니다. 그래서 예수님이 이 땅에 계실 때 수도 없이 많은 환자들을 고쳐 주셨습니다. 눈먼 자도 고쳐 주시고, 혈루증 여인도 고쳐 주시고, 나병 환자도 고쳐 주셨습니다. 심지어는 죽은 지 나흘이나 된 사람까지도 살려 주셨습니다(요 11:44). 그러나 성경 그 어느 곳에도 '질병은 마귀가 주는 것이다'라는 구절이 없습니다.

그러면 질병이 어떻게 들어온 것입니까? 몇 가지 질병의 원인을 살펴보면 이렇습니다. 먼저 하나님의 영광을 드러내기 위한 병이 있습니다(요 9:3, 11:4). 또 부모로부터 물려받은 유전병도 있습니다. 그런가 하면 자연재해나 피치 못할 사고로 오는 병도 있습니다. 그리고 자신의 실수나 과오로 오는 병도 있습니다. 이렇게 인간을 고통스럽게 하는 질병은 여러 가지 통로로 들어옵니다.

그런데 질병이 인간을 괴롭게 한다고 해서 모든 질병은 사탄이 가져다준다는 논리는 잘못된 것입니다. 사탄은 언제나 우리의 약한 부분을 노리는 간악한 존재이기 때문에 때로 질병이나 사건을 조장할 수 있습니다. 그렇다고 해서 모든 질병이 마귀에게서 온다고 할 수는 없는 것입니다.

그럼에도 불구하고 사람들 가운데는 모든 질병이 마귀에게서 오는 것으로 해석하여 병을 고치려면 먼저 귀신을 쫓아내야 한다고 주장합니다. 지금도 '귀신론'을 주장하는 이단의 사람들은 감기에만 걸려도 감기 귀신을 쫓아낸다고 소리칩니다. "감기 귀신은 떠나갈지어다." 어떤 사람은 부부싸움을 하다가 부인을 향해 이렇게 소리치기도 합니다. "교만 귀신은 물러갈지어다." 모든 질병은 귀신이 가져다준다고 믿고 이상한 소리를 하는 것입니다.

인간의 육체는 병들고 죽게 되어 있습니다. 천하장사도 병들고, 다른 사람의 병을 고치는 사람도 언젠가 병들어 죽습니다. 예수 믿는 사람도 예외가 아닙니다. 수시로 병들고, 고통 받습니다. 그러나 다른 점이 있다면, 어려울 때마다 하나님께 구하여서 고침 받고 하나님의 영광을 높이 드러낸다는 것입니다. 기독교는 신비와 신유와 초월적 기적으로 가득 차 있습니다. 하지만 누가 뭐라 해도 본질은 복음과 구원입니다. 본질을 외면하고 부분적 가치에 치우치다 보면 신비주의에 빠지고 실패의 길로 갈 수 있습니다.

 예수님께서는 이 땅에 계실 때 병든 자들을 많이 고쳐 주셨습니다. 그러나 그들도 결국은 다 죽었습니다. 죽었다가 다시 살아났던 나사로도 죽었습니다. 그것이 육신의 한계입니다. 정말로 중요한 일은 우리가 예수 믿고 구원받아서 이미 영생의 삶을 시작했다는 것입니다(요 3:16). 그렇다면 이 놀라운 은총을 기리며 항상 감사하고 살아야 하지 않겠습니까?

너희가 먹을 것을 주라

❖   탤런트 김혜자 씨가 쓴 《꽃으로도 때리지 말라》라는 책을 보면, 잭 캘리라는 한 신문기자가 소말리아의 비극을 취재하다가 겪은 체험담이 나옵니다. 기자 일행이 수도 모가디슈에 있을 때 소말리아에 기근이 극심했습니다. 기자가 한 마을에 들어갔을 때 마을 사람들은 모두 죽어 있었습니다. 거기서 기자는 한 어린 소년을 발견했습니다. 소년은 온몸이 벌레에 물려 있었고, 영양실조에 걸려 배가 불룩 나와 있었습니다. 머리카락은 빨갛게 변했으며 피부는 백 살 노인처럼 보였습니다. 마침 일행 중의 한 사진기자가 과일 하나를 갖고 있어서 소년에게 주었습니다. 그러나 소년은 너무 허약해서 그것을 들고 있을 힘이 없었습니다. 기자는 그것을 반으로 잘라서 소년에게 주었습니다. 소년은 그것을 받아 들고는 고맙다는 눈짓을 하더니 마을을 향해 걸어갔습니다. 기자 일행이 소년의 뒤를 따라갔지만 소년은 그것을 의식하지 못했습니다.

소년이 마을에 들어섰을 때 이미 죽은 것처럼 보이는 한 작은 아이가 땅바닥에 누워 있었습니다. 아이의 눈은 완전히 감겨 있었습니다. 그 작은 아이는 소년의 동생이었습니다. 형은 자신의 동생 곁에 무릎을 꿇더니 손에 쥐고 있던 과일을 한입 베어서는 그것을 씹었습니다. 그리고서 동생의 입을 벌리고 그것을 입 안에 넣어 주었습니다. 그 후 자기 동생의 턱을 잡고 입을 벌렸다 오므렸다 하면서 동생이 먹도록 도와주었습니다. 기자 일행은 그 소년이 자기 동생을 위해 보름 동안이나 그렇게 해온 것을 나중에야 알게 되었습니다. 며칠 뒤 결국 그 소년은 영양실조로 죽고 말았습니다.

오늘 이 시간에도 전 세계 70억 명의 인구 중 25억 명은 기아에 허덕이고 있습니다. 가난한 가정의 아이들은 먹을 것이 없어서 5초에 한 명씩 굶어 죽어가고 있습니다. 해마다 25만 명 이상의 어린이들이 비타민A 결핍으로 실명하고 있습니다. 또 현재 1억 명이 넘는 어린이들은 만성적인 영양 부족으로 치명적 손상을 입고 살아가야 합니다. 그리고 오늘도 세계 인구 중 10억이나 되는 사람들은 영양 결핍으로 각종 장애를 겪고 있고, 6명 중 1명은 굶주림의 고통을 느끼며 잠자리에 들고 있습니다.

사실 우리가 살고 있는 지구촌은 120억 명을 먹여 살릴 만한 농업 생산력이 있습니다. 굶주리는 사람이 한 명도 없이 살 수 있습니다. 그럼에도 불구하고 이 세상에는 굶주리는 사람들이 너무나 많습니다. 그 이유는 우리가 먹을 것을 함께 나누지 않기 때문입니다. 나누지 않아서 한편에서는 비만과 성인병으로 죽어가고 있고, 또 한편에서는 영양실조로 죽어가고 있는 것입니다.

금번에 우리 교회는 약 200가정의 후원자들이 국제구호단체인 월드비전을 통해서 기아에 허덕이는 아동들을 후원하겠다고 지원을 약속했습니다. 월 3만 원만 지원하면 결연을 맺은 아동에게 한 달 영양식이 공급되고, 그 아동이 사는 마을에 교육과 보건, 식수, 식량 지원 사업에까지 동참하게 되는 것입니다. 어떤 집사님은 월 30만 원을 지원해서 10명의 아동들을 책임지겠다고 나섰고, 어떤 집사님은 365만 원을 쾌척해서 우물 파기 사업에 동참하겠다고 나섰습니다. 또 이미 30년 전부터 계속 후원을 해온 집사님도 있습니다. 커피 한 잔 안 마시고, 외식 한 번만 줄여도 우리는 가난한 사람들과 주님의 사랑을 함께 나눌 수 있습니다.

예수님은 오병이어의 기적을 보여주시기 전에 제자들에게 먼저 이렇게 말씀하셨습니다. "너희가 먹을 것을 주라." 이 말씀은 이런 뜻을 포함하고 있습니다. "저 굶주리는 사람들은 너희가 사랑으로 섬겨야 할 자들이다. 너희가 가진 것을 그들과 함께 나누라. 그리고 나는 너희를 통해 일하겠다. 너희가 가진 것을 내놓으라." 예수님은 오늘도 우리를 통해 일하기를 원하셔서 친히 말씀하십니다. "너희가 먹을 것을 주라."

시작인가, 끝인가?

❖ 미국의 한 농부가 멕시코만으로 바다낚시를 갔습니다. 호수에서는 낚시를 자주 했지만 바다낚시는 처음이었습니다. 멕시코만에 도착한 농부는 광활한 바다를 보고서 입이 저절로 벌어졌습니다. 가슴이 탁 트이면서 한없이 넓어지는 것 같았습니다. 그런데 유감스럽게도 낚시는 완전히 허탕이었습니다. 제대로 된 고기 한 마리 낚지 못했습니다. 하지만 농부는 지평선만 바라보아도 행복했습니다. 그 지평선에서 찬란한 태양이 아침저녁으로 떠올랐고, 또 황금빛 바다 밑으로 내려갔습니다.

그는 가만히 있을 수 없었습니다. 가지고 간 카메라를 꺼내어 아침에 일출하는 장면을 여러 장 찍었습니다. 그리고 저녁의 일몰 때도 바다 밑으로 내려가는 그 찬란한 장면을 카메라에 여러 장 담았습니다. 집에 돌아오자마자 그는 즉시 필름을 사진관에 맡겼습니다. 며칠 후 사진을 찾아왔습니다. 그런데 사진을 아무리 살펴보아도 어느 것이 해가 떠오르는 아침 장면이고, 어느 것이 해가 지는 저녁 장면인지 구별할 수가 없었습니다. 사진만으로는 일출 사진인지 일몰 사진인지 구분하기가 어려웠던 것입니다.

 재미있게도 우리가 사는 이 땅에서의 삶이 이와 비슷합니다. 우리가 한 생을 사는 동안은 모두가 같은 생애처럼 보입니다. 일출 사진인지 일몰 사진인지 구분이 안 되는 것처럼 너 나 할 것 없이 한 길로 가는 것처럼 보입니다. 그러나 그렇지 않습니다. 영생을 소유한 신자의 삶은 생명을 향한 아침 태양과 같이 시작을 향한 생활이지만 구원받지 못한 인생의 삶은 지는 해와 같이 종국을 향한 생활에 불과한 것입니다. 하나님의 택한 백성들은 영원한 생명을 덧입고 영생을 누리기 위해서 믿음의 경주를 하지만 세상 사람들은 아무런 소망이 없는 멸망의 길로 가고 있다는 얘기입니다.

 어느 날 하루살이와 메뚜기가 함께 놀았습니다. 저녁 무렵이 되었을 때 메뚜기가 하루살이에게 말했습니다. "오늘은 그만 놀고 내일 만나자." 하루살이가 물었습니다. "내일이 뭔데?" "캄캄한 밤이 지나면 밝은 날이 오는데 그게 내일이야." 하루살이는 메뚜기의 말을 듣고도 이해를 하지 못했습니다. 이 메뚜기가 어느 날 개구리와 함께 놀았습니다. 그러다 날씨가 추워지자 개구리가 말했습니다. "날씨가 추워지니까 그만 놀고 우리 내년에 만나자." "내년이 뭔데?" "내년은 겨울이 끝난 후 날이 따뜻해지려고 할 때 오는 거야." 그러나 메뚜기는 개구리의 말을 전혀 알아듣지 못했습니다.

 사람이 죽은 뒤에는 영생이 있습니다. 하지만 눈에 보이는 이 세상밖에 모르는 사람은 오늘도 이렇게 묻습니다. "영생이 뭔데?" 기독교의 복음에서 영생에 대한 소망은 기독교 신앙의 절정이라 할 수 있습니다. 우리 모두는 인생이 결코 현세에서 끝나는 것이 아니라 내세에서 반드시 새롭게 시작한다는 것을 믿고 있습니다.

그래서 그리스도 안에 있는 사람은 오늘보다 내일이 좋고, 내일보다 모레가 더 좋습니다. 영원한 생명이 기다리고 있는 소망 가운데 살고 있기 때문입니다. 그런 의미에서 생각해 보면 그리스도 밖에서 사는 사람들은 소망이 없는 인생들입니다. 죽음과 함께 끝입니다. 미래가 없습니다. 그러므로 이들에게는 소망이라고 하는 백신이 시급히 필요합니다. 누가 이들에게 생명의 구주 예수 그리스도를 소개해야 하겠습니까?

언제나 모두를 생각하라

❖   어떤 부모가 군에 입대하는 아들을 배웅하기 위해 훈련소를 방문했습니다. '아들이 생활해야 하는 훈련소가 환경은 괜찮을까? 분위기가 험악하거나 위협적이지는 않을까? 위생적으로 문제는 없을까?' 등을 생각하며 걱정스런 마음으로 훈련소에 들어섰습니다. 그런데 훈련소가 염려와는 다르게 모든 것이 잘 정돈되어 있었습니다. 많은 사람들이 질서 없이 걸어가기는 했지만 그 흔한 과자 봉지 하나 떨어진 것이 없었고, 줄이 쳐진 것도 아닌데 잔디를 밟는 사람 하나 없었습니다. 수많은 사람들이 방문하는 훈련소 주변의 청결함에 놀란 그들은 어떻게 그 많은 사람들이 오가는데도 그처럼 깨끗하게 유지될 수 있는지 무척 궁금했습니다.

그러나 신병들이 집합하는 연병장으로 들어가면서 그 비밀을 알게 되었습니다. 그들이 연병장으로 들어가면서 뒤늦게 발견한 푯말에 이런 글이 쓰여 있었던 것입니다. "쓰레기를 버리지 마십시오. 귀하의 자식들이 청소해야 합니다."

내가 버린 쓰레기를 우리 아들이 치워야 한다면 아무데나 버리지 않을 것입니다. 내가 만든 물건을 우리 딸이 사용하게 된다면 아무렇게나 만들지 않고, 내가 만든 음식을 내 가족들이 먹어야 한다면 절대로 인체에 해로운 음식을 만들지 않을 것입니다. 모든 무질서와 불법과 억지와 비리는 나와 남을 차별하기 때문입니다.

언제나 나는 좋은 것을 가져야 하고, 너는 나쁜 것을 가져도 된다는 생각이 문제입니다. 우리 가족은 안전해야 하고, 너희 가족은 위험해도 상관없다는 생각이 문제입니다. 우리 집 앞은 깨끗해야 하고, 다른 집 문 앞은 더러워도 된다는 생각이 문제입니다. 나만 생각하고 사니까 더러운 이익을 탐하고, 나만 생각하고 사니까 탐욕을 부리고 싸웁니다. 나만 생각하니까 법과 질서를 지키지 않고, 나만 생각하고 사니까 쓰레기를 함부로 버리는 것입니다.

최근 한 신문에 이런 기사가 실렸습니다. '어제 생선을 먹었다. 그런데 알고 보니 내가 버린 미세플라스틱을 먹은 것이었다.' 우리가 버린 플라스틱이 바다까지 흘러들어 그것을 먹은 해산물이 우리의 식탁으로 되돌아오고 있다는 것입니다. 이제는 우리가 즐겨 먹는 굴무침이나 홍합탕, 생선구이 등을 마음 놓고 즐길 수 없는 시대가 왔다는 얘기입니다.

미세플라스틱은 대체로 5밀리미터 이하의 플라스틱으로 정의합니다. 이 플라스틱은 애초에 작게 만들어진 1차 미세플라스틱과 마모되면서 크기가 작아진 2차 미세플라스틱으로 구분하고 있습니다. 마이크로비즈라고 불리는 세안제나 세제에 들어 있는 향기 캡슐 따위가 대표적인 미세플라스틱입니다. 이것들은 하수도를 통해 바다에 흘러가기도 하고, 각종 플라스틱 제품이 햇빛이나 파도에 잘게 부서지기도 합니다. 이렇게 바다 위를 떠다니는 미세플라스틱 조각의 수는 무려 51조 개나 되는데, 매일 미국 해역으로 흘러드는 마이크로비즈만 8조 개나 된다고 합니다. 이러한 미세플라스틱이 먹이사슬을 타고 우리 식탁까지 되돌아오는 것입니다.

인간의 가장 큰 병은 언제나 자신을 기준으로 삼는 데 있습니다. 이웃은 생각하지 않고 오직 자기만을 생각하는 이기심 때문에 세상이 썩어 가고, 미움이 싹트고, 다툼이 일어나고, 고통을 당하는 것입니다. 모든 비극은 나를 기준으로 하기 때문에 생겨납니다. 생각해 보면 우리는 하나입니다. 하나님을 아버지로 모시고 사는 한 가족입니다. 우리는 모두가 하나의 생명 공동체이고, 사랑으로 하나가 되어야 할 가족 공동체입니다.

그래서 주님은 오늘도 우리에게 말씀하십니다. "네 이웃을 네 몸과 같이 사랑하라." 이웃을 나의 몸처럼 사랑하라는 말씀은 이웃과 나는 둘이 아니라 하나라는 생각으로 살아가라는 것입니다. 나만 생각하고 살아가면 이 세상은 소망이 없습니다. 그러나 항상 모두를 생각하고 살아가기만 하면 우리가 사는 세상은 곧 작은 천국이 될 것입니다.

준비된 사람이 정상에 오른다

❖ 　　　어떤 시골 처녀가 우유통을 머리에 이고 걸어가면서 이것저것 생각하기 시작했습니다. '이 우유를 판 돈으로 가지고 있는 계란을 300개로 늘릴 수 있을 것이다. 썩는 것과 해충한테 당하는 것 등을 빼더라도 이만한 계란으로부터 적어도 250마리의 병아리는 부화될 것이다. 시간이 지나면 그 닭을 팔기에 안성맞춤이 될 것이다. 해가 바뀔 때까지 새로운 옷을 살 돈이 틀림없이 마련될 것이다. 잠깐만 생각해 보자. 나에게는 녹색 옷이 잘 어울릴 거야. 녹색 옷은 내 얼굴빛과 가장 잘 어울릴 거야. 그러면 젊은이들이 어떻게든 나와 함께 춤을 추고 싶어 하겠지. 하지만 안 돼. 나는 마음에 드는 남자 외에는 다 거절하고, 깔보듯이 얼굴을 바짝 치켜들고 돌아다닐 거야.' 상상만 해도 좋아서 마음에 떠오르는 생각 그대로 목을 바짝 세우고 거만하게 걸어갔습니다. 그 순간 머리 위에 있던 우유통이 털썩 떨어졌습니다. 일순간에 그 처녀의 공상적 행복도 사라진 것은 두말 할 필요가 없습니다. 일하지 않고 꿈만 꾸면 사람을

공상가로 만듭니다. 준비하지 않고 실력을 쌓지 않으면 정상에 오를 수가 없는 것입니다.

우리는 종종 '자고 일어났더니 유명해진 사람'의 이야기를 듣습니다. 그러나 실제로 그렇게 된 사람은 없습니다. 어떤 분야의 정상에 오르기까지는 수도 없이 많은 훈련과 준비 과정이 있었던 것입니다. 요즘 젊은 세대들에게 가장 인기 있는 직종이 연예인입니다. 이런 사실은 '신데렐라 증후군'과 관계가 깊습니다. 나는 별 노력을 하지 않아도 어느 날 백마 탄 왕자가 나타나 자기의 인생을 완전히 바꾸어 줄 것이라고 하는 기대 심리가 숨어 있다는 얘기입니다.

하지만 우리가 알아야 할 것이 있습니다. 신데렐라는 어디까지나 동화 속의 인물입니다. 우리가 사는 세상에는 어느 날 갑자기 신데렐라가 된 사람이 없고, 그렇게 되는 것도 아닙니다. 준비된 사람만이 정상에 오르고, 준비된 사람만이 귀하게 쓰임을 받는 것입니다. 하물며 하나님께서 세우고 쓰시는 사람은 더더욱 그렇습니다.

하나님의 사람 요셉은 애굽의 총리가 되기까지 혹독한 훈련을 받았습니다. 모세도 출애굽 하기까지 엄청난 시간의 훈련을 받았습니다. 우리도 마찬가지입니다. 훈련 없이 되는 일은 없습니다. 지금 내가 조그만 일에라도 쓰임을 받는다면 하나님은 그것을 위해서 그동안 우리를 준비시키고 훈련시키신 것입니다. 그러므로 하나님께 귀하게 쓰임 받고 많은 역사를 이루기 위해서는 준비가 필요합니다. 지금 서있는 자리에서 최선을 다해 배우고 성실하게 일하면서 실력을 쌓는 준비가 필요한 것입니다.

그런 의미에서 다윗은 철저하게 준비된 사람이었습니다. 우리가 아는 대로 다윗은 수금 연주에 뛰어난 사람입니다. 그렇게 되기까지는 끊임없는 노력이 있었습니다. 평소에도 양을 치면서 수금 연주를 쉬지 않았습니다. 그로 인해 다윗의 수금 연주는 아마추어 수준을 뛰어넘어 프로가 되었습니다. 그가 사울 왕 앞에서 연주할 때는 악령까지 떠나가는 역사가 일어났습니다. 다윗은 천상의 시인이었을 뿐만 아니라 치유하는 연주자의 반열에까지 올라갔던 것입니다. 음악이나 시 부문만이 아닙니다. 다윗은 물맷돌 던지는 데도 최고의 수준을 갖추었습니다. 요즘으로 치면 올림픽 대회의 금메달감이었습니다. 그래서 골리앗을 넘어뜨릴 때 다섯 개의 물맷돌 중 단 한 개의 물맷돌로 10점 만점 급소를 맞추고 끝내버렸습니다.

다윗은 평소에도 자기 개발을 계속했고, 모든 일에 성실했습니다. 주어진 환경에서 최선을 다해 살았습니다. 이렇게 잘 준비하고 실력을 쌓은 다윗을 하나님께서는 귀하게 쓰신 것입니다. 어디서든 준비된 자가 쓰임을 받고, 준비된 자가 정상에 오릅니다.

의식이 바뀌어야

❖ 오만하기 짝이 없는 5와 4.5 두 녀석이 함께 살았습니다. 5는 이유도 없이 4.5를 못살게 굴었습니다. 하지만 4.5는 5보다 0.5가 적은 숫자였기 때문에 5한테는 항상 쩔쩔매고 살았습니다. 5 앞에서는 아무 말도 못하고 죽어지내야 했던 것입니다. 그러던 어느 날 5가 4.5에게 명령을 내렸습니다. "야, 커피 좀 타 와라." 평소 같으면 쪼르르 달려가 커피를 타 왔을 4.5가 그날은 빳빳하게 서서 5에게 말했습니다. "야, 먹고 싶으면 네가 타 먹어!" 순간 주위에 있는 다른 숫자들이 일제히 긴장한 얼굴로 쳐다보았습니다. 난폭한 5가 어떻게 나올지 몰랐기 때문입니다.

불안을 느낀 1과 2, 3, 4가 얼른 나서서 4.5를 말렸습니다. "야, 너 왜 그래? 죽으려고 환장했냐?" 그러자 4.5가 목에 힘을 잔뜩 주고 주먹을 두드리면서 이렇게 말했다고 합니다. "얘들아, 잘 들어. 나 어제 점 뺐거든! 이제 누구든 까불면 다 죽는다." 그 말과 함께 숫자 5는 숨도 못 쉴 만큼 주눅이 들었다는 얘기가 있습니다. 문자 그대로 숫자 5가 45 앞에서 어떻게 명함을 내밀 수 있겠습니까?

사람은 누구나 자기가 섬기는 주인이 있습니다. 돈을 사랑하는 사람은 돈을 주인으로 섬기고, 지식을 자랑하는 사람은 지식을 주인으로 섬깁니다. 명예를 좋아하는 사람은 명예를 주인으로 섬기고, 쾌락을 좋아하는 사람은 쾌락을 주인으로 섬깁니다. 사람마다 조금씩 다른 면이 있지만 오늘도 모두가 무언가를 섬기며 살아가고 있습니다. 하다못해 자존심이라도 섬기면서 살아갑니다. 하나같이 그 어떤 권력에 매여 살아갑니다.

이 세상에는 정신적으로 무중력 상태에 있는 사람은 없습니다. 반드시 무언가를 섬기고 있습니다. 내가 뭔가를 섬기면 그는 나의 주인이 되고, 나는 그의 종이 됩니다. 내가 죄의 종이 될 때도 마찬가지입니다. 내가 죄의 종이 되면 처음에는 내가 죄를 섬깁니다. 그러나 잠시 후에는 그 죄가 나의 주인이 되고, 나는 매이게 되고, 매이고 나면 자유는 없어지고, 그냥 그대로 따라가는 것입니다. 철저하게 죄의 종노릇하며 살아갑니다. 사실은 이것이 우리의 실존이었습니다.

그러나 하나님은 사랑이십니다. 하나님은 우리를 불쌍히 여기셔서 아들 예수 그리스도를 이 땅에 보내셨습니다. 예수님은 이 세상에 오셔서 우리를 자유하게 하시려고 친히 십자가를 지셨습니다. 십자가에서 우리를 재창조하신 것입니다. 죄로 죽었던 우리를 다시 살리셨고, 세상의 자녀 된 우리를 하나님의 자녀로 회복시켜 주셨습니다. 죄의 종으로 살던 우리를 의의 종으로 불러 주셨습니다. 완전히 자유하게 하신 것입니다. 그렇다면 우리는 보통 존재가 아닙니다. 우리는 몸값을 돈으로 환산할 수 없는 고귀한 존재가 된 것입니다.

백화점에 가서 가방을 30만 원 주고 사면 그 가방을 '30만 원짜리 가방'이라고 말합니다. 하나님이 우리를 죄와 사망 가운데서 건지시려고 십자가에서 예수님의 피 값을 지불하셨다면 우리는 '예수님짜리 인생'이 된 것입니다. 하나님께서 독생 성자 예수님의 피 값을 지불하고 우리를 구하셨으니 우리는 예수님만큼의 가치가 있는 '예수님짜리 성도'가 되었고, 우리는 이제 이 세상에서 가장 고귀한 존재로 변화되었다는 얘기입니다.

나의 시각으로 보면 아직도 걸레 같은 인생이지만 하나님의 시각으로 보면 나보다 귀한 존재는 없습니다. 하나님께서는 나를 사랑하시되 아들 예수 그리스도를 십자가에 내어주실 만큼 나를 사랑하셨기 때문입니다. 그러므로 주님의 자녀가 되었다면 의식부터 바뀌어야 합니다. 숫자 4.5가 45가 되어 의식이 바뀐 것처럼 우리의 의식 역시 완전히 바뀌어야 합니다.

이 세상의 가장 가치 있는 인간으로 거듭난 존재라는 의식을 가지고 당당하게, 멋지게, 행복하게 살면서 이 어두운 세상에 빛을 비추어야 하는 것입니다.

행복한 부부들의 특급 비밀

❖   우리나라 법원행정처가 발표한 자료에 의하면, 2016년 설날과 추석을 전후한 10일 동안에 하루 평균 577건의 이혼 신청이 접수됐다는 보고가 있습니다. 이는 연평균 1일 이혼 신청 건수인 298건과 비교해 볼 때 두 배 가까운 수치입니다. 특히 명절 직후 3~4일간 이혼 접수 건수는 하루 700~1,000건으로 폭발적 증가세를 보였습니다. 전체 이혼 신청의 20퍼센트 이상이 명절 전후에 이뤄진 것입니다. 도대체 그 이유가 무엇일까요? 이유는 평상시에 쌓여 있던 부부 갈등이나 가족 간의 갈등이 명절 스트레스와 겹치면서 마침내 폭발하는 것이라는 분석이 있습니다. 따라서 명절 문화의 변화가 근본적 해법이 되겠지만, 이것이 여의치 않다면 우회로로 돌아갈 필요도 있습니다. 명절을 제외한 수많은 날들을 살면서 부부 사이에 지켜야 할 규범들만 잘 지켜도 명절 문화의 핵폭탄은 얼마든지 피해 갈 수 있는 것입니다.

그런 의미에서《위대한 부부의 모든 것》의 저자요, 부부 관계 전

문가인 셰리 스트리토프의 조언에 귀를 기울일 필요가 있습니다. 그의 글에는 해로하는 부부들의 특급 비밀이 담겨 있는데 그 내용은 이렇습니다.

첫째, 부부라면 친밀해야 한다고 말합니다. 여기서 친밀감이란 성적 친밀함만을 의미하지 않습니다. 정서적·정신적·육체적 친밀감을 총망라한 '가장 가까운 한 사람'이 바로 배우자라야 한다는 것입니다. 하지만 친밀함을 유지하는 데는 에너지가 필요합니다. 끝없이 계속되는 직장 일과 가사 일에 쫓겨 허덕거리기만 한다면 친밀감은 언제 유실될지 모릅니다. 그러므로 아무리 바쁘고 힘들더라도 친밀감을 보존하고 유지하기 위한 의식적 노력이 있어야 합니다. 평생 해로하는 부부의 특징이 함께 취미생활을 즐기고, 삶의 비전을 공유하는 것임을 상기할 필요가 있습니다.

둘째, 열정으로 결혼의 온도를 높이라고 강조합니다. 열정은 일종의 전자레인지와 같습니다. 그 안에 들어가면 모든 것이 뜨겁게 데워지듯이 열정이라는 전자레인지를 가동해야 결혼이라는 특수 관계도 고온의 상태를 유지할 수 있습니다. 자녀 양육의 기쁨과 가치, 삶의 비전, 일의 가치 등에 대한 열정을 공유해야 부부가 건강한 관계를 오래 지속할 수 있는 것입니다.

셋째, 서로를 용서하라고 말합니다. 오래 행복하게 살아온 부부라고 해서 그 결혼이 완벽하다는 뜻은 아닙니다. 모든 결혼에는 오점과 실수와 상처가 불가피합니다. 결혼기념일을 잊거나 생일선물이 초라한 것이 원인이 될 수도 있고, 싫어하는 일을 자꾸 반복하는 것이 원인의 목록이 될 수 있습니다. 그러나 그 사람이 바로 한때 사랑에 빠졌던 사람이라는 사실을 인정하고, 변화를 기대하지 않는 체

념의 미학이 필요합니다. 섭섭함이나 고통에 얽매이기보다는 서로를 용서하고 진솔한 대화를 통하여 다음 단계로 넘어가는 지혜가 있어야 하는 것입니다.

넷째, 최고의 친구가 되라고 말합니다. 연정에서 우정으로의 자연스런 화학 변화 과정이 부부 생활이기도 합니다. 영화를 보든 여행을 가든 부부는 취미와 관심사의 공유가 반드시 필요합니다. 자녀 양육이라는 공동의 소명이 완료된 후에도 두 사람을 하나로 묶어 줄 끈은 바로 우정에 기반한 취미의 공유입니다.

다섯째, 잘 싸우라고 강조합니다. 지금까지 우리는 많이 싸웠고, 싸우고 있으며, 앞으로도 싸울 것입니다. 부부가 싸우는 이유는 무수합니다. 그러나 부부가 싸우는 것은 징벌을 위한 것도 아니고 급소를 찔러 완패시키기 위한 것도 아닙니다. 더 행복해지기 위해서입니다. 그렇다면 배우자의 잘못을 지적하기보다는 나의 마음을 말하는 것이 중요합니다. 정확히 지금 나의 기분이 어떤지 나의 이야기를 해야 합니다.

한때 어느 기관에서 '부부의 의미를 한 줄로 정리하라'는 주관식 리서치를 실시했는데, 거기서 선호도 조사를 실시한 결과 1위를 차지한 정의가 이렇습니다. "부부는 한글의 자음과 모음이다." 부부는 떨어져 있으면 의미가 없지만 합치면 여러 가지 아름다운 소리를 내고, 때로는 불협화음도 내는 자음과 모음 같은 사이라는 얘기입니다. 배우자는 우연히 만난 존재가 아니라 전적으로 하나님의 섭리를 따라 만난 필연적 존재입니다. 그렇다면 끝까지 조화를 이루며 백년해로하는 행복한 부부로 살아야 하지 않겠습니까?

호날두의 인생 역전 스토리

❖ 2018 러시아 월드컵 축기 경기가 지구촌을 뜨겁게 달구고 있습니다. 선수들의 킥 하나 하나가 자국민들을 들었다 놨다 하는 축구 경기는 확실히 매력이 있는 스포츠입니다. 금번 월드컵 경기에서도 스타는 탄생하겠지만, 이미 현존하는 세계 최고의 몸값을 자랑하는 크리스티아누 호날두는 스타 중의 스타입니다. 그는 뛰어난 실력으로 오늘도 새로운 기록을 갱신하고 있는 중입니다. 그런데 그의 실력 이상으로 그는 모든 사람들에게 감동을 줄 만한 인생 성공 스토리가 있습니다. 그의 고백이 이렇습니다.

"나는 어릴 적부터 가난이 너무나 싫었지만 도망치고 또 도망쳐도 결국 가난은 나를 잡아먹었다. 나의 아버지는 알코올 중독자였다. 아버지가 술을 마시면 나는 너무 두려웠다. 형은 마약 중독자였다. 형은 약에 취해서 삶의 의욕도 없었다. 가난한 우리 가족을 먹여 살리는 일은 청소부로 일하는 우리 어머니의 몫이었다. 청소부 일을 하는 어머니가 난 너무 부끄러웠다.

어느 날 빈민가 놀이터에서 혼자 흙장난을 치던 나에게 보인 것은 저 멀리서 축구를 하는 동네 친구들이었다. 내가 가난하다는 이유로 나를 축구에 끼워 주지는 않았지만 원망하지는 않았다. 우연히 날아온 축구공을 찼을 때 난 세상에 태어나 처음으로 기쁨을 넘어선 희열을 느꼈다. '어머니, 저도 축구를 하고 싶어요. 축구팀에 보내주세요.' 철없는 아들의 부탁에 어머니는 당황했다. 자신들의 형편으로는 비싼 축구 비용을 감당하는 것은 불가능한 것이기에.

그렇지만 어머니는 아들의 꿈을 무시하지 않았고 나와 함께 이곳저곳 팀을 알아봐 주셨다. 겨우 저렴한 가격으로 팀에 들어갈 수 있었던 나는 가난하다는 이유로 패스 한 번 받지 못했고, 조명이 꺼지고 모두 돌아간 뒤에는 혼자 남아 축구공을 닦아야 했다.

그러던 어느 날 낡은 축구화를 수선하며 축구를 하던 나는 하늘이 무너지는 소리를 듣게 되었다. 나는 어릴 때부터 정상인보다 두 배는 빠르게 심장이 뛰는 질병이 있었는데 이것 때문에 앞으로 운동선수를 할 수 없다는 소리였다. 다행히 수술을 하고 재활 치료를 하면 정상인만큼은 아니지만 그래도 많이 호전될 수 있다고 했다. 하지만 우리 집은 가난했다. 값비싼 수술비를 지불할 수 없었다.

나의 소식을 들은 아버지와 형은 나의 수술 비용을 마련하기 위해 취직을 하였고, 마침내 1년 후 온 가족이 모은 돈으로 수술을 할 수 있게 되었다. 수술은 성공적이었다. 재활을 마친 나는 더욱 더 훈련에 강도를 높였다. 비록 동료들에게 패스를 받지 못하면 어떤가? 나는 행복했다.

시간이 흘러 나는 꿈에 그리던 그라운드에 데뷔하였다. 수많은 관중, 서포터즈, 스포츠 기자들, 그리고 유명 축구팀 스카우터들, 내가 바라고 바랐던 축구장. 난 이 무대에서 죽을 각오로 뛰고 또 뛰었다. '심장이 터져도 좋다.' 그렇게 나의 데뷔전이 끝났다. 그리고 얼마나 시간이 지났을까. 어느 날 전화 한 통을 받았다. 자신은 다른 리그 축구팀 감독이라고 하면서 나를 이적시키고 싶다고 했다. 그의 말을 듣고 나는 몸에 소름이 돋았다. 아니, 그것은 전율이었다. 그곳은 세계 최고의 구단 중 하나인 '맨체스터 유나이티드'. 나에게 직접 전화를 건 사람은 최고의 축구감독이라 평가받는 퍼거슨 감독이었다.

통화를 끝낸 후 나는 바로 어머니에게 전화를 걸었다. 눈물이 나고 말도 잘 나오지 않았다. 흐느끼며 어머니에게 난 이렇게 말했다. '어머니, 더 이상 청소부 일을 하지 않으셔도 돼요.' 어머니는 아무 말씀 없이 수화기를 잡고 울고 계셨다. 구멍 난 축구화에 외톨이, 심장병을 가진 아이, 가난에 허덕이던 소년이 그렇게 크리스티아누 호날두가 되었다."

인생 역전의 대성공을 이룬 호날두는 현재 누구보다 많은 팬을 가지고 있습니다. 그뿐 아닙니다. 그가 한 해 동안 기부하는 금액은 한국인 5천만 명이 한 해 동안 기부하는 금액보다 훨씬 많습니다. 그는 공익을 위한 광고에는 단 한 푼도 받지 않고 출연합니다. 소말리아에 300억을 기부한 적도 있습니다. 한번은 자신의 팬의 수술비 전액을 지원해 주었고, 아동 질병 퇴치와 아동 구호 운동가로도 활동하고 있습니다.

특히 호날두에게는 운동선수들에게 아주 흔한 문신 하나가 없습니다. 문신을 하면 헌혈을 할 수 없어서 문신을 하지 않는다는 것입니다. 바람둥이라는 비난도 있지만 그의 인생 스토리를 들어 보니까 모든 것이 감동입니다. 오늘도 호날두가 불우한 환경에서도 꿈과 희망을 잃지 않고 살아가는 많은 사람들의 롤 모델이 되기를 소망하며 월드컵 축구 경기를 지켜봅니다.

사람이 사람답게 늙는 비결

❖ 웰빙(Well being)은 '육체와 정신의 조화를 통해 행복하고 안락한 삶을 지향하는 삶의 유형 또는 문화 현상'을 말합니다. 사전적 의미로는 '복지, 안녕, 행복'을 뜻하며, 우리말로는 '참살이'라고 번역하여 사용하기도 합니다. 한마디로 말해서 사람이 사람답게 사는 것을 웰빙(Well being)이라 할 수 있습니다. 물질적인 풍요에 치우치는 첨단 산업 사회에서 육체와 정신의 건강하고 조화로운 결합을 추구하는 새로운 삶의 방식이 웰빙(Well being)인 것입니다. 그런데 요즘에는 한 걸음 더 나아가서 사람이 사람답게 죽는 것을 웰다잉(Well dying)이라 말하고, 사람이 사람답게 늙는 것을 웰에이징(Well aging)이라 말하기도 합니다.

그런 의미에서 우리는 웰에이징(Well aging)에 대해 깊이 생각해 보아야 합니다. 영국의 노인심리학자 브롬디의 말처럼 인생의 1/4은 성장하면서 보내고 3/4은 늙어 가면서 보낸다고 한다면 누구라도 아름답게 늙어가는 비결을 배워야 행복한 인생이 될 수 있기 때문입니다. 그러면 아름답게 늙어 가는 비결이 무엇입니까?

첫째, 나이가 들수록 열정을 잃지 않도록 해야 합니다. 나이가 들면서 질병, 고독감, 경제적 빈곤, 역할 상실과 싸워야 하는데, 그때 의욕과 열정을 잃기 쉽습니다. 그러므로 노년을 초라하지 않고 우아하게 보내려면 사랑과 여유, 용서, 아량, 부드러움을 준비하고, 특히 삶에 대한 열정 지수를 높여야 합니다. 모세는 80세에 자기 민족을 애굽에서 해방시키는 일을 시작했습니다. 노년기에도 열정을 가지면 위대한 업적을 남길 수 있는 것입니다. 세계 역사상 최대 업적의 35퍼센트는 60~70대에 의해 성취되었습니다. 그리고 23퍼센트는 70~80세의 노인들이 성취했고, 6퍼센트는 80대의 노인들이 성취했습니다. 결국 역사적 업적의 64퍼센트는 60세 이상의 노인들에 의해 성취되었다는 결론이 나옵니다.

실제로 소포클레스가 《콜로노스의 오이디푸스》를 쓴 것은 80세 때였고, 괴테가 《파우스트》를 완성한 때는 82세였습니다. 다니엘 드 포우는 59세에 《로빈슨 크루소》를 썼고, 칸트는 57세에 《순수이성비판》을 발표했습니다. 미켈란젤로는 로마의 성 베드로 대성전의 돔을 70세에 완성했습니다. 베르디, 하이든, 헨델 등도 고희의 나이를 넘어 불후의 명곡을 작곡했습니다. 노년에도 열정을 가지고 살아가기만 하면 우리는 웰에이징(Well aging)의 주인공들이 될 수 있는 것입니다.

둘째, 인간관계가 좋아야 합니다. 나이가 들면서 초라해지지 않으려면 대인관계를 잘해야 합니다. 미국 카네기멜론 대학에서 인생에 실패한 이유를 조사한 적이 있는데, 전문적인 기술이나 지식이 부족했다는 이유는 15퍼센트에 불과했고, 나머지 85퍼센트는 잘못된 대인관계에 있었다고 보고한 바 있습니다. 그만큼 인간관계가 중요한 부분을 차지한다는 것입니다.

자녀 교육의 대가이자 사회학 학자인 전혜성 박사가 출판한 《가치 있게 나이 드는 법》이라는 책을 보면, 성공적인 웰에이징(Well aging)을 한 사람들의 공통점이 '타인을 섬기는 삶'이었다고 말합니다. 사람은 나이가 들면서 노욕(老慾)이 생기고, 모든 것을 자기중심적으로 생각하기 쉽습니다. 그러나 그것을 극복하고 언제나 타인 중심의 인간관계를 갖는 사람은 다른 사람을 행복하게 만들지만 자신도 행복하게 만드는 것입니다.

셋째, 대신관계(對神關係)가 좋아야 합니다. 신명기 10장 13절을 보면 "내가 오늘 네 행복(Well being)을 위하여 네게 명하는 여호와의 명령과 규례를 지킬 것이 아니냐"라고 말씀합니다. 진정한 웰빙의 출발은 먼저 절대자인 하나님과 화목해야 한다는 것입니다. 하나님과의 화목이 없는 웰빙은 지극히 일시적이고 순간적인 만족일 뿐입니다. 인생의 주인 되시는 하나님을 믿고 천국에 갈 준비가 되어 있는 사람은 노년의 삶도 멋지게 살아갈 수 있습니다.

웰빙(Well being) 인생이 결국 웰에이징(Well aging) 하다가 웰다잉(Well dying)으로 끝나는 것이라고 할 때, 지금 여러분은 어떻게 살아가십니까?

모든 일을 지금 하라

❖ 앤드류 하츠는 잘나가는 회사의 사장이었지만 실패로 큰 빚을 지고 파산했습니다. 그동안 피상적인 신앙생활을 해 왔던 그는 파산을 신청한 다음날 아침에 마음에 큰 감동을 느꼈는데, 그 감동으로 그는 재산을 정리하고 남은 돈의 절반을 하나님께 헌금했습니다. 십일조 한 번 제대로 하지 않았던 하츠의 이런 모습에 가족들까지도 크게 놀랐습니다. 먼 친척들이 찾아와 빚까지 있는 판에 왜 그런 행동을 했느냐고 물어볼 정도였습니다. "지금껏 사업을 하면서 저는 항상 조금만 더 잘되고, 조금만 더 여유가 생기면 하나님께 드리겠다고 말해 왔습니다. 하나님께 드리는 것이 아까워 회피하기 위해 둘러댄 거짓 고백이었습니다. 파산을 당하고 나서 아침에 오랜만에 성경을 묵상하게 되었는데, 그동안 내가 한 일이 모두 도둑질이라는 사실을 깨닫게 되었습니다. 사람에게 진 빚도 중요하지만 지금 저에게 중요한 것은 하나님께 진 빚입니다."

하츠는 파산을 당한 뒤에도 힘겨운 삶을 살았으나 하나님께 드릴 헌금은 빼먹지 않았습니다. 그 후 재기에 성공해서 백만장자가 되었습니다. 하츠는 백만장자가 된 뒤에도 복음 전파와 선교를 위해서는 거액을 아낌없이 내어놓았습니다. 언제나 "오늘 하겠다"고 하는 서원을 그는 끝까지 지켰던 것입니다.

내일 일을 알 수 없는 것이 우리의 인생입니다. 그러므로 할 일이 있다면 지금 해야 합니다. 지금 최선을 다해야 합니다. '나중'의 신앙이 아닌 '지금'의 신앙이 귀한 신앙입니다. 제가 아는 한 원로장로는 한때 그 도시에서 돈을 최고로 많이 버는 외과 의사였습니다. 돈을 큰 자루에 담아 올 정도로 많이 벌었습니다. 하루하루 돈 세는 재미로 살았습니다. 그러나 하나님께 바치는 일에는 참으로 인색했습니다. 성도의 기본인 십일조 헌금도 하지 않았습니다. 하나님의 은혜는 누구보다 많이 받은 성도였지만 받은 은혜에 감사하는 응답은 전혀 없었습니다.

그러다 은퇴 후에는 아들과 함께 더 큰 돈을 벌기 위해 재산을 다 투자했다가 부도가 났습니다. 아들은 구속되고, 그 장로님은 빈털터리가 되고 말았습니다. 다른 사람이 빌려준 아파트에서 근근이 살던 장로님은 목회자인 저를 만날 때마다 이렇게 말했습니다. "목사님, 죄송합니다. 면목이 없습니다." 제가 부임하기 전에 있었던 일이기는 하지만 볼 때마다 눈물지으며 하는 말은 언제나 똑같았습니다. "목사님, 죄송합니다. 부끄럽습니다." 이 말은 잘 나가던 그때 하나님께 바치지 못한 것이 한이 되고 후회가 된다는 얘기였습니다.

기회는 항상 있는 것이 아닙니다. 내일이 되면 영영 돌아오지 않을 수도 있습니다. 그런 의미에서 기회는 왔을 때 붙잡아야 합니다. 뒤로 미루면 안 됩니다. 지금 기회가 왔을 때 힘껏 사랑하고, 최선을 다해 봉사해야 합니다. 지금 베풀고, 지금 하나님의 영광을 위해 일하고, 지금 후회 없는 삶을 살아야 하는 것입니다.

영국의 시인 로버트 해리는 〈지금 하십시오〉라는 시를 통해서 이렇게 권면합니다.

할 일이 생각나거든 지금 하세요
오늘 하늘은 맑지만
내일은 구름이 보일지도 모릅니다.
어제는 이미 당신의 것이 아니니 지금 하세요

친절한 말 한마디가 생각나거든
지금 말하세요
내일은 당신의 것이 안 될지도 모릅니다
사랑하는 사람이 언제나 곁에 있지는 않습니다
사랑의 말이 있다면
지금 하세요

미소를 짓고 싶다면
지금 웃어 주세요
당신의 친구가 떠나기 전에
장미가 피고 가슴이 설렐 때
지금 당신의 미소를 주세요

불러야 할 노래가 있다면

지금 부르세요
당신의 해가 저물면
노래 부르기엔
너무나 늦습니다
당신의 노래를 지금 부르세요.

어떤 일이든 지금 하는 자가 지혜로운 사람입니다.

이 세상에 가장 소중한 존재

❖ 어떤 동산에 나무 두 그루가 있었습니다. 한 그루는 키도 크고 나뭇잎도 무성했지만 그 옆에 있는 나무는 키도 작고 가지도 나약해서 불평이 많았습니다. "나는 저 키가 큰 나무 때문에 햇빛을 못 받아서 자라지 못하는 거야. 저 나무가 없었다면 훌륭히 자랄 수 있을 텐데. 저 나무는 키만 크지 쓸모도 없고 나에게 피해만 주고 있어." 그러던 어느 날 나무꾼이 그곳을 지나갔습니다. 작은 나무는 나무꾼에게 큰 나무를 도끼로 찍어 가져가 달라고 했습니다. 큰 나무가 나무꾼의 도끼에 찍혀 넘어지자 작은 나무는 매우 기뻐했습니다. 이제 멋지게 자랄 수 있겠다고 환호했습니다. 그런데 얼마 후 작은 나무가 쓰러져 버렸습니다. 그늘이 되어 주고 바람막이가 되어 주던 큰 나무가 없어지자 뜨거운 햇볕과 세찬 바람을 견디지 못한 작은 나무는 그만 힘없이 쓰러져 버린 것입니다.

이 세상에 소중하지 않은 것이 없습니다. 바람, 공기, 햇빛처럼 눈에 보이지 않는 것부터 사소해 보이는 모든 것들에 이르기까지 존재하는 데는 다 이유가 있습니다. 이유 없는 현상은 없습니다. '똥'이 없다면 음식물이 몸에 그대로 쌓여 동물은 죽게 될 것이며, 하찮다고 여기는 길가의 '잡초'가 없다면 생태계 전체가 파괴될 것입니다. 서양의학에서 존재 이유를 찾지 못하는 '맹장'도 사실은 인체의 중요한 역할을 하는 장기입니다. 맹장은 의학 용어로 막창자로 불립니다. 큰창자(대장)가 시작되는 부위에 주머니처럼 부풀어 있는 큰창자의 한 부위입니다.

진화론을 창시한 찰스 다윈은 인간을 포함한 영장류의 식생활이 바뀌면서 맹장이 기능을 잃고 흔적기관으로만 남게 됐다고 말합니다. 이 이론에 동조하는 사람들은 맹장을 일부러 제거하기도 합니다. 그러나 현대의 과학자들은 맹장이 영장류뿐 아니라 다양한 동물에게서 발견되며 각자의 면역체계를 유지하는 중요한 역할을 한다고 주장합니다. 맹장은 대장의 소화 과정에서 중대한 역할을 하는 갖가지 유익한 박테리아들이 아메바성 이질 등의 질병으로 죽거나 몸 밖으로 방출될 때 그 박테리아들을 다시 만들어 보충해 주는 곳이기도 합니다. 또 맹장은 장기들 사이에서 추의 역할을 하여 오장육부가 제자리에 있게 하는 기능을 가지고 있습니다.

이처럼 현상계에 존재하는 모든 것에는 그 존재 이유가 있습니다. 한 방울의 물방울도, 땅에 떨어진 낙엽까지도 다 존재하는 이유가 있습니다. 이 세상에 나와서 맡은 역할을 다하고, 누군가를 위해 거름이 되고, 누군가에게 이유가 되는 것입니다. 하물며 내 곁에 있는 사람들은 얼마나 더 귀한 존재 이유를 가지고 있겠습니까? 인간 역시 이 세상에 태어나 이유 있는 삶을 살다가 돌아가는 것입니다.

그런데 내 곁에 있을 때는 그 사람의 그림자조차 소중함을 모르다가 막상 내 곁에 없다는 사실을 알게 될 때면 그제야 그 사람의 소중함을 깨닫습니다. 어떤 면에서 가장 귀한 존재는 지금 내 곁에 있는 사람입니다. 하나님께서 내게 붙여 준 사람이 가장 귀한 것입니다. 그렇다면 지금 내 곁에 있을 때 잘해야 합니다. 내 곁에 있을 때 힘껏 사랑하고, 함께 행복을 노래해야 하는 것입니다.

러시아의 작가 막심 고리키(Maxim Gorky)는 이렇게 말했습니다. "행복을 두 손 안에 꽉 잡고 있을 때는 그 행복이 항상 작아 보이지만 그것을 풀어준 후에는 비로소 그 행복이 얼마나 크고 귀중했는지 알 수 있다." 이 세상에 소중하지 않은 건 하나도 없습니다. 그중에서도 내 곁에 있는 사람은 지금 나에게 가장 소중한 존재입니다. 나에게 행복을 심어줄 사람도 바로 그 사람이기 때문입니다.

생각을 바꾸면 운명이 달라진다

❖ 우리가 자동차를 운전할 때 전진 기어를 넣고 페달을 밟으면 차가 앞으로 갑니다. 그러나 후진 기어를 넣고 페달을 밟으면 차가 뒤로 갑니다. 똑같은 자동차에다가 똑같은 페달인데, 기어를 어떻게 넣느냐에 따라서 차의 방향이 결정되는 것입니다. 전진 기어를 넣으면 차가 앞으로 가고, 후진 기어를 넣으면 차가 뒤로 갑니다.

그런데 우리의 인생도 이와 같습니다. 삶의 자리는 같을지라도 우리가 어떤 생각을 가지고 사느냐에 따라서 우리의 운명이 결정됩니다. 우리가 아는 대로 동물과 사람의 다른 점은 '생각'에 있습니다. 동물들도 보고, 듣고, 느끼고, 냄새를 맡고, 반응을 합니다. 독수리는 사람보다 훨씬 더 정확하고 넓게 봅니다. 개는 사람보다 훨씬 더 냄새를 잘 맡고 구별을 잘합니다. 닭이 모이를 보고 그것을 찍는 정확도는 사람이 따라갈 수 없습니다. 그 어떤 동물이든 사람보다 뛰어난 기능을 한 가지씩은 다 가지고 있습니다.

그럼에도 불구하고 동물들이 사람의 지배를 받는 이유가 어디에 있습니까? 동물들에게는 생각이 없기 때문에 그렇습니다. 동물의 몸에 들어온 정보는 짧게 끊어져 있습니다. 따라서 정보를 연결시켜 생각하고 판단하는 기능이 없습니다. 바로 이것 때문에 동물이 인간의 지배를 받고 사는 것입니다. 이 땅의 모든 피조물 가운데 오직 인간만이 생각하며 살아갑니다. 인간은 생각하는 존재입니다. 그렇기 때문에 인간은 늘 생각하며 살아야 합니다. 생각 없이 살면 동물보다 못한 인간이 되는 것입니다.

그러면 우리가 어떤 생각을 해야 합니까? 복된 생각을 해야 합니다. 우리가 하나님께 감사하며 기도하면 하나님께서는 우리의 생각을 지켜 주십니다. 우리에게 좋은 마음을 주십니다. 교회와 이웃을 위해 봉사하고 싶은 마음, 불신자에게 전도하고 싶은 마음, 하나님께서 주신 계명을 지키며 살고 싶은 마음을 주십니다. 그러나 마귀는 하나님의 말씀을 거역하고 불순종하고 싶어 하는 생각을 심어 줍니다. 가룟 유다의 마음속에 예수님을 팔려고 하는 생각을 준 존재는 다름 아닌 마귀였습니다. 마귀는 욕심과 음란과 시기와 질투와 미워하는 생각을 주는 자이며, 하나님의 말씀을 거역하고 불순종하고 싶은 마음을 주는 사악한 존재입니다.

그러므로 정신을 차려야 합니다. 우리의 생각을 지켜야 합니다. 언제나 하나님께서 기뻐하시는 생각을 하고, 하나님께서 말씀하시면 무조건 순종하겠다는 마음을 가지고 살아야 합니다.

분노와 미움, 열등감과 좌절감, 부정적인 생각과 집착은 우리의 뇌에 전달되어 경직되게 하고 나를 거기에 가두어 버립니다. 거짓되고 헛된 생각으로부터 벗어나지 못하고 어두운 생각과 제한된 생각

속에 머무르는 것은 어둠의 세력에 의해 지배당하고 있는 것입니다. 그러므로 우리는 부정적인 생각, 악한 생각을 우리 안에 허용하지 말고 하나님의 생각으로 채워야 합니다. 과거에 대한 집착이나 재앙을 미리 걱정하고 염려하는 생각을 버리고 오직 하나님께서 주시는 생각으로 채워야 합니다.

'하나님은 나를 사랑하신다. 하나님은 나에게 재앙이 아니라 희망 주기를 원하신다. 내게 능력 주시는 자 안에서 모든 것을 할 수 있다. 믿음으로 구하면 하나님께서 크고 은밀한 것을 보여주시고 응답하신다. 하나님의 품 안에서는 언제나 다시 시작할 수 있다.' 신앙인은 자신의 생각에 하나님의 생각을 담아야 합니다. 우리의 생각이 바뀌면 우리의 운명도 달라질 것입니다.

우리도 곧 떠나야 합니다

❖ 한 영구차 운전기사의 이야기가 있습니다. 거의 날마다 관을 보고 장지를 오가다 보니까 죽음에 대해서는 누구보다 많은 생각을 했던 사람이라고 할 수 있습니다. 그런데 어느 날 이 기사가 하관을 다하고 유족들을 실어다 준 후에 차고로 향했습니다. 영구차는 모든 사람들이 기분 나빠하는 차라서 차고는 도심 중앙에 있지 않았습니다. 그날은 유달리 장지가 멀어서 외곽에 있는 차고를 향해 늦은 밤에 차를 몰아야 했습니다. 그런데 당시만 해도 통금시간이 있었던 때인지라 통금시간에 걸려 그만 중간에 차를 세워 놓고 조수와 함께 그 차 속에서 잠을 자야 했습니다. 그날따라 궂은비가 부슬부슬 내리는 바람에 영 잠이 오질 않았습니다. 앞이 보이지 않는 캄캄한 밤에 궂은비까지 부슬부슬 내리자 두 사람 다 신경이 곤두서고 별의별 생각을 다 했습니다.

그런데 바로 그때 어디선가 음흉한 목소리가 들려왔습니다. "이리 오너라." 처음에는 귀를 의심했습니다. '헛것을 들은 거겠지. 빗물이 떨어지는 소리였겠지. 환청이었을 거야!' 그런데 얼마 있다가 또 다시 그 음성이 들렸습니다. "이리 오너라." 너무도 확실한 음성이었습니다. 그리고 분명히 그 음성은 시체를 넣고 다니는 쪽에서 들려왔습니다. 나중에는 누군가가 차를 툭툭 치면서 2~3분 간격으로 계속 그렇게 말하자 영구차 기사와 조수는 기절할 지경이 되고 말았습니다. 한밤중에 비가 내리는 데다가 영구차 안에서 음흉한 소리까지 들리니 두 사람은 간이 콩알만 해져서 오들오들 떨었습니다. '아! 저승의 사자가 우리를 데리러 왔나 보구나.'

이런 생각에 사색이 되어 있는데 저승사자의 소리가 좀 이상했습니다. 귀를 기울여 잘 들어보니까 귀신 소리는 아닌 것 같고 가끔 가다가 코 고는 소리까지 들렸습니다. 두 사람이 용기를 내서 촛불을 들고 조심조심 내려가 보았더니 영구차 밑의 앞바퀴와 뒷바퀴를 연결하는 축 위에 한 술주정뱅이가 누워 있었습니다. 그날 술에 잔뜩 취한 사람이 길을 가다가 비가 오니까 그 버스 밑으로 들어가 누워 있다가 기분 내키는 대로 소리를 쳤던 것입니다. "이리 오너라." 영구차 기사와 조수는 그것도 모르고 기절할 정도로 오들오들 떨었던 것입니다. 화가 난 기사와 조수는 그 술꾼을 끄집어내서 실컷 패버렸습니다.

그런데 그 영구차 기사가 훗날 이렇게 고백했다고 합니다. "나는 그날 거기서 죽음이 무엇인가를 느꼈다." 허구한 날 영구차를 끌고 나가서 관을 들어 주고 묻는 것을 보는 것이 직업이었는데도 그는 죽음이 자기와는 아무런 관계가 없다고 생각하며 살았습니다. 그런데 바로 그날 밤에 그는 자기 영혼을 부르는 소리를 들었고, 생전 처음으로 죽음의 두려움을 느껴 보았다는 것입니다. '아! 나도 죽을 수 있구나. 나도 언젠가는 죽을 사람이구나.' 한마디로 말하면 그는 그 날 밤에 인생이 무엇인가를 깨달은 자가 되었고, 좀 고상한 말로 하면 위대한 실존주의 철학자가 된 것입니다.

실존주의 철학자 키에르케고르는 이렇게 말했습니다. "자신이 삶과 죽음 사이에 존재하고, 시간과 영원 사이에 존재하고 있다는 것을 자각하는 바로 그때부터 자기의 참된 실존이 시작된다." 결국 죽음을 모르면 성공적인 인생을 살아갈 수 없다는 것입니다.

최근 가까이서 목회하던 목사님 두 분이 하늘나라로 떠났습니다. 54세의 한 목사님은 잠자다가 심장마비로 부름을 받았고, 또 67세의 한 목사님은 폐렴으로 입원한 지 1주일 만에 패혈증으로 세상을 떠났습니다. 불과 얼마 전까지 함께 호흡하며 목양의 사명을 감당했던 분들이 순식간에 유명을 달리한 것입니다. 언젠가는 다 떠나야 할 것을 알고 살지만 인생무상을 느끼지 아니할 수가 없습니다.

내일은 엄밀히 말해서 나의 시간이 아닙니다. 오늘만이 하나님께서 내게 허락하신 나의 시간입니다. 그렇다면 항상 마지막 날을 생각하며 오늘 최선을 다해 살아야 하겠습니다. 머지않아 우리도 곧 떠나야 합니다.

마음의 여유를 가지라

❖ 말을 타고 10시간이나 걸려서 가던 곳을 자동차를 타고 1시간 만에 가는 일이 생기자, 그때 사람들은 말했습니다. "이제 9시간의 시간 여유가 생기겠구나!" 세탁기가 보급되자 사람들은 말했습니다. "이제 하루 3시간의 여유가 찾아오겠구나!" 컴퓨터가 생기자 사람들은 말했습니다. "마침내 사람들이 일로부터 해방되는 때가 왔구나!" 그러나 우리가 사는 세상이 어떻게 변했습니까? 도대체 여유가 없습니다. 여유는커녕 현대인들은 더 많은 일들을 하게 되면서 오히려 바쁘고 피곤한 삶을 살아가고 있습니다. 세상이 급속도로 변하는 만큼 그에 걸맞게 사람들의 성미도 성급해졌습니다. 연일 계속되는 보복운전이나 폭력 사건들을 보면 여유를 찾아볼 수가 없습니다.

거북은 초조함을 모르고, 장수하는 동물입니다. 소나기가 쏟아지면 머리를 몸 안으로 집어넣고, 햇볕이 따가우면 그늘에서 잠시 쉬어 갑니다. 이처럼 유순하고 여유가 있는 거북은 평균 수명이 200년입니다. 그러나 성깔이 고약하고 급한 맹수들은 하나같이 단명합니다. 사자나 호랑이는 평균 수명이 15년 정도밖에 되지 않습니다. 사람도 마찬가지입니다. 화를 잘 내고 성급한 사람들 가운데 장수하는 사람은 거의 없다고 하는 통계가 나와 있습니다. 언제나 삶의 여유를 가지고 온유하게 사는 사람이 장수하고 행복을 노래하며 살아가는 것입니다.

독일의 한 탄광에서 갱도가 무너져 광부들이 갱내에 갇힌 적이 있습니다. 그들은 외부와 연락이 차단된 상태에서 일주일 만에 구조되었는데 사망자는 단 한 사람, 시계를 찬 광부였다고 합니다. 그 사람은 시시때때로 시계를 보면서 초조하게 지냈는데, 그 불안과 초조가 그를 숨지게 한 것입니다. 비관과 절망은 죽음에 이르게 할 수 있습니다. 그러나 낙관적이고 희망적인 의지를 가지고 살아가는 사람은 언제나 삶의 여유가 있고 행복이 있습니다. 이런 사람은 삶의 자리에서 항상 행복을 창조하고 아름다운 세상을 만들어 갑니다.

잘못 걸려온 전화가 다시 걸려 와도 짜증을 내며 끊어 버리기보다는 상냥하게 설명해 주는 마음의 여유가 아름답습니다. 어쩌다 자동차 접촉 사고라도 났을 때 상대방의 잘못이라고 소리 지르기보다는 빙긋 웃으며 보험회사에 맡기는 마음의 여유가 아름답습니다. 부모와 자식, 형제와 형제, 고부간에 마음 상하는 일이 생겼을 때, 하고 싶은 말을 다 해버리기보다는 상대방의 기분을 헤아려 주는 마음의 여유가 아름답습니다. 참을 수 없이 화가 치미는 일이 생겼을 때도 즉각 화풀이하기보다는 큰 숨 세 번 정도 내쉬면서 잠시 멈추는 마음의 여유가 아름답습니다.

예수님은 간음한 여인이 한 떼의 무리들에게 붙잡혀 돌에 맞아 죽을 위기에 있을 때 잠시 땅에다 무언가를 쓰신 후 그들에게 말씀하셨습니다. "너희 중에 죄 없는 자가 먼저 돌로 쳐라." 그러자 금방이라도 때려죽일 듯 흥분했던 사람들이 하나 둘 돌을 내려놓고 돌아갔습니다. 흥분한 무리들 앞에서 예수님이 땅에 썼던 글이 그들의 죄목이라는 얘기가 있지만 사실 무엇을 썼는지는 아무도 모릅니다. 다만 예수님의 그 여유와 정곡을 찌르는 말씀 앞에서 모든 것이 평정되고, 한 영혼이 구원받는 역사가 일어났습니다.

예수님은 너무도 쉽게 흥분하고, 혈기 부리고, 정죄하고, 감정 따라 사는 우리에게 오늘도 귀한 교훈을 주십니다. "온유하라. 여유를 가지고 살아라. 이웃을 사랑하라."

사랑을 주라

❖ 　　중국에 사는 원 씨 부부의 소설 같은 이야기가 있습니다. 남편 원 씨는 공사 현장에서 인부로 일하고, 부인은 시장에서 채소를 팔면서 삶을 일구어 갔습니다. 그들은 가난했지만 늘그막에 얻은 아들 윈슈(雲舒)와 함께 행복하게 살아갔습니다. 그런데 아들 윈슈가 두 살 되었을 때 시장에서 채소를 팔던 부인이 명절 북새통 속에 그만 아들을 잃어버리고 말았습니다. 그 후 원 씨 부부는 손목에 초승달 모양의 반점이 있는 아들의 특징을 밝히며 아들을 찾아 그 넓은 중국을 미친 듯이 돌아다녔습니다.

　그렇게 아들을 찾아다닌 지 2년째 되던 어느 날 한 골목길에서 상자 속에 담겨 버려진 여자 아기를 발견했습니다. 결국 하늘의 뜻이라 여긴 원 씨 부부는 그 아기에게 윈징(雲靜)이라는 이름을 붙여 입양하게 되었습니다. 부부의 보살핌 속에 아기는 예쁘고 건강하게 자랐습니다. 총명하고 영리한 윈징은 명문 대학을 졸업하고, 어느덧 결혼할 나이가 되어 남자친구를 부모에게 소개하였습니다.

그런데 딸이 데려온 남자친구의 손목에 초승달 모양의 반점이 있는 것을 보고 엄마가 청년의 출생을 물어보았습니다. 그러자 원징의 남자친구는 자신이 어릴 때 인신매매범들에게 납치되었다가 버려진 아이였다고 고백했습니다. 알고 보니까 원징의 남자친구는 그들 부부가 잃어버린 후에 그렇게도 간절히 찾아다녔던 친아들이었던 것입니다. 그해에 원슈와 원징은 모든 이들의 축복 속에서 결혼식을 올렸고, 오늘도 온 가족이 행복을 노래하고 있다는 일화가 있습니다.

전도서 11장 1절을 보면 하나님께서 이렇게 말씀하십니다. "너는 네 떡을 물 위에 던져라 여러 날 후에 도로 찾으리라." 여기서 '던진다'는 말은 우리의 선행이나 축복의 씨앗을 심는 행위를 가리킵니다. 사랑 때문에 가진 것을 나누어주는 일을 의미하기도 합니다. 그러나 그 어떤 것이 되었든 좋은 것을 심으면 반드시 그 열매를 내가 거두게 된다는 얘기입니다. 내가 다른 사람에게 선행을 베풀 때 어떤 대가를 생각하지 않아도 하나님께서는 반드시 도로 찾게 해주신다고 약속하십니다. 그렇다면 우리는 기회를 얻든지 못 얻든지 오늘 선행을 베풀고 힘껏 사랑하며 살아야 하는 것입니다.

그런데 우리가 사는 세상은 탐욕과 미움, 시기, 다툼이 넘쳐납니다. 서로 사랑하며 살기만 해도 짧은 인생인데 왜 사랑은 실종되고 마귀가 좋아하는 것들만 차고 넘쳐날까요? 미움과 다툼, 시기, 질투, 싸움, 거짓의 영이 슬그머니 내 안에 들어와 사랑을 몰아내고 나 대신 '나' 노릇하며 살기 때문입니다. 어둠의 영에게 정복되어 사탄의 하수인 노릇하며 살게 되니까 좋지 않은 열매가 가득한 것입니다. 하나님은 본래부터 사람을 만들 때 서로 사랑하며 살도록 지으셨습니다. 아담이 하와를 처음 보았을 때 "이는 내 뼈 중의 뼈요 살 중의

살이로구나" 하고 고백한 것만 보아도 충분히 짐작할 수 있는 것입니다.

우리의 삶 속에서 사랑을 제거해 버리면 실상 아무것도 남지 않습니다. 그래서 무디 신학교 학장이며 설교가인 조지 스위팅(George Sweeting) 박사는 '사랑장'이라는 별명을 가진 '고린도전서 13장'의 모든 교훈을 딱 하나의 명료한 공식으로 만들었는데, 그것이 바로 '인생-사랑=0'라는 공식입니다. 다른 것이 다 있어도 사랑이 없으면 아무것도 아닙니다. 사랑이 있는 풍경만이 아름답고, 사랑을 베푸는 사람만이 행복을 노래할 수 있습니다. 인생은 사랑으로 완성되고, 사랑은 나로 인해 완성됩니다. 사랑할 때만 삶의 목적을 찾을 수 있고, 사랑할 때만 삶의 의미를 찾을 수 있습니다. 한 작자 미상의 사랑을 위한 시가 있는데, 함께 나누고 싶습니다.

내가 새라면 너에게 하늘을 주고,
내가 꽃이라면 너에게 향기를 주겠지만,
나는 인간이기에 너에게 사랑을 준다.

고난을 인생의 거름으로 삼으라

❖ 　　우리가 사는 세상에는 쓰레기가 많습니다. 일반 쓰레기를 비롯하여 음식물 쓰레기, 재활용 쓰레기, 플라스틱 쓰레기 등 쓰레기가 넘쳐납니다. 이런 쓰레기들 중에는 그대로 땅속에 묻히는 것이 있습니다. 하지만 땅속에 쓰레기를 파묻는다고 해서 땅이 금세 오염되는 것은 아닙니다. 토양에는 어느 정도 불순물들을 정화하고 분해하는 능력이 있기 때문입니다. 토양은 각종 쓰레기들을 정화시키고 분해하는 능력을 가지고 있을 뿐만 아니라 오히려 그 쓰레기 속에서 유용한 성분을 흡수하는 능력이 있습니다. 얼마나 놀라운 일입니까?

　그런데 땅만 이런 능력을 가지고 있는 것이 아닙니다. 우리 인간에게도 고난에 대한 자정능력이 있습니다. 땅이 쓰레기를 소화하여 비료로 삼듯이 인간 역시 고난을 소화시켜서 성숙의 자양분으로 삼을 수 있다는 것입니다. 물론 고난을 축복으로 바꾸는 일은 쉽지 않습니다. 먼저 고난보다 더 큰 하나님을 바라보는 믿음이 있어야 합니다. 고난이 닥치면 고난 그 자체가 가장 크게 보이기 쉽지만 고난보다 더 크고 위대하신 하나님을 바라보는 믿음이 있으면 고난을 극복할 수 있다는 것입니다. 나를 사랑하시는 하나님께서 고난까지도 합력하여 선을 이루어 주실 것을 믿는 자는 그 믿음대로 고난을 축복으로 바꾸는 역사를 이루어 갑니다. 어떤 면에서 이들은 고난을 밑거름 삼아 인생살이에서 승리한 자들이라고 말할 수 있습니다.

미국의 크로스비 여사는 돌팔이 의사의 잘못된 약물 치료로 생후 6주부터 평생 맹인으로 살아야 했습니다. 일생을 어둠 속에서 살아야 했지만 그녀는 아무도 원망하지 않았습니다. 오히려 하나님과 사람들 앞에서 감사하며 살았고, 스스로를 행복을 창조하는 사람이라고 믿었습니다. 그녀는 일평생 감사와 기쁨이 충만한 삶을 살았고, 우리에게 무려 9,000편의 찬송시를 남기고 갔습니다. 그녀는 고난을 인생의 거름으로 삼고 승리의 길을 간 것입니다. 전 세계 기독교인들이 가장 많이 부르는 찬송가인 384장 '나의 갈 길 다가도록' 역시 그녀가 남긴 찬송시인데, 2절 가사가 이렇습니다.

"나의 갈 길 다가도록 예수 인도하시니 어려운 일 당한 때도 족한 은혜 주시네. 나는 심히 고단하고 영혼 매우 갈하나 나의 앞에 반석에서 샘물 나게 하시네. 나의 앞에 반석에서 샘물 나게 하시네."

땅이 쓰레기를 소화해 내지 못하면 쓰레기의 독성으로 인해 더 이상 식물이 살 수 없는 죽은 토양으로 바뀝니다. 그러나 쓰레기를 소화해 내기만 하면 식물이 살아갈 수 있는 토양을 유지할 수 있습니다. 마찬가지입니다. 인간의 고난도 적절한 반응이 뒤따르지 않으면 영혼이 생기를 잃어버리고 실패하는 인생이 되지만, 고난을 잘 대처하기만 하면 승리하는 인생이 되는 것입니다. 믿는 자에게는 고난이 변장하고 오는 축복입니다. 그러므로 해석을 잘 해야 하고, 고난을 대하는 자세를 분명히 하고 살아야 합니다.

고난은 우리를 달아 보시는 하나님의 저울이고, 우리의 존재를 울림이 있게 만들어 주는 공명통이라는 인식을 가지고 끝까지 잘 견뎌내야 합니다. 고난을 거름 삼기만 하면 하나님께서는 언제나 놀라운 역사를 이루어 주십니다. 눈물을 찬송으로 바꾸고, 고난을 축복으로 바꾸는 복을 주십니다. 그런 의미에서 고난을 이기는 비결은, 끝까지 하나님의 사랑을 믿고 인내하는 것입니다. 고난을 인생의 거름으로 삼을 준비가 되어 있습니까?

첫 마음을 잃지 말라

❖ 지금은 고인이 된 작가 정채봉 씨가 《내 가슴속 램프》라는 책에서 이런 글을 남겼습니다.

1월 1일 아침에 찬물로 세수하면서 먹은 첫 마음으로 1년을 산다면, 학교에 입학하며 새 책을 앞에 놓고 하루 일과표를 짜던 영롱한 첫 마음으로 공부를 한다면, 사랑하는 사이가 처음 눈이 맞던 날의 떨림으로 계속된다면, 첫 출근하는 날 신발 끈을 매면서 먹은 마음으로 직장 일을 한다면, 아팠다가 병이 나은 날의 상쾌한 공기 속의 감사한 마음으로 몸을 돌본다면, 개업 날의 첫 마음으로 손님을 언제고 돈이 적으나 밤이 늦으나 기쁨으로 맞는다면, 세례를 받던 날의 빈 마음으로 눈물을 글썽이며 교회에 다닌다면, '나는 너, 너는 나'라며 화해하던 그날의 일치가 가시지 않는다면, 여행을 떠나는 날 차표를 끊던 가슴 뜀이 식지 않는다면, 이 사람은 그때가 언제이든지 늘 새 마음이기 때문에 바다로 향하는 냇물처럼 날마다가 새로우며, 깊어지고, 넓어진다.

〈첫 마음〉이라는 제목의 글인데 우리에게 큰 울림을 주는 글입니다.

흔히 훌륭한 인물이 되고, 중요한 과업을 성취하기 위해서는 세 가지 마음이 필요하다고 말합니다. 그것이 바로 '초심, 열심, 뒷심'입니다. 그런데 이 중에서 제일 중요한 마음은 누가 뭐라 해도 초심입니다. 초심 속에 열심과 뒷심이 담겨 있기 때문입니다. 초심에서 열심이 나오고, 초심을 잃지 않을 때 뒷심도 나오는 것입니다.

초심이란 말은 무슨 일을 시작할 때 처음 품는 마음을 가리킵니다. 맨 처음에 다짐하는 마음이 초심입니다. 순수한 마음이 초심이고, 동심이 초심이고, 배우는 마음이 초심입니다. 첫사랑의 마음이 초심이고, 겸손한 마음이 초심입니다. 피카소는 동심을 가꾸는 데 40년이 걸렸다고 고백한 바 있습니다. 초심처럼 좋은 것이 없고, 초심처럼 중요한 것이 없습니다. 그러므로 다른 것은 혹 잃는다 해도 초심을 잃어버리면 안 됩니다. 인생의 모든 불행과 실패가 초심을 잃어버릴 때 오기 때문입니다.

그런데 우리는 너무도 종종 초심을 잃어버리고 살아갑니다. 처음에는 목숨 바쳐 사랑할 것처럼 덤비다가 어느 순간부터 자기밖에 모르는 이기적인 인간으로 변합니다. 처음에는 성실하게 희생적으로 일하다가 어느 순간부터 요령을 피우고 자기 편한 대로 살아갑니다. 처음에는 모든 것이 하나님의 은혜라고 고백하다가 어느 순간부터 모든 것은 나의 공로라고 자랑하며 살아갑니다. 처음 직분을 받을 때는 죽도록 충성하겠다고 선언하고서 어느 순간부터 직분을 앞세워 호령하고 군림하는 사람으로 살아갑니다. 바로 이것이 문제입니다.

우리 속담에 "화장실 들어갈 때와 나올 때의 마음이 다르다"라는 말이 있습니다. 처음 먹었던 마음이 끝까지 가기 어렵고, 사람의 마음은 상황에 따라 쉽게 변한다는 얘기입니다. 아마 이 말에 공감하는 사람들이 많을 것입니다. 너 나 할 것 없이 우리는 초심을 잃어버리고 실패의 길을 가기 쉬운 존재이기 때문입니다. 그렇다면 우리는 때때로 초심을 점검해 보아야 합니다.

지금 세상 욕심에 꽉 차 있다는 것은 초심을 잃었다는 증거입니다. 겸손히 배우려는 마음을 상실했다는 것은 초심을 잃었다는 증거입니다. 순수한 마음을 잃었다는 것은 초심을 잃었다는 얘기고, 열정을 잃었다는 것 역시 초심을 잃었다는 증거입니다. 초심은 사랑과 같아서 날마다 가꾸지 않으면 안 됩니다. 개간하지 않는 사랑은 이기적인 사랑으로 변질되고, 열매가 없는 사랑으로 퇴보하는 것입니다.

그런 의미에서 우리는 신앙인으로서도 첫 마음을 지키고 있는지를 돌아보아야 합니다. '나는 지금도 주님을 향한 첫사랑을 고이 간직하고 살아가는가? 나는 처음의 순결한 신앙을 그대로 고수하고 있는가? 나는 오늘도 겸손한 마음으로 교회를 섬기고 있는가? 나는 목사, 장로, 집사, 권사가 되고 신앙의 연조가 깊어지면서 오히려 첫 마음을 잃어버리지는 않았는가?'

당신도 명품 인생이 될 수 있다

❖ 스코틀랜드의 어느 지방에서 있었던 일입니다. 한 부유한 여성이 언덕에 있는 집을 사서 수천 달러를 들여서 수리하였습니다. 그 집은 어마어마하게 크긴 한데 매우 낡았습니다. 수리를 마치자 그 낡은 저택은 아름다운 저택이 되었습니다. 이 여인은 친구들을 위하여 집에서 파티를 열었습니다. 많은 사람들이 초대되었습니다. 그 가운데는 영국에서 동물 화가로 유명한 에드윈 랜시어 경도 있었습니다. 파티가 한창 진행 중이던 저녁 식사 시간에 술을 따르던 하인이 실수를 했습니다. 유색 소다수 병을 떨어뜨려 깨뜨린 것입니다. 소다수가 값비싼 벽지에 튀어 벽지가 얼룩지고 말았습니다. 보기 흉했습니다.

다음날 아침 파티에 참석했던 사람들이 함께 사냥하러 나갔습니다. 화가인 랜시어 경은 그 저택에 남아서 그 얼룩진 벽지 위에 얼룩을 배경 삼아 그림을 그렸습니다. 사냥에서 돌아온 부인과 일행들은 그 아름다운 그림을 보고 깜짝 놀랐습니다. 너무 아름다웠기 때문입니다. 이 그림이 그의 가장 유명한 역작 중 하나인 〈궁지에 몰린 수사슴〉입니다. 지저분한 얼룩이 화가의 손을 거치니 불후의 명화가 되었습니다.

바로 이것입니다. 죄로 얼룩진 우리 인생도 하나님의 손을 거치기만 하면 불후의 작품이 됩니다. 다윗을 보십시오. 지저분한 다윗이 하나님의 손을 거치자 위대한 하나님의 종이 되었습니다. 도둑 심보를 가지고 있던 야곱도 하나님의 손을 거치자 이스라엘이 되었습니다. 어부 출신 베드로는 평생 바닷가에서 고기나 잡다가 삶을 마쳐야 했는데 주님의 손을 거치자 성 베드로가 되었습니다. 죄인 중에 괴수인 바울도 멸망의 사람이었으나 부활하신 주님의 손을 거치자 전무후무한 하나님의 사람이 되었습니다.

우리는 하나같이 흉하고 지저분하고 멸망의 길로 가야 할 죄인들이지만 희한하게도 하나님의 손이 닿기만 하면 명품 인생으로 바뀌는 역사가 일어납니다. 이것이 얼마나 놀라운 은혜입니까?

사실 〈궁지에 몰린 수사슴〉은 그림도 명작이지만 궁지에 몰린 한 사람을 돕고자 하는 화가의 마음이 더욱 걸작입니다. 화가는 곤란에 빠진 하인을 위해서 보기 흉한 얼룩을 배경으로 아름다운 그림을 그렸습니다. 그러자 순식간에 인생 반전이 일어났습니다. 궁지에 몰린 인생이 환희가 가득 찬 인생으로 바뀐 것입니다. 바로 이것처럼 우리 인생도 주님의 손에 닿기만 하면 인생 역전이 일어납니다. 주님의 손은 못 고칠 인생이 없기 때문입니다.

주님의 손은 긍휼의 손입니다. 치료의 손입니다. 사랑의 손입니다. 위로의 손입니다. 공급하시는 손입니다. 바꾸시는 손입니다. 복 주시는 손입니다. 얼룩진 인생을 명품 인생이 되게 하시는 능력의 손입니다. 그러므로 주님의 손에 붙들리기만 하면 누구라도 명품 인생이 될 수 있습니다. 불후의 명작이 될 수 있습니다.

인생의 겨울이 오기 전에

❖   동화 〈개미와 베짱이〉 이야기가 있습니다. 개미는 무더운 여름철에도 열심히 일을 해서 겨울을 대비했습니다. 창고에 곡식을 많이 쌓아 놓았습니다. 그러나 베짱이는 개미를 비웃으며 노래만 하고 신나게 놀았습니다. 겨울이 되었습니다. 개미는 저축해 놓은 곡식을 먹으며 편안하게 살았습니다. 하지만 베짱이는 저축해 놓은 곡식이 없어서 배고픔과 추위에 떨어야 했습니다. 결국 베짱이는 죽도록 고생을 하다가 개미에게 얻어먹는 신세가 되었습니다. 이것이 개미와 베짱이의 원작입니다.

그런데 이 이야기도 세월 따라 시대 따라 자꾸 진화하는데, 개미와 베짱이 제2탄의 내용이 다음과 같습니다. 개미는 일을 너무 많이 해서 디스크와 관절염에 걸려 죽도록 고생을 했고, 베짱이는 노래 솜씨를 인정받아 가수로 데뷔해서 음반을 내어 돈을 많이 벌었다는 것입니다. 다음으로 제3탄의 이야기가 있습니다. 몸이 아픈 개미는 예수를 믿고 열심히 기도해서 디스크와 관절염을 깨끗이 고침 받았습니다. 그러나 베짱이는 돈이 생기자 술과 마약에 손을 댔고 방탕한 생활을 하다가 감옥에 들어가고 말았다는 것입니다. 이야기는 여기서 끝나지 않습니다. 제4탄이 있습니다. 결국 개미는 죽어서 천국에 가고, 베짱이는 죽어서 지옥에 갔다는 것입니다. 이제 제5탄은 어떻게 전개될지 모르겠습니다만, 원작의 의미는 이런 것들이 아닙니다. 겨울과 같이 일하기 어려운 때를 대비해서 개미처럼 성실하게 미래를 준비해야 성공한다는 것이 이 동화의 교훈입니다.

지금까지 자연계의 순환은 한 번도 바뀐 적이 없습니다. 봄이 오면 여름이 오고, 여름이 오면 가을이 오고, 가을이 지나가면 반드시 겨울이 옵니다. 그런데 겨울이 오면 다른 계절과 달리 모든 것이 힘들어합니다. 먼저 식물부터 그렇습니다. 식물은 겨울철을 지나기가 힘들기 때문에 아예 생장을 멈춰 버립니다. 그런데 생장을 멈추는 것으로 끝나지 않습니다. 그대로 있다가는 얼어 죽기 쉬우니까 나뭇잎들은 겨울이 오기 전에 서둘러 단풍으로 옷을 갈아입습니다. 그리고서 바람이 불 때마다 하나씩, 둘씩 떨어집니다. 그냥 매달려 있으면 나무가 얼어 죽으니까 결국 나뭇잎은 알아서 떨어지는 것입니다. 나무만 겨울을 대비하는 것이 아닙니다. 동물이나 곤충들도 겨울이 오기 전에 나름대로 살아갈 준비를 합니다. 곰이나 뱀 같은 동물은 겨울을 대비해서 잘 먹고 겨울이 오면 깊은 겨울잠에 들어갑니다.

사람들도 예외가 아닙니다. 겨울이 오면 겨우내 먹을 것을 미리 준비합니다. 가을에 거둔 쌀과 곡식을 창고에 저장해 놓고, 겨울에 먹을 김장김치를 담급니다. 겨울을 대비해서 문풍지도 새로 바르고, 겨울에 땔 나무나 연료를 미리 준비해 놓기도 합니다. 이렇게 우리는 한 해의 겨울을 지나기 위해 많은 것을 준비하며 살아갑니다.

그런데 우리가 알아야 할 것이 하나 있습니다. 해마다 겨울을 맞이하듯이 우리 인생도 수시로 인생의 겨울을 맞이한다는 것입니다. 자연계에 봄, 여름, 가을, 겨울, 사계절이 있듯이 인생도 인생 사계절이 있습니다. 인생이 봄날과 같이 따뜻하고 평안한 때가 있는가 하면, 땀을 뻘뻘 흘려야 하는 여름과 같은 때도 있습니다. 모든 것을 결실하는 가을과 같은 시기가 있는가 하면, 더 이상 일하기 어려운 겨울과 같은 시기가 있습니다. 인생의 겨울은 누구에게나 혹독합니다. 힘들게 만듭니다. 눈물을 가져다줍니다. 고통을 가져다줍니다. 그래서 인생의 겨울을 좋아하는 사람이 없습니다. 다 싫어합니다. 할 수 있는 대로 만나지 않기를 바랍니다. 그러나 인생의 겨울을 피해 갈 사람은 단 한 명도 없습니다.

살다 보면 인생의 겨울은 반드시 찾아옵니다. 어떤 사람은 인생의 노년을 무조건 겨울이라고 말합니다만, 그렇지 않습니다. 젊은 날에도 겨울이 찾아오고, 한참 일할 나이인 장년기에도 겨울은 찾아옵니다. 인생의 겨울은 언제 찾아올지 모릅니다. 그렇다면 인생의 겨울이 오기 전에 오늘을 잘 살아야 합니다. 지금 기회가 있을 때 힘껏 사랑하고, 기회가 있을 때 열심히 봉사해야 합니다. 기회가 지나가기 전에 사랑의 말을 해야 하고, 기회가 지나가기 전에 용서해야 합니다. 기회가 지나가기 전에 오늘 최선을 다해 살아야 합니다. 인생의 겨울이 오기 전에 지금 가장 멋지게 살아야 하는 것입니다.

마음속의 잡초를 없애는 비결

❖   한 철학자가 오랫동안 가르쳐 온 제자들을 떠나보내며 마지막 수업을 했습니다. 제자들을 데리고 들판으로 나가 빙 둘러앉게 한 철학자는 마지막으로 제자들에게 물었습니다. "우리가 앉아 있는 이 들판에 잡초가 가득하다. 어떻게 하면 이 잡초를 다 없앨 수 있겠느냐?" 제자들은 학식이 뛰어났지만 한 번도 이런 문제에 대해 생각해 보지 않았기에 그냥 건성으로 대답했습니다. "삽으로 갈아엎으면 됩니다." "불로 태워 버리면 좋을 것 같습니다." "뿌리째 뽑아 버리면 됩니다." 철학자는 제자들의 대답에 고개를 끄덕이고는 자리에서 일어나 말했습니다. "이것이 마지막 수업이다. 모두 집으로 돌아가서 자신이 말한 대로 마음속의 잡초를 없애 보거라. 만약 잡초를 없애지 못했다면 1년 뒤에 다시 이 자리에서 만나기로 하자."

1년 뒤에 제자들은 무성하게 자란 마음속 잡초 때문에 고민하다가 다시 그곳으로 모였습니다. 그런데 예전에 잡초로 가득했던 들판은 곡식이 가득한 들판으로 바뀌어 있었습니다. 제자들이 탄성을 올리며 스승을 기다렸지만 스승의 모습은 보이지 않았고 그 대신 다음과 같은 글귀가 적힌 팻말 하나가 꽂혀 있었습니다. "들판의 잡초를 없애는 방법은 딱 한 가지뿐이다. 바로 그 자리에 곡식을 심는 것이다. 마찬가지로 마음속에 자라는 잡초도 선한 마음으로 어떤 일을 실행할 때 뽑아 낼 수 있다."

우리의 마음속에는 잡초 같은 생각들이 쉴 새 없이 떠오릅니다. 부질없는 공상들, 허망한 망상들, 음흉한 생각들, 부정적이고 더러운 생각들, 원망과 불평과 좌절이 계속해서 자리를 잡습니다. 이런 먼지 같은 마음들을 '분심'이라고 말합니다. 그런데 이 분심을 없애는 방법은 재빨리 '거룩한 단어'를 생각하는 것입니다. 좋은 생각을 하고 그 무엇인가 선한 일을 행할 때 분심이 자리 잡지 못합니다. 잡초가 나오려는 그 자리에 재빨리 다른 곡식을 심는 것처럼, 마음속의 잡초가 자리를 잡으려고 할 때 즉각 선하고 아름다운 일을 수행하는 것이 잡초를 제거하는 최고의 비결이라는 것입니다.

미국 최고의 명문 대학 중의 하나인 스탠퍼드 대학의 설립 비화가 있습니다. 설립자 스탠퍼드(Stanford)는 광산촌에서 광산 보급품 판매와 잡화상을 한 사람입니다. 사업 수완이 좋아서 사업에 크게 성공했고 나중에는 철도 사업에도 가담했습니다. 미국 대륙간 철도망을 최초로 건설하여 철도왕으로 불리는 명예도 얻었습니다. 지방의회부터 시작해서 캘리포니아를 대표하는 미국 상원의원에 당선되기도 했습니다. 문자 그대로 계속해서 성공의 가도를 달리는 기업가요 정치가였습니다.

그런데 어느 날 뜻하지 않은 사고로 독자인 아들을 잃어버리고 말았습니다. 스탠퍼드는 세상이 무너진 것 같은 슬픔 속에서 삶의 의미마저 잃어버렸습니다. 주위에 있는 많은 사람들이 위로하려고 했으나 백약이 무효였습니다. 사업도 중단하고, 정치도 손을 놓은 채 죽을 방법만 생각하고 살았는데, 어느 날 밤 죽은 아들이 꿈에 나타났습니다. "아버지, 왜 그렇게 기운이 없으세요?" "네가 없는 세상은 아무런 의미도 없구나. 어떻게 하면 네게 갈 수 있나 하는 생각만 하고 있단다." "아버지, 그게 무슨 말씀이세요. 제가 살았을 때는 저 하나만 키우셨지만 이제 제가 없으니 미국 젊은이들을 저를 키우는 정성으로 잘 키우시면 되잖아요. 이것이 이 아들이 아버지께 드리는 마지막 부탁이에요." 꿈에서 깨어난 스탠퍼드는 부인과 함께 미국의 젊은이들을 위한 대학을 설립했는데, 그 대학이 미국의 3대 명문 사립대학인 스탠퍼드 대학입니다.

  하나님의 영광을 위해 그 무엇인가 선한 일을 행할 때 마음의 잡초는 사라집니다. 그 대신 하나님께서 기뻐하시는 열매는 쑥쑥 자랍니다. 인생 대역전의 역사가 펼쳐집니다. 그래서 지혜로운 사람들은 오늘도 마음속의 잡초에 관계없이 그 무엇인가 선한 일을 행하는 것입니다.

하나님의 이름을 거룩하게 하라

❖ 수학에는 공리 혹은 정리라는 말이 있습니다. 이 말은 증명할 필요가 없는 자명한 이치라는 뜻입니다. 예를 들어서 "두 점 사이에서 가장 가까운 거리는 직선이다"라는 공리는 증명할 필요가 없습니다. 자명한 이치이기 때문입니다. 또 "두 평행선은 영원히 만날 수 없다"라는 공리도 증명할 필요가 없습니다. 이런 것들을 자명의 이치라고 해서 공리, 혹은 정리라고 부릅니다. 바로 이것처럼 성경은 하나님의 존재를 공리요, 정리라고 가르쳐 줍니다. 하나님의 존재는 너무나 자명한 사실이기 때문에 굳이 증명할 필요가 없는 것입니다. 또 성경을 기록한 저자들은 하나님을 직접 체험해서 스스로 아는 사람들이었습니다. 그러므로 하나님의 존재를 증명하려고 할 필요가 없었습니다.

오늘도 우리가 조금만 정직하면 하나님의 존재를 부인할 수가 없습니다. 온 우주와 세상이 참으로 정확하게 돌아가는 것을 보면 그 누구도 창조주 하나님을 부인할 수 없는 것입니다. 그런데도 이 땅에는 하나님을 부정하는 사람들이 많습니다. 많은 사람들이 오늘도 잘 만들어진 시계 하나만 보고서도 시계 만든 사람을 찬양합니다. "야, 어떻게 이처럼 정밀한 시계를 만들 수 있을까? 참 대단하다." 그러나 우주 공간에 태양과 지구와 달을 띄워 놓고 매일같이 제 궤도를 돌게 해서 밤과 낮을 구분해 주고, 밀물과 썰물이 일어나게 하고, 봄·여름·가을·겨울 사계절을 가져다주는 하나님 앞에서는 찬사가 없습니다. 그저 모든 것이 우연이라고 치부합니다.

이게 말이 됩니까? 스스로를 속이고, 죄 때문에 하나님을 부인하고 싶으니까 그렇지 그 누구라도 조금만 솔직하면 하나님을 부인할 수가 없는 것입니다. 우리가 손 하나 까딱하지 않아도 온 우주와 자연계가 얼마나 정확하게 움직이는지 모릅니다. 아침에는 동편에서 해가 떠 낮에는 공중으로 높이 솟아올랐다가 저녁이 되면 다시 서편으로 떨어집니다. 다음날 아침이 오면 그 해가 동편에서 또다시 올라와 전날처럼 서편으로 내려갑니다. 빙빙 돌아갑니다. 겨울이 지나면 봄이 오고, 봄이 지나면 여름이 오고, 여름이 지나면 가을이 오고, 가을이 지나면 또 겨울이 옵니다. 춘하추동 사계절이 빙빙 돌아갑니다. 참으로 정확하기 그지없습니다.

이 세상뿐만이 아닙니다. 소위 소우주라고 일컫는 우리의 인체를 한 번만 들여다보아도 하나님의 능력과 오묘하심에 찬사를 보내지 아니할 수가 없는 것입니다. 지구에는 오대양 육대주가 있고, 인간에게는 오장 육부가 있습니다. 인간의 뼈는 산맥이요, 혈관은 강과 하천이며, 털은 초목이고, 피부는 옥토를 상징합니다. 바닷물이 지구의 70퍼센트요, 우리 몸의 물도 신체의 70퍼센트를 차지합니다. 1년에 12달 365일이 있듯이 몸에는 12경락과 365경혈이 있습니다. 1년을

하나님의 이름을 거룩하게 하라

24절기로 나누듯이 사람의 뼈도 24갈비뼈와 365골절로 나누어져 있습니다. 우주에는 60조가 넘는 별이 있듯이 인체에도 60조가 넘는 세포가 있습니다.

우리 몸속에서는 1분마다 2억 개의 세포가 탄생하고, 1초에 200만 개가 넘는 적혈구가 모두 새것으로 교체됩니다. 1년 동안 70퍼센트를 채우고 있는 물 분자가 열두 번 이상 완전히 새롭게 바뀌며 멈춤 없이 스스로 새롭게 창조합니다. 여기에다가 피가 몸을 완전히 한 바퀴 도는 데에는 46초가 걸립니다. 우리 몸에는 혈관의 길이를 한 줄로 이으면 9,500킬러미터 이상이 됩니다. 경부 고속도로(428km)를 열한 번 이상이나 왕복하고도 조금 남는 긴 혈관이 한 사람의 몸 안에 사방으로 퍼져 있습니다. 그리고 우리가 눈을 한 번 깜빡이는 데 걸리는 시간은 1/40초밖에 안 됩니다. 또 혀에 침이 묻어 있지 않으면 절대로 맛을 알 수 없고, 코에 물기가 없으면 냄새를 맡을 수 없는데, 그 작용이 다 자동입니다.

인간의 수명을 70세라 할 때 심장은 27억 번이나 박동합니다. 눈의 근육은 24시간 동안 약 10만 번 움직입니다. 두 개의 콧구멍은 3~4시간마다 그 활동을 교대합니다. 한쪽 콧구멍이 냄새를 맡는 동안 다른 하나는 쉽니다. 그리고 머리카락은 계속해서 자라나지만 겨드랑이 털은 어느 정도 자라다가 더 이상 자라지 않습니다. 만약 겨드랑이 털이 머리털처럼 계속해서 자란다면 참으로 불편할 것입니다.

인체는 연구하면 연구할수록 신비하고, 하나님의 솜씨에 찬사를 보내지 않을 수가 없습니다. 그런데도 하나님을 부인하고, 모든 것은 우연이라고 치부하는 사람들이 많습니다. 시편 14편 1절을 보면 "어리석은 자는 그의 마음에 이르기를 하나님이 없다 하는도다"라고 했습니다. 사람이 악하니까 하나님을 부인하고, 영적으로 병들어 있으니까 하나님을 인정하지 않으려고 하는 것입니다. 아들이 아버지를 보고서도 "아버지는 없습니다. 당신은 나의 아버지가 아닙니다"라고 소리 지른다면 그 사람이야말로 정신적으로 병든 사람이 틀림없습니다. 영적으로 병들어 있으면 하나님을 부인하며 살아가는 것입니다.

예수님은 기도를 가르쳐 주면서 이렇게 하라고 하셨습니다. "하늘에 계신 우리 아버지, 아버지의 이름을 거룩하게 하옵소서." 하나님 아버지의 이름을 거룩하게 하라고 했는데, 그 첫 번째 비결은 먼저 하나님이 창조주이신 것을 믿는 것입니다. 하나님의 창조주 되심을 인정하지 않고는 하나님의 이름을 거룩하게 할 방법이 없습니다. 창조주 하나님을 믿고, 하나님께 영광 돌리는 삶을 살아갈 때 비로소 하나님의 이름이 거룩해지는 것입니다.

chapter

인생의 쓴 물을
단 물로

내 영혼이 주를 갈망하나이다

❖ 우리가 잘 아는 광고 중에 '2%'라는 음료수 광고가 있습니다. 그 광고를 보고 어떤 사람은 '아, 2%가 부족한 음료수구나!' 하고 생각합니다. 그런가 하면 "아, 복숭아 향이 2% 들어간 음료수구나!" 하고 단정 짓는 사람도 있습니다. 그러나 2%의 의미는 그런 뜻이 아닙니다. 우리 몸은 수분이 2% 부족할 때 갈증을 느끼는데, 그때 마시는 음료수라는 얘기입니다. 우리가 아는 대로 인간의 몸은 약 70퍼센트가 물입니다. 따라서 물이 2퍼센트만 부족해도 갈증을 느끼게 되고, 5퍼센트가 부족하면 혼수상태에 빠지게 되고, 12퍼센트가 부족하면 생명이 위태로워집니다. 바로 여기서 힌트를 얻어 갈증이 올 때 2퍼센트의 부족한 물을 채워 준다는 뜻으로 이름을 그렇게 지었습니다. 그런 의미에서 우리 인간에게는 물보다 더 중요한 것이 없습니다. 물은 곧 생명입니다. 이 생명의 물을 우리는 죽을 때까지 마셔야 합니다. 끊임없이 일어나는 육체의 갈증 때문에 우리는 살아있는 한 계속해서 물을 마셔야 하는 것입니다.

그런데 우리가 사는 세상에는 육체의 갈증만 있는 것이 아닙니다. 갈증은 우리의 영혼에도 일어납니다. 살다 보면 가뭄을 만나 쩍쩍 갈라진 논바닥처럼 영혼이 곤고할 때가 있습니다. 물이 없어 마르고 황폐한 땅처럼 인생이 우울하고 힘들고 고통스러울 때가 있습니다. 영혼의 목마름이 극에 달할 때가 있습니다. 그때 영혼의 갈증을 해결해 줄 사람이 누가 있습니까?

이 세상에는 영혼의 갈증을 해결해 줄 사람이 없습니다. 모두가 다 목마른 영혼의 소유자이기 때문입니다. 고등학생은 자기가 원하는 대학만 가면 갈증이 해결될 것이라고 생각합니다. 그러나 대학생이 되면 취업에 대한 또 다른 갈증이 생깁니다. 취업만 되면 모든 갈증이 해결될 것이라고 생각합니다. 그러나 취업이 되면 결혼에 대한 갈증이 생기고, 결혼을 하면 집 장만에 대한 갈증이 생기고, 그다음에는 진급에 대한 갈증, 성공에 대한 갈증, 건강에 대한 갈증이 계속 따라옵니다. 그러다가 자녀가 고등학교, 대학교에 진학하면 그들과 함께 고민하면서 또 다른 갈증에 목말라 합니다.

때로 문제가 해결되지만 우리 인생의 갈증은 계속 반복되고 있습니다. 여전히 채워지지 않는 갈증으로 인해 어떤 사람은 돈에 빠져 지내고, 어떤 사람은 술에 빠져 지냅니다. 어떤 사람은 인터넷 게임에, 어떤 사람은 도박에, 어떤 사람은 성적 부도덕에 빠져 지냅니다. 최근에 언론의 관심이 집중되고 있는 강남의 버닝썬 클럽 마약 투여 사건이나 성매매 문제, 유명 가수의 성폭행 동영상 유포 등에서 볼 수 있는 것처럼 인간의 욕정을 따라 살아가면서 인생의 갈증을 해결하려고 합니다.

그러나 세상의 것들은 아무리 채우고 또 채워도 갈증을 해결할

내 영혼이 주를 갈망하나이다

수 없습니다. 마치 바닷물을 마시면 마실수록 더 갈증이 나는 것처럼 오히려 갈증은 더 깊어질 뿐입니다. 왜 그렇습니까? 갈증의 원인이 밖으로 드러나는 현상에 있는 것이 아니라 영혼의 목마름에 있기 때문입니다. 영혼의 목마름이 해결되지 않으면 인생의 갈증은 영원히 해결할 수 없는 것입니다. 세상은 우리의 갈증을 해결해줄 능력이 없습니다.

그러면 타는 목마름을 누가 해결해 줄 수 있습니까? 인생의 근본적인 갈증을 해결해 주실 분은 오직 주님밖에 없습니다. 주님만이 인생의 주인이시며 우리의 영원한 생명수가 되시기 때문입니다. 주님은 오늘도 목마른 영혼들을 부르고 계십니다. "누구든지 목마르거든 내게로 와서 마시라 나를 믿는 자는 성경에 이름과 같이 그 배에서 생수의 강이 흘러나오리라"(요 7:37-38). 주님 앞에 나아갈 때 인생의 목마름이 해결됩니다. 주님 앞에 나아갈 때 거기에 참 안식이 있고, 참 만족이 있습니다. 인생의 모든 문제의 해답이 우리 주님께 있습니다. 그러므로 주님 앞에 나아가는 자가 복이 있고, 주님을 갈망하는 자가 영원히 행복을 노래할 수 있는 것입니다. 다윗은 오늘도 이렇게 기도합니다.

"내 영혼이 주를 갈망하며 내 육체가 주를 앙모하나이다"(시 63:1).

인생의 쓴 물을 단 물로

❖ 세상이 참으로 화려합니다. 보암직도 하고, 먹음직도 하고, 지혜롭게 할 만큼 탐스러운 것들이 많은 듯합니다. 그러나 이 세상은 쓴 물로 가득 찬 웅덩이입니다. 쓴 물로 꽉 차 있습니다. 그래서 인간은 태어날 때 '쓴 물' 하고 울음을 터뜨리며, 마지막에 숨을 거둘 때도 '쓴 물' 하고 죽는 것입니다. 좋은 직장에 가도 거기에 쓴 물이 있고, 높은 권좌에 올라가도 거기에 쓴 물이 있습니다. 이 사람을 만나도 쓴 물, 저 사람을 만나도 쓴 물, 모두가 쓴 물 주머니입니다. 나의 심령을 보아도 그렇고, 다른 사람의 심령을 보아도 그렇습니다. 인간은 쓴 물 나는 주머니입니다. 그래서 우리의 심령은 건드리기만 하면 쓴 물이 솟아납니다. 아무리 좋은 것을 소유해 보아도 마찬가지입니다. 인간에게서는 끝없이 쓴 물이 흘러나오고, 그로 인해 이 세상이 탄식하고 있는 것입니다.

한때 어느 여자 가수가 나와서 "세상은 요지경, 요지경 속이다……여기도 짜가(가짜), 저기도 짜가(가짜)" 하며 노래했습니다. 그러다가 '가짜'에게 사기를 당해서 물질적으로 엄청난 손해를 보았습니다. 세상은 온통 가짜가 판친다고 노래해 놓고서 그 가짜에 자신이 속은 것입니다. 이 세상을 보면 여기도 쓴 물, 저기도 쓴 물, 온통 쓴 물 투성이입니다. 잘 사는 나라에 가면 쓴 물이 없을 것 같지만 미국에 가도 쓴 물이 있고, 스위스에 가도 쓴 물이 있습니다. 이 세상에는 어디를 가도 쓴 물이 있습니다.

그러면 어떻게 해야 인생의 쓴 물을 단 물로 바꿀 수 있습니까? 바로 십자가를 바라볼 때 가능합니다. 예수님이 십자가 위에서 내 모든 죄를 지고 죽으심으로 인생의 쓴 물을 단 물로 바꾸어 주셨기 때문입니다.

출애굽기를 보면 이스라엘 백성들이 출애굽 하여 광야를 지나갈 때 사흘 동안이나 물을 마시지 못한 적이 있었습니다. 백성들이 큰 고통을 당했습니다. 그러다가 '마라'라는 곳에 이르러 물을 발견했습니다. 모든 백성들이 기뻐했습니다. 그러나 이스라엘 백성들이 막상 그 물을 마시려고 했을 때는 물이 너무 써서 마실 수가 없었습니다. 백성들이 모두 소리를 쳤습니다. "마라. 마라. 마라!" 이 말은 "쓰다. 쓰다. 쓰다!"라는 말입니다. 물은 물이로되 써서 마실 수가 없었던 것입니다.

그때 하나님의 사람 모세는 하나님께 부르짖어 기도했습니다. 하나님께서 들으시고 모세에게 나무를 물에 던지라고 하셨습니다. 모세가 나무 하나를 물에 던졌습니다. 그러자 순식간에 쓴 물이 단 물로 변했고, 이스라엘 백성들은 단 물을 마시며 하나님을 찬양했습니다. 바로 이것이 마라의 '쓴 물 이적 사건'인데, 여기에 나오는 나무는 다름 아닌 예수 그리스도의 십자가를 상징합니다.

일생 죄악의 쓴 물을 마시고, 쓴 물 속에서 죽어야 하는 우리 인생들을 살리기 위해 장차 예수님이 십자가를 지고 오실 것을 예표하고 있는 것입니다. 하나님께서는 때가 되자 십자가 위에다 아들 예수 그리스도를 내어주셨습니다. 그곳에서 붉은 피를 다 쏟게 하셨습니다. 그리고 그 피로 인간의 죄악을 다 씻어 버리고, 병든 영혼과 육체를 구원하며, 이 땅의 모든 불행을 치료하게 하셨습니다. 이것이 얼마나 감사한 일입니까?

십자가의 은혜는 오늘도 계속되고 있습니다. 그래서 누구라도 인생의 중심에 십자가를 세우기만 하면 인생의 쓴 물이 단 물로 바뀌는 역사가 일어납니다. 괴로운 인생이 평강을 찾습니다. 눈물이 찬송으로 바뀝니다. 불행이 행복으로 바뀌며, 허무가 소망으로 바뀝니다. 신앙생활의 신비가 바로 여기에 있는 것입니다.

성도입니까?

❖ 미국 농담에 '거북이 교인'(Turtle Christian)이라는 말이 있습니다. 교회는 다니지만 신앙생활을 교양 생활처럼 하는 성도들을 일컫는 농담인데, 이 말은 거북이의 두 가지 특징 때문에 생겼습니다.

첫째로 거북이는 오랜 기간을 먹지 않아도 생명을 유지할 수가 있습니다. 일반적으로 몸집이 작은 새는 굶어도 10일 정도는 살 수가 있습니다. 개도 20일은 살 수 있습니다. 사람은 식음을 전폐할 경우 15일 정도 살 수 있습니다. 물론 물만 마시면서 40일을 금식하는 사람들도 있습니다. 그러나 물도 마시지 않으면 15일을 넘기기가 어렵습니다. 그런데 거북이는 무려 500여 일을 먹지 않고도 견딜 수 있습니다. 바로 이런 이유로 하나님의 말씀을 읽지 않고, 묵상하지도 않으면서 신앙인처럼 행동하는 사람을 '거북이 교인'이라고 부르는 것입니다.

교회에 다니며 스스로 그리스도인이라고 말하는 사람들 중에 이런 교인이 얼마나 되는지 정확히 모르지만, 아마 상당히 많을 것으로 생각합니다. 동물들은 육체를 위한 양식만 있으면 살 수 있습니다. 그러나 사람은 영혼이 있기 때문에 영혼을 위한 양식을 먹어야 합니다. 다르게 표현하면, 영의 양식을 먹어야 영적으로 건강할 수 있고 범사에 승리할 수 있다는 얘기입니다.

예수님은 40일 금식 후에 마귀의 시험을 받은 적이 있습니다. "돌들로 떡덩이가 되게 하라"는 시험이 그것입니다. 그때 예수님은 이렇게 말씀하셨습니다. "사람이 떡으로만 살 것이 아니요 하나님의 입으로부터 나오는 모든 말씀으로 살 것이라"(마 4:4). 사실 이 말씀은 구약 신명기 8장 3절에 기록된 말씀입니다. 예수님은 구약의 말씀을 암송하고 있다가 그 말씀으로 마귀의 시험을 물리친 것입니다. 첫 번째 시험뿐만이 아닙니다. 두 번째, 세 번째 시험 역시 모두 다 말씀을 인용하여 물리치셨습니다.

예수님의 마음속에는 하나님의 말씀이 깊숙이 숨겨져 있었습니다. 그래서 마귀가 시험하자마자 그 말씀이 즉각 성령의 검이 되어 마귀를 물리친 것입니다. 말씀을 마음에 두기만 하면 마귀를 이기고, 시험을 이기고, 죄를 이기는 능력을 얻습니다. 말씀이 충만한 자는 절대로 마귀와 싸워서 패배하는 일이 없습니다. 죄악과 싸워서 무릎 꿇는 일이 없습니다. 범사에 하나님의 영광을 높이 드러냅니다. 바로 이것이 말씀 충만해야 하는 이유입니다.

둘째로 거북이의 강력한 목의 힘 때문에 거북이 교인이라는 말이 나왔습니다. 거북이의 목 힘은 워낙 강해서 한 번 등껍질 사이로 집어넣으면 아무리 힘이 강한 사람이 와도 꺼낼 수가 없습니다. 그러나 주변에 불을 피워 조금만 따뜻하게 해주면 몇 분도 되지 않아 금

세 목을 뺍니다. 거북이의 이런 습성에 빗대어서 입맛에 맞는 설교만 좋아하고 헌신에 대해서는 전혀 무관심한 일부 성도들을 가리켜 거북이 교인이라고 말합니다. 진정한 성도는 자기 입맛대로 신앙생활하지 않습니다. 입으로는 "주여, 주여!" 하면서 속으로는 "나여, 나여!" 하며 살아가지 않습니다. 오직 하나님의 뜻을 따라 하나님께서 기뻐하시는 모습으로 살아갑니다.

예수님은 십자가를 앞에 두고서도 이렇게 기도하셨습니다. "아버지여, 내 뜻대로 마옵시고 아버지의 뜻대로 하옵소서." 환경과 형편, 처지에 관계없이 언제나 하나님의 말씀대로 살겠다고 작정한 사람들을 가리켜 성도라고 말합니다. 그렇다면 당신은 하나님께서 인정하시는 '성도'라고 할 수 있습니까?

감사촌과 불평촌

❖ "만약 현재의 인구 통계 비율을 그대로 반영해서 지구를 100명밖에 살지 않는 마을로 축소한다면 어떻게 될까?"라는 이 질문에 대한 답을 일본의 이케다 가요코 씨는 이렇게 정리해놓았습니다.

"그 마을에는 57명의 아시아인과 21명의 유럽인, 14명의 남북아메리카인, 8명의 아프리카인이 있습니다. 그중 52명이 여성이고, 48명이 남성입니다. 70명은 유색인종이고, 30명은 백인입니다. 70명은 비기독교인이고, 30명은 기독교인입니다. 89명은 이성애자이고, 11명은 동성애자입니다. 6명은 전 세계 부의 59퍼센트를 차지하고 있고, 그 6명은 모두가 미국인입니다. 80명은 표준 이하의 거주 환경에 살고 있고, 70명은 문자를 읽을 수 없습니다. 50명은 영양실조에 괴로워하며, 1명은 빈사 상태에 있고, 1명은 지금 막 태어나려 하고 있습니다. 그중 단 1명은 대학의 교육을 받았으며, 단 1명만이 컴퓨터를 소유하고 있습니다."

이렇게 생각하면 좋은 집에서 살고, 먹을 것이 충분하며, 글을 읽을 수 있는 사람만 되어도 아주 특별한 선택을 받은 자라고 할 수 있습니다.

또 다른 측면에서 우리가 얼마나 행복한 사람들인가를 알려 주는 통계가 있는데, 그 내용이 이렇습니다.

"만약 당신이 싸움의 위험이나 투옥되는 고독이나 고뇌, 혹은 굶주림의 비통을 한 번도 체험한 적이 없다면 당신은 세계의 5억 명의 사람들보다 행복한 것입니다. 만약 당신이 괴롭힘을 당하거나 체포, 고문 또는 죽음의 공포를 느낄 일 없이 교회에 갈 수 있다면 당신은 세계의 30억 명의 사람들보다 행복한 것입니다. 만약 냉장고에 식료가 있으며, 집에 입는 옷이 있고, 머리 위에 지붕이 있으며, 잠을 잘 수 있는 장소가 있다면 당신은 세계의 75%의 사람들보다 행복한 것입니다. 만약 은행에 예금이 있고, 지갑에 돈이 있다면 당신은 이 세상에서 가장 유복한 상위 8%에 들어가는 사람이 됩니다. 만약 당신의 부모님이 함께 건재하고 두 분이 아직 함께 살고 있다면 그것은 매우 드문 일입니다. 그리고 지금 이 글을 읽을 수 있다면 당신은 전혀 문자를 읽을 수 없는 온 세상의 20억의 사람들보다 행복한 사람입니다."

깨닫지 못해서 그렇지 우리는 특별한 선택을 받은 사람들이고, 참으로 행복한 삶을 살아가고 있는 사람들입니다. 그러나 많은 사람들이 스스로를 불행하다고 생각합니다. 감사하는 마음이 없으니까 사치스런 불평이나 하면서 한 생을 불행하게 살아가는 것입니다. 사회학자 스탠리는 말했습니다. "요즘 시대는 암보다 더 무서운 질병을 앓고 있는데, 그것이 바로 감사 불감증이다." 우리 시대가 암보다 무서운 질병을 앓고 있는 이유는 감사가 없기 때문입니다.

이 땅에서 일어나는 불행한 사건들은 대부분 감사가 없는 데서 시작됩니다. 일본의 유명한 신학자 내촌감삼도 이렇게 말했습니다. "만일 하나님께서 인간을 저주하신다면 질병이나 실패, 배신이나 죽음으로 저주하는 것이 아니라 감사하는 마음이 전혀 생기지 않는 메마른 심령이 되게 하여 저주를 받게 하실 것이다."

불행은 다른 것이 아닙니다. 감사할 것이 많은데도 감사하지 못하고 사는 것이 불행입니다. 오늘도 우리는 '감사촌에서 살 것이냐, 불평촌에서 살 것이냐?' 하는 선택의 기로에 서 있습니다. 그리고 어떤 곳을 선택하느냐에 따라 행복과 불행이 결정됩니다. 그렇다면 당신은 어디를 선택하시겠습니까? 감사촌입니까, 불평촌입니까?

나는 예수 그리스도의 종이라

❖ 옛날 동독과 서독이 분리되어 있을 때의 이야기입니다. 어느 날 동독에서 살던 개 한 마리가 서독으로 넘어 왔습니다. 그래서 그 개에게 물어 봤답니다. "야, 너는 왜 넘어왔냐? 주인이 밥을 안 주더냐? 아니면 두들겨 패더냐?" "둘 다 아닙니다." "그럼 왜 넘어왔냐?" "예. 마음대로 짖고 싶어서 넘어왔습니다." 동독에서는 개에게도 자유가 없어서 자유를 위해 넘어왔다는 얘기입니다.

하나의 유머지만 자유가 얼마나 소중한지를 깨우쳐 주는 얘기입니다. 지금도 독일 베를린에 가면 베를린 장벽의 일부가 그대로 남아 있습니다. 동서 분단과 냉전 체제의 상징이었던 베를린 장벽이 1989년 11월 9일 붕괴되었지만, 통일과 자유가 얼마나 소중한지를 깨우쳐 주기 위해 일부를 남겨 두어서 전 세계의 관광객들이 그곳을 찾고 있습니다.

두 차례나 그곳에 가 보았는데, 자유를 찾아 목숨 걸고 그 장벽을 뛰어넘었던 사람들의 일화가 지금도 생생하게 전해지고 있습니다. 어떤 사람은 차를 개조해서 몰래 차 속에 들어가 장벽을 넘어오기도 했고, 어떤 사람은 큰 열기구를 타고 공중으로 넘어가려고 했었습니다. 그런가 하면 땅굴을 판 사람도 있고, 사다리를 놓고 넘어간 사람도 있고, 밧줄을 타고 넘어간 사람도 있습니다. 쇼핑백 안에 들어가서 그곳을 넘어가려고 시도한 사람도 있습니다. 그러다가 붙잡혀서 감옥에 들어가고, 수도 없이 총에 맞아 죽었습니다. 동독을 탈출하다 죽은 사람이 얼마나 되는지 정확히 알 수 없지만 일각에서 1,135명이라고 밝히고 있습니다.

"벽 하나만 넘으면 자유다" 하고 생명을 담보로 탈출을 시도했던 그 희생자들을 생각하면 지금도 가슴이 저려 옵니다. 자유를 위해서는 그 어떤 희생도 감수했던 것입니다. 지금도 목숨 걸고 탈북하는 우리 북녘 동포도 마찬가지입니다. 이 세상에 자유보다 더 소중하고 가치가 있는 것이 없습니다.

그러나 자유가 소중하고 귀하지만 자유에 대한 잘못된 가치관을 가지고 살면 오히려 노예보다 더 불쌍한 인간이 될 수 있습니다. 그러므로 자유에 대한 바른 인식이 중요합니다. 참 자유인으로 살아가는 것보다 더 중요한 일은 없습니다. 우리가 아는 대로 자유에는 역설적 의미가 있습니다. 그것이 바로 인간에게는 절대적 자유가 없다는 것입니다. 우리 인간에게는 공간적·능력적 제한이 있기 때문에 절대적 자유는 없습니다. 이것을 알아야 행복하게 살아갈 수 있습니다.

창조주 하나님께서 우리 인간에게 주신 최고의 자유는 선택적 자유입니다. 배운 사람이나 못 배운 사람이나, 부유한 사람이나 가난한 사람이나, 잘난 사람이나 못난 사람이나, 그 누구든지 선택할 자유가 있습니다. 그것이 인간에게 주신 자유의지입니다.

그런데 그 자유의 선택에는 책임이 주어집니다. 예를 들어서 김동문이라는 사람이 박현옥 씨와 결혼을 하는 것은 자유입니다. 누가 뭐라 해도 김동문의 자유의지로 박현옥 씨를 선택하고 결혼을 했습니다. 그러나 일단 그렇게 선택한 후에는 그 결단에 책임을 져야 합니다. 다른 것도 마찬가지입니다. 회사에 취직하거나, 국가공무원이 되거나, 일단 그 무엇인가를 선택한 후에는 그 결단에 책임을 져야 합니다. 이것을 일컬어 책임적 자유라고 말하는 것입니다. 그런 의미에서 궁극적인 자유는 구속적 자유라고 할 수 있습니다.

인간은 누군가에게 종속되어 살아갑니다. 체제든, 권력자든, 국가든, 어떤 신이든, 누군가에게 구속되어 살아갈 수밖에 없습니다. 그렇다면 이제 중요한 문제가 한 가지 남습니다. '내게 주어진 선택적 자유로 누구를 선택할 것인가?' 하는 것입니다. '누구를 주인으로 선택할 것인가?' 하는 것이 참으로 중요합니다. '내가 나 스스로의 주인이 될 것인가, 아니면 하나님을 나의 주인으로 모실 것인가? 세상을 주인으로 모실 것인가, 아니면 하나님 나라를 주인으로 받아들일 것인가?' 하는 선택의 문제가 있습니다. 그리고 이 선택에 따라 결과도 확연히 달라집니다. '자유인이냐, 노예냐?' 하는 것이 나의 선택에 달려 있다는 얘기입니다.

새는 공중에서 자유롭습니다. 그러나 물속에서는 자유가 없습니다. 물속으로 들어가면 죽습니다. 물고기는 물속에서 자유롭습니다. 그러나 물 밖으로 나가면 죽고 맙니다. 자유가 없습니다. 바로 이것처럼 인간은 하나님의 품 안에서만 자유롭고, 하나님의 나라 안에서만 자유롭습니다. 하나님의 나라 밖에서는 죽고 마는 것입니다.

그러므로 나의 자유의지로 어떤 것을 선택할 것이냐 하는 문제가 얼마나 중요한지 모릅니다. 역사의 주관자가 되시고, 인생의 주인 되시는 하나님을 나의 주인으로 모시고 기꺼이 하나님의 종으로 살아갈 때 비로소 참 자유인이 되는 것입니다. 그래서 사도 바울은 오늘도 이렇게 고백합니다.

"나는 예수 그리스도의 종이라. 살아도 주를 위하여 살고 죽어도 주를 위하여 죽나니 그러므로 사나 죽으나 나는 주의 것이로다."

성전 꽃꽂이 헌신을 지켜보며

❖　　　　어느 학교 쉬는 시간에 초등학교 학생들이 각자 부모님 자랑을 시작했습니다. "우리 아빠는 유도가 3단이야." "우리 엄마는 꽃꽂이가 3단이야." "우리 아빠는 운전 실력이 3단이야." 그때 마지막으로 한 아이가 말했습니다. "우리 엄마는 뱃살이 3단이야." 흔히 자랑은 나쁘다는 인식이 있습니다. 그러나 긍정적인 측면에서 생각해 보면 자랑만큼 중요한 문제가 또 없습니다. 어떤 면에서 자랑이 없으면 정신세계에서 이미 죽은 사람이 되기 때문입니다.

　고상한 자랑, 의미 있는 자랑, 겸손한 자랑은 반드시 필요합니다. 교만하지 아니한 자랑, 의미 있는 자랑은 삶을 지탱시키는 힘이 되고, 존재 이유가 되는 것입니다. 우리가 아는 대로 예수 그리스도 안에서 구원받았다고 하는 긍지와 자부심이 없이는 절대 좋은 성도가 될 수 없습니다. 또 내가 다니는 교회가 자랑스러운 교회라고 하는 긍지가 없으면 그것도 불행한 일이 아닐 수 없습니다. 감사하게도 우리 교회는 순천에서 가장 아름다운 교회라고 소문나 있으니까 항상 긍지를 가지고 다녀도 좋을 듯합니다.

우리 교회를 자랑하고 싶은 것이 많이 있지만, 오늘은 특별히 강단 꽃꽂이가 최고라는 것을 널리 자랑하고 싶습니다. 누가 뭐라 해도 우리 교회의 강단 꽃꽂이 장식은 한국 교회에서 최고입니다. 매주 절기를 따라 바뀌는 꽃꽂이 장식은 그 자체가 곧 하나의 예술 작품입니다. 얼마나 아름답고 기품이 있는지 볼 때마다 은혜를 받습니다. 어떤 주일의 꽃꽂이 장식은 너무 좋아서 1년 내내 그냥 두고 보았으면 좋겠다는 생각이 들 정도입니다.

우리가 꽃꽂이 장식을 볼 때마다 은혜를 받고 감동한다는 것은 그만큼 꽃꽂이 장식을 하는 P집사님의 수고가 크다는 말과 같습니다. 매주 하나님께 봉헌할 꽃꽂이 장식을 구상하는 것부터 작품을 완수하기까지 그 수고와 고통은 말로 표현할 수 없을 것입니다. 종종 집사님 내외분과 따님까지 총동원하여 꽃과 장식 도구들을 운반하여 꽃꽂이 하는 모습을 보면 정말이지 보통으로 수고하는 것이 아님을 볼 수 있습니다.

날씨가 추운 겨울에는 언 손을 비벼 가면서 꽃꽂이를 해야 하고, 날씨가 무더운 여름에는 더위와 싸워가며 꽃꽂이를 해야 합니다. 또 무거운 돌이나 화분, 지게, 장식품과 꽃다발을 옮기는 일은 힘 있는 남자 집사님이 도맡아야 합니다. 그래서 남자 집사님은 항상 자신을 일컬어 돌쇠요 마당쇠라고 말하며 웃습니다. 이렇게 보이지 않는 곳에서 매주 강단 꽃꽂이 장식을 위해 헌신하는 집사님 내외분을 생각하면 그렇게 감사할 수가 없습니다.

우리 교회의 보배와 같은 일꾼들이요 숨은 일꾼들입니다. 성경에 나오는 브리스길라와 아굴라 부부처럼 목을 내놓고 헌신하는 하나님의 사람들입니다. 이들을 자랑하고 싶어서 손님이 오면 꼭 본당 지하에 있는 꽃꽂이 장식 준비실로 안내를 하고 집사님 내외분의 수고와 헌신을 자랑하곤 하는데, 손님들은 준비실에 있는 각종 장식 도구만 보고서도 감동을 받습니다.

그런데 꽃꽂이 장식으로 헌신하는 집사님이 또 있습니다. 본당 1층 로비에서 자비량으로 꽃꽂이 장식을 하는 D집사님은 올해 나이가 76세입니다. 그럼에도 불구하고 꽃꽂이 장식을 통해 헌신하고 있는데, 그 작품도 한 주만 보고 폐기하기에는 너무나 아깝습니다. 때때로 남편과 따님의 도움을 받아가면서 몇 시간이고 꽃꽂이 장식을 하는 집사님은 우리 교회의 숨은 일꾼이요, 헌신자입니다.

성전 꽃꽂이는 그 자체가 예배 행위입니다. 꽃꽂이의 꽃은 하나님께 드려진 '제물'입니다. 우리가 희생제물을 드릴 수 없기에 그 상징으로 '절화', 다시 말하면 '끊을 것은 끊고 버릴 것은 버린 후에 가장 아름답고 흠 없는 꽃'을 하나님께 봉헌하는 것입니다. 성전 꽃꽂이를 바라볼 때마다 우리가 그 꽃처럼 하나님께 드리는 제물이 되기를 소원하며, 이름 없이 빛도 없이 헌신하는 주님의 일꾼들을 축복할 때마다 하나님께서 얼마나 기뻐하실까 생각해 봅니다.

덕을 세우라

❖ 어느 구두쇠 집안에 며느리가 새로 들어왔습니다. 며느니는 시아버지에게 고깃국을 맛있게 끓여 드렸습니다. 그런데 맛있게 먹고 난 시아버지가 자초지종을 듣더니 며느리를 친정으로 쫓아버렸습니다. 며느리가 울면서 친정으로 쫓겨가자 빨래터 아낙네들이 그 이유를 물었습니다. "뭘 그리 잘못했다고 쫓겨 가는 거요?" 새댁이 말했습니다. "어제 푸줏간에 가니까 남은 고기를 싸게 줄 테니 떨이 하라고 하더라구요. 그런데 구두쇠 집안 내력도 있고 해서 한참 고기를 사는 것처럼 이리 저리 만지고 주무른 다음에 집으로 뛰어와서 냄비에 물을 받아 고기 만졌던 손을 씻은 물로 국을 끓여드렸지요. 그런데 아버님이 그 손을 가마솥에 씻었으면 온 식구들이 며칠간 고깃국을 먹을 텐데 냄비에 씻어서 한 끼밖에 못 먹었다며, 살림 더 배워 오라고 친정으로 가라고 하지 뭡니까?" 이 말을 들은 동네 아낙들이 이렇게 말했답니다. "그래. 시아버지가 잘했네. 그 손을 동네 우물에 씻었으면 온 동네 사람들이 다 고깃국을 먹었

을 텐데, 그냥 냄비에 씻었어? 그러니 쫓겨나는 게 당연하지."

웃자고 만든 이야기입니다만, 여기에도 한 가지 중요한 교훈이 담겨있습니다. 항상 나 외에 더 많은 사람들을 생각하고, 덕을 세우라는 것입니다. 동물과 사람은 다른 점이 있습니다. 어떤 문제가 터지면 동물은 단순하게 '반응'(reaction)을 보이지만, 사람은 그 문제를 넓게 생각하고 포괄적으로 성찰해 본 다음에 '응답'(response)한다는 점에서 차이가 있습니다.

우리가 아는 대로 성숙한 인간일수록 어떤 사안에 대해 단순 반응을 보이지 않습니다. 언제나 깊이 생각한 후에 아름답게 응답합니다. 그 응답을 통해서 사람들에게 덕을 끼칩니다. 덕을 끼치면 나 때문에 다른 사람들의 믿음이 세워집니다. 나 때문에 다른 사람들이 행복해합니다. 나 때문에 다른 사람들이 용기를 얻습니다. 나 때문에 믿음의 공동체가 더욱 굳건해집니다. 그런 의미에서 우리가 응답을 통해 덕을 끼치고, 은혜를 베푸는 것이 얼마나 중요한지 모릅니다.

많은 사람들이 "아는 것이 힘이다"라는 말을 앞세워 지식만 축적하면 성공할 것으로 생각합니다. 여러 사람으로부터 인정받고 필요한 사람이 되기 위해서는 남들보다 뛰어난 능력이 있어야 한다고 여깁니다. 그러나 그것이 아닙니다. 지식이나 실력은 한계가 있습니다. 단순하게 지식이나 실력이 우리를 성공의 길로 안내하는 것이 아닙니다.

그래서 《손자병법》을 쓴 손무는 이렇게 말했습니다. "용장(勇將)보다 지장(智將)이 낫고, 지장보다 덕장(德將)이 낫다." 작은 전투에서 이기려면 용장이 되고, 전쟁에서 이기려면 지장이 되고, 나라를 얻기 위해 천하 사람의 마음을 얻으려면 덕장이 되라는 얘기입니다. 어디서나 덕장이 사람들의 마음을 얻습니다. 그런 의미에서 나이가 들수록 '똑똑하다'는 소리보다는 '덕이 있다'라는 소리를 들어야 좋은 것입니다. 사람이 아무리 똑똑하고 유능해도 덕이 없으면 존경받지 못합니다.

주님의 종 바울은 고린도전서 8장 1절을 통해 이렇게 강조했습니다. "지식은 사람을 교만하게 만들지만 사랑은 덕을 세운다." 가진 지식 때문에 교만하게 살지 말고 항상 사랑으로 덕을 세우라는 것입니다. 실제로 바울은 음식이 형제를 실족하게 한다면 자기는 영원히 고기를 먹지 않겠다고 선언했습니다. 얼마나 귀한 생각입니까?

사회가 각박해지고 메말라 가는 것은 실력자가 부족해서가 아니라 덕인(德人)이 부족하기 때문입니다. 어느 시대고 덕인(德人)이 필요합니다. 하나님과 사람 앞에서 덕인(德人)으로 살아가는 복이 있기를 바랍니다.

선민의 사명

❖　　　옛날 선교 초기에 있었던 일화입니다. 조선에 들어온 미국인 선교사가 보니까 양반들은 모두 다 머리에 갓을 쓰고 다니는 것입니다. 그 모습이 하도 신기해서 선교사가 한 유식한 양반에게 물어 보았습니다. "사람들이 머리에 쓰고 다니는 것이 뭐요?" 양반이 가르쳐 주었습니다. "갓입니다." 깜짝 놀란 선교사가 말했습니다. "아니 갓이라니요? 영어로 갓(God)이면 하나님인데 조선 사람들은 머리에 하나님을 모시고 다니니 하나님의 영이 이미 그들에게 임했다는 것 아닙니까?"

선교사가 또 물었습니다. "그러면 이 나라 이름이 무엇이오?" 양반은 한자로 글을 쓰며 말했습니다. "朝鮮(조선)이요. 아침 朝(조)와 깨끗할 鮮(선)을 써서 조선이라고 합니다." 선교사는 더욱 깜짝 놀라 "깨끗한 아침의 나라, 모닝 캄(Morning calm)의 나라라는 말이 맞군요" 하면서 조선의 '朝'(조) 자를 풀이해 달라고 부탁했습니다.

양반이 천천히 글자를 쓰면서 설명해 주었습니다. "먼저 '열 십

(十)' 자를 쓰고, 그 밑에 낮이라는 뜻의 '날 일(日)' 자를 쓴 다음에, 또 '열 십(十)' 자를 쓰고, 그 곁에 밤이라는 뜻의 '달 월(月)' 자를 쓰면 '아침 조(朝)'가 되는 것입니다. 다시 말하면 십자가 십(十), 날 일(日), 십자가 십(十), 달 월(月)이 모여서 아침 조(朝)를 이룬다는 얘기입니다." 선교사는 더 놀라서 중얼거렸습니다. "낮(日)에도 십자가(十), 밤(月)에도 십자가(十), 하루 종일 십자가라는 뜻이구나."

선교사가 계속해서 부탁했습니다. "鮮(선) 자도 풀이해 주시오." 양반이 답했습니다. "鮮(선) 자는 '물고기 어(魚)' 옆에 '양 양(羊)' 자를 쓰지요." 선교사가 다시 깜짝 놀라서 말했습니다. "물고기는 초대 교회의 상징인 '익투스'로서 '예수 그리스도는 하나님의 아들'이라는 신앙고백이고, 또 양(羊)은 '하나님의 어린 양'이니 선(鮮) 자는 완전히 신앙고백의 글자입니다. 다시 말해서 조선(朝鮮)이라는 나라는 이름부터가 낮이나 밤이나 십자가만 바라보며 '예수 그리스도는 하나님의 아들이요 우리의 구주이신 어린 양입니다'라는 신앙고백적 이름을 가지고 있는 것입니다. 조선은 과연 하나님께서 예비해 두신 복음의 나라입니다."

감탄을 하면서 선교사가 또 다시 질문을 던졌습니다. "마지막으로 조선 사람을 영어로는 어떻게 쓰나요?" 양반이 가르쳐 주었습니다. "조선 피플(Chosen People)이라고 씁니다." 그러자 선교사가 탄성을 올리며 외쳤습니다. "와우! 선택된(chosen) 사람들(people), 조선은 과연 동방의 선민(選民)입니다." 그럴듯한 재미난 이야기입니다.

그런데 여기에 한 가지 더 가르쳐 주고 싶은 이야기가 있습니다. 우리나라는 다 아는 대로 애국가 속에 "하느(나)님이 보우하사 우리나라 만세"라는 찬양이 들어 있습니다. 이것이 놀라운 일이 아닐 수 없습니다. 이 땅에 기독교 국가가 상당히 많지만 그들의 애국가 속에 하나님의 사랑을 노래하는 말은 단 하나도 없습니다. 그런데 우리나라는 기독교 국가도 아니면서 전 세계에서 유일하게 하나님의 사랑을 노래하는 애국가를 가지고 있습니다. 바로 이것 때문에 우리나라는 하나님의 사랑과 은혜를 받지 않으면 안 된다는 생각을 합니다.

실제로 우리나라는 은혜를 많이 받았습니다. 지구촌에서 가장 작은 나라, 그것도 남과 북이 나누어져 허리가 잘린 나라, 석유 한 방울 나오지 않는 나라가 우리나라인데 세계 10대 경제대국으로 등극한 지 오래되었습니다. 여기에다 한국 교회가 해외에 파송한 선교사는 2만 3천 명을 육박해서 미국 다음으로 선교사를 가장 많이 파송한 나라가 되었습니다. 얼마나 감격스럽고 놀라운 일입니까?

우리나라는 오늘 이 시대의 영적 이스라엘 백성들이요, 하나님의 선민인 것이 틀림없습니다. 그 어느 나라보다 복을 많이 받았습니다. 그렇다면 이제 우리는 하나님의 은혜에 보답하는 삶을 살아야 합니다. 은혜 다음에는 사명이 따라붙기 때문입니다. 저는 오늘도 "하나님이 보우하사 우리나라 만세" 하고 애국가를 부를 때마다 "아멘"으로 화답하면서 사명을 생각합니다.

믿음은 삶을 만들어 간다

❖ 종말론자 한 사람이 예수님이 곧 재림하신다고 날짜까지 들먹이며 주장했습니다. "이제 예수님이 ○월 ○일 ○시에 오십니다. 회개하고 준비하십시오." 그때 장난기 많은 집사님 한 분이 그에게 다가가서 물었습니다. "그럼 선생님은 곧 휴거하겠네요?" 종말론자가 확신에 찬 목소리로 대답했습니다. "네, 그렇습니다. 저는 곧 천국으로 올라갈 것입니다." 집사님이 그에게 다시 물었습니다. "혹시 선생님은 집이 있습니까?" "그럼요. 집 없는 사람이 어디 있습니까?" 그 말을 듣고 집사님이 웃으면서 또 한 번 물었습니다. "그러면 그 집을 제게 주세요. 당신은 휴거하면 집이 필요 없을 것 아닙니까? 저는 아직 여기 살아야 하거든요." 그러자 그 종말론자가 화를 내면서 다른 곳으로 가 버렸다는 이야기가 있습니다.

믿음은 말만이 아니라 삶으로 나타나야 합니다. 정말 자신이 확신하는 날 휴거할 것이라고 믿는다면 집을 주는 것 정도는 쉽게 할 수 있어야 합니다. 만약 그렇게 못 한다면 그 믿음은 진짜 믿음이 아닙니다. 믿는 척하는 가짜 믿음인 것입니다. 그러므로 믿음이 진짜인지 가짜인지는 그 사람의 삶을 보면 알 수 있습니다. 시대를 막론하고 믿음은 언제나 그 사람의 삶을 만들어 갑니다. 진정한 믿음을 가진 사람은 그 믿음으로 생각하고, 그 믿음으로 말하고, 그 믿음으로 일하고, 그 믿음으로 살아가기 때문에 반드시 믿음의 열매를 거두는 것입니다.

사도 바울은 데살로니가 교회를 향해 이렇게 말했습니다. "너희의 믿음의 역사와 사랑의 수고와 우리 주 예수 그리스도에 대한 소망의 인내를 우리 하나님 아버지 앞에서 쉬지 않고 기억함이니"(살전 1:3). 이 말씀을 보면 '믿음의 역사'(work of faith)라는 표현이 나오는데, 참된 믿음은 행함(work)을 통해 드러난다는 것입니다. 결국 행함(역사)이 없는 믿음은 죽은 믿음이라는 얘기입니다. 그렇다면 우리는 항상 믿음이 삶으로 증명되고 있는지를 살펴보아야 합니다.

성도들의 삶은 이 세상에 태어나서 죽기까지의 인생 전체가 믿음입니다. 성경 읽고, 기도하고, 헌금하고, 교회에 봉사하는 것뿐만 아니라 가족을 사랑하고, 친구를 사귀고, 운동하고, 음악 듣고, 한 나라의 국민으로 사는 것이 믿음 생활입니다. 타인을 사랑하고 배려하는 것, 직장에서 일하는 것, 책을 읽고 공부하는 것, 환경을 보호하는 것, 시장에서 물건을 팔고 사는 것, 노래하고 춤추는 것, 남녀가 서로 사랑해서 결혼하는 것, 자녀를 낳아 기르는 것, 세수하고 목욕하는 것, 대화를 나누는 것, 여행하는 것, 가난하고 소외된 사람들을 돌보는 것, 이 모든 것들이 곧 믿음 생활입니다.

그러므로 믿음을 교회 안에 가두어 놓고 살 수 없습니다. 매일매일 숨 쉬는 순간마다 삶을 통해서 믿음의 열매를 거두어야 합니다.

믿음은 온 세상과 역사와 우주 전체를 담아 내는 것입니다. 믿음은 궁극적으로 온 세상과 역사 속에 건설될 하나님 나라를 위해 봉사하는 것으로 직결되어야 합니다. 믿음은 곧 삶입니다. 우리가 믿음을 가지고 있다면 반드시 믿음의 열매를 거두어야 합니다. '믿음 따로, 생활 따로'가 되면 안 됩니다. 말 잘하는 사람이 아닌 삶으로 잘 사는 사람이 성도인 것입니다. 말로는 사람을 알 수 없지만 삶으로는 사람을 알 수 있습니다.

그런 의미에서 믿음은 삶 속에서 지속적으로 표현되어야 합니다. 믿음을 점이 아니라 선이라고 말하는 이유가 여기에 있습니다. 믿는 자는 삶 속에서 하나님이 기뻐하시는 열매를 맺어야 합니다. 하나님께서 기뻐하시는 열매가 없는 믿음은 죽은 믿음입니다. 그래서 참되고 건강한 그리스도인은 날마다 '믿음'이라 써 놓고 그것을 '삶'이라고 읽습니다. 믿음은 오늘도 삶을 만들어 갑니다.

사명자로 사는 사람들

❖ 고 백옥순 권사님은 서울 영암교회에서 '천사'라는 별칭을 가지고 사셨습니다. 그녀가 사람들에게 얼마나 사랑을 베풀고 선을 행했는지 그녀의 별명이 말해 줍니다. 그녀는 천사처럼 착하고 사람들을 많이 도와준 사람으로 유명한데, 아들 4형제를 훌륭하게 키워 낸 사람으로도 소문나 있습니다.

장남 장지일 장로(부인 권혜경 권사)는 건치산업 회장이며 교회에서는 청년부장을 맡아 청년부 부흥에 크게 헌신했습니다. 교인들이 해외 선교 여행을 갈 때는 항상 좋은 물품으로 후원해 주는 하나님의 종입니다. 차남 장지우 장로(치과의사, 부인 안혜원 권사)는 신학생들과 유학 중인 목회자들에게까지 장학금을 주면서 격려해 주는 하나님의 사람입니다. 또 선교사들뿐만 아니라 목회자 가족들을 지성으로 섬기는 하나님의 종으로 이름나 있습니다. 여름철 청년부 수련회 기간 중에는 시골 벽촌 마을 의료 봉사에 필요한 모든 의료기구를 지원하며 간호사까지 동원하여 의료 봉사로 헌신하는 장로입니다.

3남 장지수 집사(부인 유현주 집사)는 김포 우리들병원의 병원장으로 일하고 있는데, 그 역시 주님의 몸 된 교회를 섬기는 데는 일등입니다. 사람들을 널리 돕고 항상 겸손하게 헌신하는 하나님의 종입니다. 4남 장지철 장로(부인 신수희 집사)도 치과의사로서 형들과 똑같은 정신으로 의료 선교에 헌신하는 사람입니다. 선교하고 봉사하는 일에 앞장서서 하나님의 영광을 높이 드러내는 하나님의 신실한 종입니다.

　특히 이들 형제는 3남을 제외한 3형제가 모두 다 한 교회에서 장로로 헌신하고 있으니 놀라운 일이 아닐 수 없습니다. 아마 한국 교회에서는 이런 유례를 찾아보기가 어려울 것입니다. 한 알의 밀이 땅에 떨어져 죽으면 많은 열매를 거둔다고 했는데, 백옥순 권사님은 참으로 아름다운 열매를 많이 거두었습니다. 자녀들 모두 의사라서가 아니라 자녀들이 하나님의 은혜에 감사하여 하나같이 사명자로 살기 때문입니다.

　이 땅에서 사명자로 사는 사람은 행복한 사람입니다. 한 가정의 부모이든 자식이든 삶의 자리에 관계없이 사명자로 사는 사람이 복된 인생인 것입니다. 하나님께서 주신 이 세상은 우리의 놀이터가 아니라 일터입니다. 하나님께서 나를 이 땅에 보내실 때에는 반드시 사명도 주십니다. 아무런 의미도 없이 이 세상에 보냄을 받은 자는 단 한 명도 없습니다. 그러므로 사명을 찾고 사명 따라 살아가는 것이 얼마나 중요한지 모릅니다.

　미국 토크쇼의 여왕 오프라 윈프리는 미국을 움직이는 가장 영향력 있는 100명 중 1위로 선정된 적이 있는 여성이며, 10억 달러의 재산을 가진 억만장자입니다. 원래 그녀는 작은 시골 마을에서 사생

아로 태어났고, 9세에 성폭행을 당했으며, 14세에 아이까지 낳았습니다. 20대에는 마약에 손을 댔고, 비만으로 100킬로그램의 몸무게를 못 이겨 고통을 당했습니다. 그럼에도 불구하고 그녀는 기도하고 성경을 읽으면서 하나님을 만났고, 자신의 사명을 깨달아 포기하지 않고 열심히 노력한 결과 오늘의 유명 인사가 된 것입니다.

그녀는 자신의 자서전 《이것이 사명이다》에서 네 가지 사명을 이렇게 말하고 있습니다. "남보다 더 가졌다는 것은 축복이 아니라 사명이다. 자기보다 못한 사람을 도와주어야 할 책임이 있기 때문이다. 남보다 큰 아픔이 있다면 그것은 고통이 아니라 사명이다. 아파 본 사람만이 아픔을 겪는 이를 도울 수 있기 때문이다. 남보다 설레는 꿈이 있다면 그것은 망상이 아니라 사명이다. 그 꿈을 이룸으로써 이웃을 위해 봉사할 수 있기 때문이다. 남보다 부담되는 어떤 것이 있다면 그것은 사명이다. 사명을 다하지 못해서 오는 부담이기에 그것을 피하지 않고 기꺼이 그 부담을 사명으로 여기고 감당해야 하기 때문이다."

가난함도, 부유함도, 꿈도, 근심도 자신에게 부담되는 모든 것을 사명으로 만들었고, 그 사명감이 오늘의 자신을 만들었다고 하는 오프라 윈프리의 철학이 오늘도 우리에게 큰 감동을 줍니다.

지금 생수를 마시라

❖   어느 초등학교 음악 시간에 있었던 일화입니다. 선생님이 먼저 피아노의 건반을 치면 학생들은 선생님을 따라서 각자의 멜로디언을 치는 수업을 했습니다. 처음에 선생님이 건반의 '도'를 쳤습니다. 학생들도 선생님을 따라서 '도'를 쳤습니다. 그 다음에 선생님이 '레'를 치니까 학생들 역시 일제히 '레'를 쳤습니다. 그리고서 이제 선생님이 '미'를 치려는 순간인데 누군가가 먼저 멜로디언으로 '미'를 쳐 버렸습니다. 그때 선생님이 벌떡 일어나면서 소리를 쳤습니다. "누구야? 미-친 놈 나와!" 그러자 철수라는 아이가 얼굴이 벌개져서 이렇게 말했습니다. "제가 미 쳤는데요." "네가 미 쳤냐?" "예. 제가 미 쳤습니다." 철수는 졸지에 미친(?) 사람이 되고 말았다는 우스운 얘기가 있습니다.

그런데 요즘 진짜로 미친 사람들이 많습니다. 정신과적으로 미친 사람, 돈에 미친 사람, 권세에 미친 사람, 쾌락에 미친 사람, 인기에 미친 사람, 도박에 미친 사람, 하다못해 술에 미친 사람까지 제정신이 아닌 사람들이 많습니다. 이렇게 사람이 좋지 않은 쪽으로 미치면 그 열매가 좋지 않습니다. 정신과적으로 미치면 정상적인 삶을 살아가기가 힘듭니다. 본인도 힘들지만 주위에 있는 사람 모두가 힘들게 살아가야 합니다.

돈에 미치면 사람이 유치해지고 추해지고 인정이 없어집니다. 인간미를 다 잃어버립니다. 그리고 인기에 미치면 불안과 긴장에서 벗어나질 못합니다. 계속해서 인기를 누리기 위해 전전긍긍합니다. 그러다가 인기가 추락하면 견디지 못하고 끝내 파멸로 치닫는 사람도 있습니다.

술도 그렇습니다. 지금까지 술에 미친 사람치고 아름답고 우아하게 사는 경우를 본 적이 없습니다. 술에 미쳐서 동물처럼 아무 데서나 방뇨하고, 소리 지르고, 음주 운전하고, 싸우는 것은 많이 보았지만 아름다운 모습은 본 적이 없습니다. 그런데도 우리나라에는 술에 미친 사람이 많습니다. 우리나라가 세계 1위를 하는 것이 많은데, 1인당 술 소비량도 세계에서 1등입니다. 술 마시는 사람들에게 왜 그렇게 술을 많이 마시냐고 물어 보면 대답이 다 같습니다. "아이고, 이 험한 세상을 어떻게 제정신으로 살아갈 수 있습니까? 견딜 수 없어서 술을 마십니다."

영혼의 갈증으로 인한 몸부림이라는 고백입니다. 사람들의 내면을 들여다보면 모두 다 영혼의 갈증이 원인입니다.

도박 역시 마찬가지입니다. 흔히 도박에 미쳐 사는 이유가 돈 따기 위해서라고 말합니다. 그러나 근본적인 이유는 돈 때문이 아닙니다. 돈이 목적이라면 돈을 땄을 때 그만 두어야 하는데 도박하는 사람들은 돈을 따도 헤어나지 못하고, 돈을 잃어도 헤어나질 못합니다. 평생 도박판에서 벗어나질 못합니다. 그래서 세계적인 문호 도스토예프스키도 이런 말을 남겼습니다. "도박을 왜 하느냐? 그것은 돈 때문이 아니라 영혼의 깊은 목마름 때문이다."

인간은 영혼의 목마름을 해소하지 못하면 무언가에 미쳐서 살게 되어 있습니다. 돈에 미치든지, 술에 미치든지, 도박에 미치든지, 아니면 인기에 미치든지 무언가에 미쳐 살게 되어 있습니다. 그런데 그 결과는 어떻습니까? 피곤함과 불안과 갈증뿐입니다. 그러면 인간 스스로 해결할 수 없는 갈증과 목마름을 어디서 해결해야 합니까? 석가모니가 해결해 줍니까? 아니면 공자가 해결해 줍니까? 아무도 해결책을 제시하지 못했습니다.

그러나 주님은 오늘도 우리에게 말씀하십니다. "누구든지 목마르거든 내게로 와서 마시라 나를 믿는 자는 성경에 이름과 같이 그 배에서 생수의 강이 흘러나오리라"(요 7:37-38). 인간의 역사 가운데 이렇게 장엄하고 분명한 메시지를 가지고 사람들을 초청한 분이 없습니다. 우리를 죄와 사망 가운데서 건져 주신 예수님 외에는 아무도 없었습니다. 오직 예수님만이 인생의 갈증을 해소시켜 줄 수 있는 유일한 생수가 되시는 것입니다. 지금 영원한 생수를 마시지 않겠습니까?

하나님을 볼 수 있는 사람

❖ 곤충 중에서 가장 죄가 많은 곤충은 파리라는 얘기가 있습니다. 허구한 날 두 손을 비비면서 용서를 구하는 것을 보면 틀림없이 지은 죄가 많아 그렇다는 것입니다. 그러나 유머는 유머일 뿐 파리는 그런 뜻에서 손을 그렇게 열심히 비벼 대는 것이 아닙니다. 파리를 자세히 들여다보면 끊임없이 두 팔로 얼굴의 대부분을 다 차지하고 있는 눈을 닦습니다. 파리의 눈은 여러 개의 눈이 합쳐진 겹눈입니다. 겹눈에 먼지라도 앉으면 눈앞의 먹잇감이나 자기를 죽이려는 적들의 모습이 여러 개로 겹쳐 보입니다.

그렇기 때문에 많은 낱눈들을 하나하나 깨끗하게 닦아 주어야 합니다. 반들반들하게 윤이 날 정도로 열심히 닦아 주어야 합니다. 스스로 살아남기 위해서 쉬지 않고 눈을 닦아 청결을 유지하는 것입니다. 그 덕분에 이 세상의 곤충 중에서 눈이 가장 맑은 곤충은 파리라고 하는 명성을 얻고 있습니다.

예수님이 말씀하신 팔복을 보면 "마음이 청결한 자는 복이 있나니 그들이 하나님을 볼 것임이라"라고 했습니다. 파리가 눈을 닦는 것처럼 사람들도 열심히 마음을 닦아서 청결해지면 그때 하나님을 볼 수 있다는 것입니다. 여기서 '청결'이라고 하는 단어의 헬라어는 '카타로스'입니다. 이 말은 여러 가지 물리적 의미를 가지고 있는데, 그 의미가 다음과 같습니다.

첫째, 잘 세탁된 깨끗한 옷을 의미합니다. 둘째, 겨나 쭉정이를 깨끗이 제거한 순전한 알곡을 의미합니다. 셋째, 물이나 다른 불순물이 전혀 섞이지 아니한 우유 또는 포도주를 의미합니다. 바로 이것이 청결입니다. 청결은 결코 '무(無)'를 뜻하지 않습니다. '없는 것, 빈 것, 공허함'을 말하는 단어가 아니라는 얘기입니다. 청결은 '빈 마음'(empty)이 아니라 오히려 '단순'(simple)이라는 뜻을 가지고 있는 말입니다. 그러니까 청결은 '오직 한 마음으로 집중하며 단순하게 살아가는 것'을 의미하는 말이라고 할 수 있습니다.

그런 의미에서 우리는 스스로 마음이 청결한 사람인지 그렇지 않은지를 늘 살펴보아야 합니다. 무조건 교회에 열심히 나온다고 청결해지는 것은 아닙니다. 교회에 나오는 동기가 순수할 때 청결한 심령이 되는 것입니다. 정치적인 이유나 세속적인 욕구를 채우기 위한 것이 동기라면 절대로 청결한 마음을 가질 수가 없습니다.

오직 그릇된 동기들이 깨지고 순수하게 될 때 비로소 하나님을 볼 수 있는 것입니다. 또 무조건 기도를 많이 한다고 해서 청결해지고 응답 받는 것이 아닙니다. 기도 역시 기도의 자세가 중요합니다. 기도의 자세가 이방 종교적이거나 비성서적이고 세상적인 욕망에 사로잡혀 있는 상태라면, 기도를 아무리 열심히 해도 하나님을 만날 수가 없는 것입니다.

지혜의 왕 솔로몬은 하나님께서 "너는 내게 구하라. 내가 네게 무엇을 줄꼬?"라고 말씀하셨을 때 오직 한 가지 '지혜로운 마음'을 구했습니다. 그 단순한 기도가 하나님의 마음에 꼭 맞았기에 즉각 응답 받고 큰 복을 받았던 것입니다. 우리의 소원과 기도의 제목도 청결해야 응답을 받습니다.

그리고 구제나 선행이나 교회 생활 전체가 항상 청결해야 합니다. 잡스러운 생각이나 세속적 욕망 등이 전혀 섞이지 아니한 깨끗한 동기를 가지고 살아갈 때만 하나님을 볼 수 있고 축복의 길로 갈 수 있는 것입니다.

그러면 어떻게 해야 마음이 청결해집니까? 다시 말하지만 청결은 비운다는 뜻이 아닙니다. 오직 한 가지 단순한 마음을 가지는 것을 의미합니다. 그러므로 복잡한 마음을 단순화하고, 땅으로 기우는 마음을 하늘을 향하게 하며, 허탄한 것을 따라가는 마음을 순전한 진리로 향하게 하고, 자기중심적인 동기에서 하나님 중심으로 마음을 바꾸면 심령이 청결한 사람이 되는 것입니다.

당신은 지금 청결합니까? 하나님과 세상에 양다리 걸치고 사는 한 절대로 청결한 사람이 될 수 없고, 하나님을 볼 수도 없습니다.

잃어버린 영혼을 찾읍시다

❖ 요즘 많은 이들이 즐겨 부르는 찬양 중에 "나 주님의 기쁨 되기 원하네"라는 복음성가가 있습니다. 그 찬양의 노랫말이 이렇습니다.

나 주님의 기쁨 되기 원하네
내 마음을 새롭게 하소서
새 부대가 되게 하여 주사
주님의 빛 비추게 하소서
내가 원하는 한 가지
주님의 기쁨이 되는 것
내가 원하는 한 가지
주님의 기쁨이 되는 것

특히 후렴을 보면 이렇게 노래합니다. "내가 원하는 한 가지 주님의 기쁨이 되는 것. 내가 원하는 한 가지 주님의 기쁨이 되는 것."
참으로 귀한 신앙고백이 아닐 수 없습니다. 자신이 오직 주님의 기쁨이 되기를 원한다는 것입니다. 그러면 내가 주님의 기쁨이 되고, 주님을 기쁘시게 하기 위해서 어떻게 살아야 합니까? 이 질문에 대한 답이 분명해야 우리가 주님을 기쁘시게 할 수 있습니다. 하나님께서 우리에게 가장 바라시는 것을 사람들마다 조금씩 다르게 말할 수 있습니다. '하나님은 우리에게 진정한 예배를 원하실 것이다.' '하나님은 우리에게 진정한 순종을 원하실 것이다.' '하나님은 구제와 봉사를 원하실 것이다.' '하나님은 우리가 화평하게 살아가는 것을 가장 원하실 것이다.'

　이 모든 대답이 틀린 답은 아닙니다. 그러나 완전한 답변이라고는 할 수 없습니다. 하나님께서 우리에게 가장 바라시는 것은 영혼 구원이기 때문입니다. 하나님께서는 잃어버린 영혼들을 건져 내서 구원시키는 것을 가장 기뻐하십니다. 지금도 죄악의 물결에 휩쓸려 멸망의 길로 가는 영혼들이 많은데 우리들의 전도를 통해서 그들을 하나님께로 인도하기를 가장 원하시는 것입니다. 그러므로 전도하지 않고 하나님을 기쁘시게 할 수 없습니다. 전도하지 않고 하나님을 만족시켜 드릴 수가 없습니다. 전도하지 않고 사명을 다했다고 말할 수 없는 것입니다.

　잭 하일스 목사님은 전도에 대해서 아주 재미난 비유를 들었습니다. 소방대원들에게 가장 시급한 일은 바로 불을 끄는 것입니다. 그러나 소방대원들이 항상 불만 끄지 않습니다. 그들에게는 평소에 여러 가지 일들이 맡겨집니다. 어느 대원에게는 청소를 시키고, 어느 대원에게는 서류 정리를 맡기고, 어느 대원에게는 페인트칠을 맡기

기도 합니다. 그러다가 어느 건물에 화재가 발생했다는 방송이 나오고 출동 사이렌이 울리면 그들은 즉각 뛰쳐나가야 합니다. 그때는 "아이고, 저는 아직 서류 정리를 다 못해서 출동할 수가 없습니다" 하고 말할 수 없습니다. "저는 페인트칠할 것이 남았기 때문에 출동할 수 없습니다" 하고 말할 수 없습니다. 만약 그런 대원이 있다면 즉시 무서운 책망을 받고, 옷을 벗어야 할지도 모릅니다. 소방대원의 가장 중요한 임무는 화재를 진압하는 것이기 때문입니다.

그런데 우리 교인들 중에 이런 태도로 살아가는 사람들이 얼마나 많은지 모릅니다. 하나님께서 가장 원하시는 것이 전도이고 전도할 때 가장 기뻐하시는데, 우리는 이 사명을 회피할 때가 많습니다. 통계에 의하면 전 세계의 그리스도인 중에 평생 동안 한 사람도 전도하지 못하고 죽는 경우가 무려 85퍼센트나 된다고 합니다. 겨우 15퍼센트의 교인들만이 전도를 한다는 얘기입니다. 그렇다면 오늘 나는 85퍼센트에 속하는 신자인지, 아니면 15퍼센트에 속하는 신자인지 한 번 돌아보아야 합니다.

누가복음 15장에는 연속해서 세 개의 비유가 등장하고 있습니다. 잃은 양의 비유, 잃어버린 은전의 비유, 잃어버린 아들의 비유가 그 것들입니다. 그런데 이 세 가지 비유가 모두 다 죄인이 회개하고 돌아오는 일에 하나님께서는 가장 큰 관심을 갖고 계신다는 메시지를 전하고 있습니다. 하나님께서 가장 기뻐하시는 일은 다름 아닌 전도에 있습니다. 불신자들을 전도하여 하나님께로 인도하는 것을 가장 기뻐하십니다. 사실 예수님도 이 땅에 전도하러 오셨습니다. 그분 예수님께서 오늘도 우리에게 말씀하십니다.

"너희는 온 천하에 다니며 만민에게 복음을 전파하라"(막 16:15).

잃어버린 영혼을 찾읍시다

긍정의 신앙을 가지라

❖ 물컵이 있습니다. 물이 반절 차 있습니다. 이 물을 마실 때 사람들은 크게 나타나는 두 가지로 반응합니다. 평소에 부정적인 사고로 살아가는 사람은 이렇게 말합니다. "아이고, 물이 반절밖에 없네. 정말 인생 짜증난다." 그러나 평소에 긍정적인 사고로 살아가는 사람은 이렇게 말합니다. "야, 물이 반절이나 남아 있구나. 할렐루야! 하나님, 감사합니다." 똑같은 자리, 똑같은 상황에서도 이렇게 차이가 날 수 있습니다.

그러면 어떤 사람이 복을 받고 어떤 사람이 인생살이에서 성공하겠습니까? 두말할 것도 없습니다. 하나님께서는 긍정적인 사고를 가지고 살아가는 사람에게 항상 행복을 노래하게 하시고, 모든 일에 승리를 주십니다. 하나님께서 귀하게 쓰신 사람들도 언제나 긍정적인 신앙을 가지고 살았던 자들입니다. 삶의 자리가 어려워도 하나님을 믿고 항상 밝은 쪽을 바라보고 살았던 사람들에게 하나님께서는 길을 열어 주시고, 기적을 체험하게 하시고, 고난을 축복으로 바꾸어 주셨습니다.

　바울과 실라가 복음을 전하기 위해서 마케도니아의 빌립보 성에 들어갔습니다. 그곳에서 전도를 하다가 귀신 들린 여자 하나를 고쳐 주었습니다. 그때 그 여자를 이용하여 돈벌이를 하던 사람들이 바울과 실라를 고소했습니다. 관청에 끌려간 두 사람은 흠씬 두들겨 맞았습니다. 피투성이가 되어 감옥에 들어갔습니다.

　그러나 바울과 실라는 실망하거나 원망하지 않았습니다. 평소의 습관대로 주님을 바라보았습니다. 그들을 가로막은 철장을 바라본 것이 아니라 위에 계신 주님을 바라보았습니다. 능력의 주님께 기도했습니다. 주님을 찬미했습니다. 삶의 자리에 어둠이 깊게 드리워졌어도 두 사람은 그 어둠의 그림자를 바라보지 않았습니다. 어둠 너머에 계시는 주님, 빛으로 오신 주님만을 바라보며 찬송했습니다.

　그때 어떤 역사가 일어났습니까? 감옥 문이 열리는 기적이 일어났습니다. 감옥을 지키는 간수와 그의 전 식구들이 구원받는 역사가 일어났습니다. 바로 이것이 긍정의 신앙을 가진 사람들에게 주시는 주님의 축복입니다.

　주님은 긍정적인 신앙을 가진 자를 축복하십니다. 주님의 능력을 덧입혀 주십니다. 기적을 체험하게 하십니다. 행복을 노래하게 하시고, 감사가 넘치게 해주십니다. 그러므로 긍정적인 신앙을 가지고 사는 사람은 항상 승리하고 복을 받습니다. 어떤 사물에 빛이 비치면, 한쪽은 밝고 그 반대편은 그림자가 생겨서 어둡습니다.

　우리의 인생도 마찬가지입니다. 인생의 명암은 항상 교차하게 되어 있습니다. 그때 어느 쪽을 바라보고 살아가느냐에 따라서 삶의 내용이 달라집니다. 늘 밝은 쪽을 보고 감사하며 긍정적인 생각으로 살아가는 사람은 그 생각대로 모든 일에 승리합니다. 합력하여 선을 이룹니다. 감사가 넘쳐납니다. 그러나 습관적으로 어두운 쪽만 보고 사는 사람은 얼굴도 어둡고, 시험도 잘 들고, 낙심도 잘하고, 범사에 실패합니다.

그러므로 우리는 어디를 가든지 밝은 쪽을 보는 습관을 가져야 합니다. 항상 긍정적인 신앙을 가지고 살아야 합니다. 감사할 조건을 먼저 찾아야 합니다. 이것이 복 받는 삶의 비결입니다.

엿과 교회

❖ 흔히 안 좋은 뜻으로 사람들에게 욕을 할 때 "엿 먹으라"는 말을 씁니다. 이 말이 욕이 된 유래가 있습니다. 우리나라에서 1964년 12월 7일에 전기 중학교 입시 시험을 시행했는데, 그때 나온 문항 중에 이런 문제가 있었습니다. "엿기름 대신 넣어서 엿을 만들 수 있는 것은 무엇인가?" 그 당시 정답으로 채점된 것은 '디아스타제'였습니다. 그러나 4개의 보기 중 하나가 무즙이었고, 그 무즙으로도 엿을 만들 수 있다는 얘기가 알려지면서 항의가 일어났습니다. "무즙으로도 엿을 만들 수 있는데 왜 디아스타제만 정답으로 인정하느냐?" 학부모들이 들고 일어났고, 결국 무즙을 답으로 써서 낙방한 학생의 학부모들은 이 문제를 법원에 제소하기에 이르렀습니다.

그래도 항의가 제대로 받아들여지지 않자 어머니들이 무즙으로 엿을 만들어 가지고 대입과 관련된 모든 기관에 찾아가서 엿을 들이밀었습니다. 문교부와 교육청, 대학 등을 찾아가 무즙으로 만든 엿을 먹어 보라고 하면서 솥을 들고 나와 시위를 벌인 것입니다. "야, 엿 먹어라! 이게 무즙으로 만든 엿이다! 빨리 나와서 엿 먹어라! 엿 먹어라!"

이 엿 사건이 언론에 보도되면서 사회적으로 큰 문제가 되었습니다. 결국 그 당시의 김규원 서울시 교육감과 한상봉 문교부 차관 등이 사표를 내고, 6개월이 지난 후에 무즙을 답으로 써서 떨어진 학생 38명을 정원에 관계없이 전원 경기중학교 등에 입학시키는 조건으로 문제가 수습되었습니다. 그런데 이 엿 사건이 사람들 사이에 회자되다가 끝내 욕설로 남게 되어 지금까지 돌아다니는 것입니다.

사실 이 사건에서 엿은 아무런 죄가 없습니다. 그 사건 이전에도 엿은 엿이고, 그 사건 이후에도 엿은 엿일 뿐입니다. 하지만 "엿 먹어라!"고 하는 말은 여전히 험악한 말로 사용되고 있습니다. 그렇다면 엿의 입장에서는 아무런 잘못도 없이 욕의 대명사가 되었으니 보통 억울한 일이 아닐 것입니다.

그런데 요즘 한국 사회에서 교회를 바라보고 대하는 인식도 엿 사건과 비슷한 점이 있습니다. 한국 사회가 교회를 향해서 많은 비난을 퍼붓습니다. 교회를 폄하하고, 독설을 퍼붓고, 조롱하는 사람들이 있습니다. 그러나 꼼꼼히 따져 보면 교회가 사회에 잘못한 것보다는 잘한 것이 얼마나 많은지 모릅니다. 지금까지 수도 없이 많은 학교를 세우고, 병원을 세우고, 고아원이나 양로원, 요양원 등 사회복지기관을 세워서 이 사회에 큰 공헌을 해오고 있습니다. 사회를 섬기고 봉사하는 일에 있어서는 불교나 천주교, 원불교 등 다른 종교가 따라오지를 못합니다. 수많은 인재를 길러 내고, 환자들을 치료해 주며, 사회적 약자들을 섬기는 일의 대부분은 우리 교회가 담

당하고 있습니다.

2009년도에 조사한 '한국 주요 종교의 사회 기여도' 통계를 보면 다음과 같습니다. 대북 인도적 지원이 기독교가 51.1퍼센트, 천주교가 1.7퍼센트, 불교는 1.2퍼센트입니다. 해외 인도적 지원은 기독교가 64.9퍼센트, 천주교가 3.4퍼센트, 불교가 1.5퍼센트입니다. 헌혈자는 기독교가 82.4퍼센트, 천주교가 10.5퍼센트, 불교와 원불교가 합해서 1.41퍼센트입니다. 또 종교별 사회복지재단을 통한 사회 기여 현황을 보면, 2009년 9월 기준으로 414개 복지관 중에서 개신교가 45퍼센트(188곳), 천주교가 12퍼센트(49곳), 불교와 원불교가 15퍼센트(63곳)로 나왔습니다.

이 모든 것을 종합해 보면 기독교의 우리나라 사회 기여도는 무려 80퍼센트 이상을 차지하고 있다고 볼 수 있습니다. 그럼에도 불구하고 우연찮게 발생하는 대형 사건과 사고 한둘에 의해서 한국 교회 전체가 욕을 먹고 있는 경우가 많습니다. 그런 의미에서 우리 교회는 지금 시련의 골짜기를 지나가는 시기가 아닌가 하는 생각을 해봅니다.

엿이 욕할 때 쓰이는 말이 되었지만 엿은 여전히 엿인 것처럼, 교회 역시 누가 뭐라 해도 하나님의 사랑을 널리 증거하는 신앙 공동체입니다. 교회는 시대에 관계없이 환경에 관계없이 언제나 세상의 소금이 되고, 빛이 되어야 진정한 교회라고 할 수 있는 것입니다.

교회가 본질로 돌아가야

❖ 최근의 통계에 의하면 2016년 한 해 동안 대한예수교장로회 총회 산하 교인수가 5만 8,202명이 감소했습니다. 이는 100명이 모이는 교회로 환산하면 582개 교회가 사라졌다는 것입니다. 교인 수 감소와 함께 교회의 재정도 상당히 감소한 것으로 나타났습니다. 이는 타 교단도 마찬가지입니다. 한국 교회 전체가 교인 수나 재정면에서 하락세를 보이고 있습니다. 특히 이번 교세 통계에서 교회학교가 큰 폭으로 감소한 부분은 한국 교회의 미래를 더욱 어둡게 하고 있습니다.

교회도 늘고 목회자도 늘어 가는데, 성도는 오히려 줄고 있는 현상이 일어난 것입니다. 그동안 엄청난 교세를 자랑하며 외부의 비난에도 아랑곳 않고 '우리만의 세계'가 있다고 자신했던 한국 교회가 이렇게 추락하고 있는 원인이 어디에 있습니까?

먼저 목회자들과 성도들의 물질 만능주의가 원인입니다. 주일예배 참석자 수로 목회의 성공을 따지는 물량주의에 젖은 성장 위주의 목회와 평가가 오늘의 병폐를 낳은 것입니다. 성장이 나쁜 것은 아닙니다. 그러나 한국 교회가 추구한 성장은 건강하지 않았습니다. 예수 정신은 없고 물질만을 따르는 기업 교회로 변질한 것이 문제라는 얘기입니다. 교회가 마치 기업처럼 운영되는 것은 대형 교회에만 해당되는 것이 아닙니다. 크고 작은 교회들이 조직 관리와 각종 리더십 프로그램을 도입하며 기업형 성장을 추구해 왔습니다.

일반 기업과 같이 자산 규모(교회 크기)와 직원 및 종사자 수(성도 수), 매출액(헌금)과 급여 수준(사례비)으로 교회를 평가했습니다. 교회의 깊은 영성과 건강성을 논하기에 앞서 물량적 잣대만을 들이대기 시작한 것이 문제라는 지적입니다.

다음으로 한국 교회가 추락하는 데에는 교인들의 말과 행동이 일치하지 못한 것도 원인입니다. 예수 그리스도의 가르침을 설교와 말로는 열심히 외쳤지만 언행일치가 안 되었던 것입니다. 특히 일부 목회자들의 횡령과 성추문, 권력욕, 이권 다툼, 세습욕은 한국 교회 전체에 큰 타격을 주었습니다. 교인들 역시 말씀대로 살지 못하고 온갖 비리에 연루되어 세상 사람들의 조롱을 받는 일이 비일비재하면서 사회가 더 이상 교회를 신뢰하지 않게 된 것입니다.

기독교윤리실천운동이 설문조사를 하고 발표한 바에 의하면, 실추된 한국 교회의 신뢰를 회복하기 위해서는 윤리와 도덕성 회복이 가장 시급하다고 강조합니다. 우리 사회는 교회가 하는 구제와 봉사보다 교회 스스로의 자정을 더 시급히 요구하고 있다는 것입니다.

그러면 우리 교회는 이런 위기를 어떻게 극복해야 합니까? 한마디로 말해서 교회의 본질로 돌아가면 해결은 간단합니다. 예수 중심의 복음이 없이 온갖 기교와 기술적 성장 프로그램만으로는 한계가 있습니다. 그런 의미에서 영혼을 살리고 회복시키는 복음을 교회 안에 바로 세우는 것이 가장 시급한 과제라고 할 수 있습니다. 교회 건물도 없고 신학도 없던 초대교회로 돌아가 오직 믿음, 오직 말씀, 오직 그리스도, 오직 사랑, 오직 은혜로 충만하여 교회의 본질에 충실하면 교회는 회복될 것입니다.

더 나아가서 우리 교인들은 하나님과 사람들 앞에서 훌륭한 인격과 도덕성을 갖추고 말과 행동에 일관성을 가져야 합니다. 보이는 신자를 못 믿겠는데, 보이지 않는 하나님을 어떻게 믿을 수 있느냐는 뼈아픈 지적을 귀담아 들어야 하는 것입니다. 교회가 본질로 돌아가기만 하면 아직도 희망은 있습니다.

예배자의 옷차림과 자세

❖ 결혼을 축하하기 위해 결혼식장에 가는 사람들은 하나같이 의상에 신경을 씁니다. 평소 운동할 때 입는 옷이나 작업복을 입고 가는 사람은 없습니다. 결혼식에 갈 때는 특정한 옷을 입어야 한다는 규율을 정한 것이 아니지만 좋은 옷을 입어야 하는 것을 불문율처럼 여깁니다. 특히 결혼식장에서 처음으로 인사할 새 가족들을 염두에 둔 친척들은 새 옷을 마련하기까지 합니다.

그런데 우리 성도들에게는 결혼식장에 가는 것보다 더 깨끗한 옷차림을 준비해야 할 때가 있습니다. 바로 하나님께 예배드리기 위해 성전에 갈 때가 그런 시간입니다. 하나님을 뵙고 하나님께 경배와 찬양을 드리는 행위가 예배이기 때문에 예배당에 갈 때는 몸과 마음가짐을 바르게 가져야 하는 것입니다. 정결한 마음뿐만 아니라 외적으로도 최상의 예의를 갖추어야 합니다. 거룩하고 지존하신 하나님 앞에 나아와 예배드리는 사람이 몸과 마음을 성결하게 가꾸고 옷차림도 단정하게 해야 하는 일은 지극히 마땅한 것입니다.

그러나 우리의 현실은 그렇지가 않습니다. 머리를 손질한 흔적이 없고, 옷차림도 허술하기 짝이 없는 모습으로 교회에 나오는 사람들이 있습니다. 신발마저 대충 신어 슬리퍼를 끌고 오는 사람도 있습니다. 대통령의 초대를 받고 청와대에 간다면 절대로 그런 모습으로 가지 않을 것입니다. 그런데 각 나라의 대통령을 세우고 온 세상을 통치하시는 하나님께 예배드리기 위해 오는 성도가 전혀 예의를 갖추지 않는다면 얼마나 큰 모순입니까?

교회에 처음 나오는 새신자들은 오히려 정장을 하고 단정한 모습으로 예배를 드리지만 신앙의 연륜이 깊다고 하는 신자들이 의외로 기본을 갖추지 못하는 경우도 있습니다. 특히 대표기도를 맡은 기도자가 넥타이 매기가 귀찮다고 그냥 티셔츠만 걸치고 강단에 올라가는 경우가 있는데, 이런 자세는 한 번 생각해 보아야 합니다. 여자 성도들도 마찬가지입니다. 그냥 시장갈 때나 운동할 때 입는 편안한 옷을 입고 강단에 올라가는 것은 삼가야 하는 것입니다.

그냥 내 모습 그대로 예배하는 것이 좋고 오직 영과 진리로 예배하면 되지만, 그래도 마음은 항상 겉으로 드러나게 되어 있습니다. 경외하는 하나님 앞에 설 때는 정장을 하는 것입니다. 물론 비싼 옷을 입으라는 얘기는 아닙니다. 만약 옷 한 벌 차려입기 곤란할 정도의 상황이라면 지금 자신이 가진 옷과 신발 중에서 가장 좋은 것을 차려입고 예배당에 나오면 되는 것입니다. 흔히 교회에서 하는 오래된 얘기가 있습니다. "처음 사돈 만나러 갈 때처럼 옷을 입고 예배당에 나오세요. 결혼식에 참석하는 정도의 옷차림만 갖추어 주세요."

우리는 하나님의 왕자들이고 공주들입니다. 그렇다면 그만큼의 품위 있는 차림을 해야 하는 것입니다. 어떤 사람이 이런 말을 했습니다. "우리의 말과 행동과 의복은 매일 살아 있는 설교다." 한두 번 사람을 만나 보고 그 사람을 올바르게 평가한다는 것은 결코 쉬운 일이 아닙니다. 열 길 물속은 알아도 한 길도 안 되는 사람의 속마음은 마치 베일에 가려있는 무대 뒤의 장치처럼 자세히 알 수가 없는 것입니다. 그럼에도 불구하고 의복은 그 사람의 말이나 행동과 함께 사람의 됨됨이를 보고 느끼게 하는 하나의 중요한 척도가 될 수 있습니다.

그래서 생각이 있는 사람은 옷을 아무렇게나 입지 않습니다. 사람의 품성은 그가 입은 옷으로 나타나기 때문입니다. 대표기도자나 예배 안내자, 그리고 모든 예배자들이 평소의 옷차림과 예배드리는 자세가 어떠한지 한번 돌아보는 시간이 있기를 바랍니다. 우리는 오늘도 지존하신 하나님 앞에서 예배를 드리고 있는 것입니다.

우리는 주님의 친구

❖ 　　　일본의 오사카 고등법원의 형사부 총괄 판사였던 오카모도 겐은 1987년 36년 동안이나 재직했던 판사직에서 퇴임했습니다. 큰 사건들을 맡아 처리해 오던 유명한 판사였던 그가 정년퇴임까지 5년이 더 남았는데도 일을 그만두자 사람들은 변호사 개업을 하려는 모양이라고 생각했습니다. 그러나 그는 전혀 엉뚱한 곳을 찾아갔습니다. 바로 집 근처에 있는 요리학원이었습니다. 그는 요리사 자격증을 따서 음식점을 내겠다는 각오로 60이 다 된 나이에도 불구하고 하루도 빠지지 않고 학원에 나갔습니다. 손자뻘 되는 젊은이들과 함께 칼 쓰는 법과 양념을 만드는 법, 야채를 써는 방법부터 배우기 시작했습니다.

　마침내 1년 만에 그는 요리사 자격증을 따내더니 자신이 일하던 법원 앞에 두 평 남짓한 간이음식점을 냈습니다. 유명한 판사였던 그를 알아보는 손님들이 많았습니다. 사람들은 모두 판사직을 그만두고 음식점을 낸 것을 궁금해 하거나 이상하게 생각했습니다. 그럴 때마다 그는 이런 말을 해주었습니다. "재판관이 되어 사람들에게 유죄를 선언할 때마다 가슴이 아팠습니다. 나는 그 일을 36년이나 해왔던 것이죠. 재판관은 사람들에게 기쁨을 줄 수는 없습니다. 그래서 나는 식당 주방장이 되더라도 남에게 기쁨을 줄 수 있다면 행복할 것만 같았습니다."

남에게 죄를 정하고 벌을 주는 일이 싫어서 여생은 사람들을 기쁘게 하며 살고 싶었다는 고백입니다. 그는 음식점을 경영하면서 무척이나 행복하다는 것도 덧붙였습니다. 그의 작은 음식점 이름은 '친구'입니다. 그 이름 속에는 그의 음식점을 찾는 사람들뿐만 아니라 모든 사람들과 친구처럼 지내고 싶은 그의 오랜 소원을 담고 있었던 것입니다.

예수님은 우리를 정죄하려고 이 땅에 오시지 않았습니다. 예수님은 우리의 친구가 되고 싶어서 오셨습니다. 우리를 죄와 사망 가운데서 건지시고, 우리의 위로자요 치유자요 구세주가 되기 위해 이 세상에 오신 것입니다. 이 땅에 오신 예수님은 마침내 십자가 위에서 희생제물이 되셨습니다. 한 손으로 하나님의 손을 잡고 또 한 손으로는 우리 죄인들의 손을 잡으신 채 기꺼이 희생제물이 되어 죽으신 것입니다.

이제 예수님을 믿기만 하면 우리는 더 이상 정죄 받지 않습니다. 우리 대신 예수님이 십자가에서 죄 값을 다 치르셨기 때문입니다. 모든 인생의 구세주가 되시는 예수님은 오늘도 우리를 부르십니다. "수고하고 무거운 짐 진 자들아 다 내게로 오라 내가 너희를 쉬게 하리라."

주님 앞에 나아가기 위해 따로 준비할 것은 없습니다. 그냥 우리의 모습 그대로 나아가면 됩니다. 실패했어도 괜찮고, 병들었어도 괜찮고, 죄가 많아도 괜찮습니다. 그냥 주님 앞에 나아가기만 하면 주님께서는 우리를 용납하시고 주님의 백성 삼아 주실 뿐만 아니라 우리를 친구 삼아 주십니다. 얼마나 감사한 일입니까?

그러나 주님의 진정한 친구로 살아가려면 조건이 있습니다. 주님처럼 이웃을 사랑하는 것입니다. 주님이 우리를 사랑한 것처럼 주님의 마음으로 이웃을 사랑할 때 주님은 우리를 친구로 인정하시겠다는 것입니다. 우리의 영원한 친구 되시는 주님은 오늘도 우리에게 말씀하십니다.

"내 계명은 곧 내가 너희를 사랑한 것같이 너희도 서로 사랑하라 하는 이것이니라 사람이 친구를 위하여 자기 목숨을 버리면 이보다 더 큰 사랑이 없나니 너희는 내가 명하는 대로 행하면 곧 나의 친구라"(요 15:12-14).

진정한 크리스마스

❖ 예수님이 탄생하신 나라 이스라엘의 국제공항 텔아비브 공항에는 11월부터 정기 항로 외에 임시 전세 비행기까지 날아와 성탄 관광객을 쏟아 놓습니다. 예루살렘에서 베들레헴까지 8킬로미터의 연도에는 휘황찬란한 네온사인이 성탄 관광객들의 마음을 들뜨게 합니다. 그리고 성탄 전야에는 20여 개 국가의 찬양대가 합창하며 축하예배를 드립니다. 예수님의 탄생을 믿지 않는 사람들이 있는데, 구약성경에는 예수님의 탄생에 대해서 350여 개의 예언과 프로필이 있습니다. 동정녀 탄생, 아브라함의 후손, 유다 지파, 다윗의 후손, 베들레헴 탄생 등이 그런 것들입니다.

피터 스트너 박사가 예수님에 관한 예언 여덟 가지가 한 사람에게 우연의 일치로 성취될 가능성을 수학의 확률원리로 계산한 적이 있는데, 그 원리가 다음과 같습니다. 만일 대머리가 10명 중에 한 명이 있고, 손가락 하나가 없는 사람은 1,000명 중에 하나, 그리고 눈먼 사람은 10,000명 중에 하나로 칠 때, 동일인이 손가락을 잘리고,

대머리에다 맹인이라면 이 셋을 곱한 수치가 됩니다. 여덟 가지가 동일인에게 우연히 성취될 가능성은 텍사스 주(우리나라의 3배)에 은전을 약 60센티미터의 높이로 깔아놓고 그중에서 어떤 표를 해 놓은 단 한 개의 은전을 단번에 집어 내는 것과 같다고 했습니다. 350개 예언의 일치란 수학적으로 불가능하다는 얘기입니다.

결국 구약에 예언된 예수 그리스도의 오심은 신적인 역사 외에는 설명할 길이 없고, 그 예언은 예수 그리스도께서 이 땅에 강림하심으로 온전하게 이루어진 것입니다. 바로 이것을 기뻐하며 축하하는 절기가 크리스마스(성탄절)입니다.

'크리스마스'(Christmas)란 말은 '그리스도'(Christ)와 '마스'(mas)의 두 단어가 합하여 완성된 말입니다. '마스'란 말은 '예배'라는 뜻입니다. 따라서 크리스마스는 그리스도의 탄생을 축하하고 예배하는 데 참 의미가 있습니다. 그런데 우리가 그리스도를 예배하는 이유는 2,000년 전 유대 베들레헴에서 예수님이 태어나셨다는 사실 때문만이 아닙니다. 단순한 '나심'의 사건에 연결 짓는다면, 예수라는 역사적 인물을 성자로 모시고 그의 생일을 기념하는 날이 될지언정 그가 예배의 대상이 될 수는 없습니다.

예배의 근거는 '나심(자연인의 탄생)' 때문이 아니라 '오심'의 사건, 곧 '성육신'(Incarnation)에 있는 것입니다. 예수님은 우리를 죄와 사망에서 구원하시기 위해 오셨습니다. 모든 민족과 국가에 평화를 주기 위해 오셨습니다. 우리 모두에게 자유를 주기 위해 오셨습니다. 우리의 가난과 질병, 고독함, 공포 그리고 각종 악령에게 고통 받는 아픔을 대신 짊어지시기 위해 오셨습니다. 죄의 대가로 죽음이라고 하는 제한성 속에서 사는 우리에게 영원한 생명을 주시기 위해 친히 대속의 제물이 되고자 이 땅에 오셨습니다. 바로 이러한 이유로 우리가 예수님을 예배하고 찬양하고 경배하는 것입니다.

그러나 이 땅에는 진정한 의미에서의 크리스마스를 보내지 못하는 사람들이 많습니다. 데이비라는 사람은 이렇게 말했습니다. "12월에는 두 개의 크리스마스가 있다. 하나는 문자 그대로의 크리스마스이고, 다른 하나는 엑스마스(X-Mas)다." X는 글자 그대로 미지의 수입니다. 모호한 수입니다. 부정의 수입니다. 크리스마스의 진정한 뜻을 모르고 애매하게 지키는 크리스마스가 있다는 말입니다. 이것은 크리스마스가 아니라는 뜻입니다.

X-Mas에는 다음과 같은 크리스마스가 들어 있습니다. 첫째가 검은 크리스마스입니다. 권력과 이익을 위하여 검은 돈이 선물이라는 명목으로 오고 가는 크리스마스를 뜻합니다. 둘째가 핑크 크리스마스입니다. 도색과 음란으로 지내는 크리스마스를 말합니다. 셋째가 회색 크리스마스입니다. 술과 춤과 파티에만 전념하여 정신이 흐리멍덩해지는 크리스마스를 의미합니다. 이런 크리스마스는 진정한 의미에서의 크리스마스가 아닙니다.

구세주로 오신 예수님을 축하하고 경배하며 주님의 사랑을 널리 전파할 때 진정한 크리스마스가 되는 것입니다.

하나님의 약속이 이루어진 날

❖ 한 남자가 교통사고를 당해 병원으로 실려 갔습니다. 기적처럼 목숨은 건졌지만 교통사고는 그의 두 눈을 빼앗아 가 버렸습니다. 남자는 의사를 붙들고 절규했지만 안구 이식을 하는 것 말고는 가망이 없는 상태였습니다. 그는 곧 일반 병실로 옮겨졌고 그곳에서 한 꼬마 숙녀를 만났습니다.

옆 침대에 입원 중인 아이는 놀아 줄 친구라도 만난 듯 반가워했습니다. 그 소녀는 호기심 어린 눈으로 다가와 두 눈에 붕대를 감고 있는 그에게 말을 걸었습니다. "아저씨 눈이 꼭 미라 같다. 아저씨, 말 못 해?" 그러나 누군지도 모르는 사람과 말을 주고받을 만큼 그는 마음이 편하지 않았습니다. 오히려 그 소녀가 자꾸만 성가시게 느껴졌습니다. 그는 아무것도 볼 수 없는 눈을 감싸쥐고 흐느꼈습니다. 그러자 소녀가 곁에 와서 손을 꼭 잡으며 말했습니다. "아저씨, 울지 마. 우리 엄마가 그러는데 자꾸 울면 병이 안 낫는데."

그날 이후로 남자는 그렇게 다가와 손을 잡아 주고 말을 붙여 준 소녀와 단짝이 되었습니다. 함께 정원을 산책하기도 하고, 벤치에 앉아 이야기도 주고받았습니다. "아저씨, 나 있잖아 아저씨랑 결혼할래." "정혜는 아저씨가 그렇게 좋니?" "응, 좋아." 그러나 남자와 일곱 살 꼬마 숙녀의 이별은 생각보다 빨리 찾아왔습니다. 남자가 퇴원을 하게 된 것입니다. 그 소녀는 자기가 퇴원할 때 꼭 오라고 했고, 남자는 소녀가 퇴원하는 날 꼭 예쁜 꽃을 사가지고 오겠다고 약속했습니다.

그로부터 몇 주 후에 병원에서 전화가 걸려왔습니다. 안구 기증자가 나타나서 눈을 이식할 수 있게 되었다는 소식이었습니다. 그는 뛸 듯이 기뻤습니다. 수술은 성공적으로 끝났습니다. 그는 잃었던 빛을 찾았고 온전한 세상을 찾았습니다. 수술이 다 끝난 다음 병원에서는 기증자가 보낸 편지 한 통을 건네주었습니다.

그는 편지를 보고 가슴이 무너져 내렸습니다. 그 편지에는 삐뚤빼뚤한 글씨로 이렇게 쓰여 있었습니다. "아저씨, 나 아무래도 아저씨랑 결혼은 못 할 것 같아. 그래서 아저씨 눈 할래." 일곱 살 어린 소녀가 하늘나라로 가면서 마지막으로 그에게 준 것은 세상에서 가장 아름답고 가장 밝은 눈이었습니다. 서로의 약속이 다른 방법으로 이루어졌지만 얼마나 아름다운 이야기입니까?

성탄은 하나님의 약속의 성취입니다. 성탄절은 하나님께서 우리와 손가락을 걸며 약속하신 것을 지키신 날입니다. 우리를 죄와 사망 가운데서 구원하시겠다는 약속을 지키기 위해 독생자 예수 그리스도를 우리에게 보내 주신 것입니다. 주님이 이 땅에 오신 사건을 가리켜서 신학 용어로 '성육신하셨다'고 말합니다. 하나님이신 예수 그리스도께서 친히 인간의 몸을 입고 이 땅에 강림하셨기 때문에 성육신이라는 용어를 사용하는 것입니다. 그런 의미에서 성탄은 하나님께서 인간의 역사 속에 들어오신 가장 신비한 사건이라 말할 수 있습니다.

그러면 하나님께서는 왜 우리들에게 독생자 예수 그리스도를 주셨고, 우리 주님은 왜 자기를 비워 종의 형체를 가진 채 인간의 몸으로 오셨습니까? 그것은 하나님을 위한 일도 아니고, 주님을 위한 일도 아닙니다. 오직 우리를 위하여 낮고 낮은 이 땅에 오셨습니다. 죄로 인해 영원히 멸망의 길을 가야 할 우리 인생들을 구원하기 위해 예수님께서 친히 성탄하신 것입니다.

그런 의미에서 성탄절은 죄와 눈물로 얼룩진 우리의 얼굴을 닦아주기 위해 하나님께서 친히 우리에게 오신 날이라고 할 수 있습니다. 얼마나 감사한 일입니까? 이제 우리는 이 사랑을 받아들이기만 하면 됩니다. 구세주를 영접하는 자야말로 인생 최대의 복을 받는 사람이 되는 것입니다.

예수에 미치면

❖　　　　요즘 아줌마들끼리 하는 이야기가 있습니다. "장가간 아들은 희미한 옛사랑의 그림자이고, 며느리는 가까이하기엔 너무 먼 당신이며, 딸은 아직도 그대는 내 사랑이다." 이런 얘기도 있습니다. "잘난 아들은 국가의 아들이고, 돈 잘 버는 아들은 장모의 아들이며, 빚진 아들만 내 아들이다." 또 하나 더 있습니다. "아들은 큰 도둑, 며느리는 좀도둑, 딸은 예쁜 도둑!"

누가 만들어 낸 이야기인지 모르지만 요즘 세대를 잘 반영하는 이야기라 생각됩니다. 그런데 이 얘기를 들어 보면 똑같은 자식인데도 그를 바라보는 사람에 따라서 견해가 다르고 평가가 다릅니다. 친정어머니 입장에서는 시집간 딸이 아무리 생각해 보아도 '아직도 그대는 내 사랑이고, 예쁜 도둑'인데 시어머니 입장에서는 그 딸이 '가까이하기엔 너무 먼 당신이고, 좀도둑'입니다. 참으로 알다가도 모를 일입니다.

이렇게 한 사람을 놓고도 생각이 다르고 평가가 다른데, 예수님에 대해서도 마찬가지입니다. 어떤 사람은 예수님을 구세주로 보고, 예수님이 없으면 못 산다고 고백합니다. 심지어 예수님을 위해서 목숨까지 바칩니다. 그러나 어떤 사람은 "예수가 밥 먹여 주냐?" 하고 코웃음을 칩니다. "예수를 믿느니 내 주먹을 믿겠다" 하고 끝까지 주님을 조롱하며 사는 사람들이 있습니다.

하지만 분명한 사실이 있습니다. 예수님을 구세주로 믿으면 구원받고 영원히 사는 복을 얻는다는 것입니다. 예수님을 끝까지 부인하는 사람은 구원받지 못합니다. 영원한 형벌을 받습니다. 이것은 투표로 결정하는 일이 아닙니다. 우리가 회의를 할 때 의견이 양분되면 다수가결로 결정하지만 이것만큼은 그렇게 정할 수가 없습니다.

오직 하나님께서 정하신 대로 믿느냐, 믿지 않느냐에 따라 천국과 지옥이 결정되는 것입니다. 우리는 복음을 듣고 감사함으로 반응한 사람들입니다. "아, 이보다 놀라운 은혜가 어디 있는가? 오, 주님 감사합니다. 제가 믿겠습니다. 나를 구원하여 주시옵소서" 하고 응답하여 주님의 자녀가 되었습니다.

하지만 우리 주위를 보면 주님을 영접하기는커녕 오히려 믿는 자들을 예수에 미쳤다고 조롱하는 사람들이 있습니다. 최초로 이방 선교의 문을 열었던 사도 바울도 예수에 미친 사람이라는 소리를 많이 들었습니다. 불신자들은 우리가 깨닫고 믿고 있는 영적인 사실들을 이해하지 못해서 그러는 것입니다. 그런 의미에서 우리는 예수에 미쳤다는 소리를 들으면 감사해야 합니다. 정신과적인 면에서 미쳤다고 하면 기분 나쁜 일이지만 예수에 미쳤다는 소리를 들으면 오히려 자랑스럽게 생각해야 하는 것입니다. 왜 그렇습니까?

예수에 제대로 미치기만 하면 구원의 은총을 덧입을 뿐만 아니라 모든 것이 좋아지기 때문입니다. 예수에 미치기만 하면 이 땅의 모든 아내가 자기 남편에게 잘하게 되어 있습니다. 예수에 제대로 미치기만 하면 이 땅의 모든 남편이 자기 아내에게 잘하게 되어 있습니다. 예수에 제대로 미치기만 하면 이 땅의 모든 자녀들이 부모에게 효도하게 되어 있습니다. 예수에 미친 사람은 한눈팔지 않습니다. 예수에 미친 사람은 예배를 소홀히 하지 않습니다. 예수에 미친 사람은 기도 생활을 등한히 하지 않습니다. 예수에 미친 사람은 말씀에 불순종하지 않습니다. 예수에 미친 사람은 전도하지 않고는 견디질 못합니다. 예수에 미친 사람은 항상 '어떻게 하면 주님을 기쁘시게 할 수 있을까?'라는 생각에 사로잡혀 살아갑니다.

　예수의 향기로 살아갑니다. 예수의 편지로 살아갑니다. 범사에 감사하고, 승리하게 되어 있습니다. 죽어서도 믿음으로 말합니다. 설미치니까 이것도 아니고 저것도 아닌 것이지, 제대로 미치기만 하면 반드시 잘 되게 되어 있습니다. 그러므로 우리는 예수에 미쳐도 제대로 미쳐야 합니다. 확 미쳐 버려야 합니다.

이상적인 교회

❖　　　　오래전 신학교에 다닐 때만 해도 너무 가난하고 궁색했기 때문에 양복 한 벌로 사계절을 보냈습니다. 추동복 한 벌을 사서 사계절을 입고 살았습니다. 그러던 어느 해 여름에 하도 더워서 처음으로 여름 양복을 하나 사 입었습니다. 그 당시 동대문 근처의 평화시장에 가서 양복을 구입했는데 가격이 2만 원이었습니다. 비싼 것은 꿈도 못 꾸고 가장 싼 양복을 한 벌 구입한 것입니다. 그런데 싼 게 비지떡이라고 한동안 입고 다니다가 세탁 한 번 했더니 양복이 다 오그라들어서 도저히 입을 수가 없었습니다. 그 양복을 입고 거울 앞에 서 있으면 영락없는 '배삼룡 패션'이 되었습니다. 당시 코미디언 배삼룡 씨가 팔 다리가 짧은 바지저고리를 입고 사람들을 엄청 웃겼는데, 꼭 그 모양이었습니다. 그래도 본전을 빼기 위해서 열심히 입고 다녔습니다.

　그러다가 나중에 좋은 양복을 입어 보니까 확실히 품위가 있고, 세월이 흘러도 양복이 거의 변함이 없었습니다. 양복이라고 다 같은 양복이 아닙니다. 양복뿐만이 아닙니다. 우리가 사용하는 일상용품의 질과 수준이 다 다릅니다. 모자부터 신발까지 다 수준 차이가 있습니다.

그런데 이는 교회도 마찬가지입니다. 성도들의 신앙 공동체인 교회도 수준이 있습니다. 한마디로 수준이 높은 교회가 있고, 수준이 낮은 교회가 있다는 것입니다. 좋은 전통을 가지고 서로 축복하며 주님을 훌륭하게 섬기는 교회가 있는가 하면, 안 좋은 전통을 대물림하면서 계속 싸우기만 하는 교회가 있습니다. 좋은 피가 흐르는 교회가 있는가 하면, 나쁜 피가 흐르는 교회가 있습니다. 사랑이 넘쳐흐르는 교회가 있는가 하면, 사랑이 식어 버린 교회가 있습니다.

교회마다 전부 다 색깔이 다릅니다. 우리 교회가 좋은 교회로 소문나 있지만 좀 더 좋은 교회, 이상적인 교회가 되기 위해서는 주목하고 배워야 할 교회가 있습니다. 그 교회가 바로 초대교회입니다. 우리가 아는 대로 초대교회 성도들은 모이기에 힘썼습니다. 말씀으로 충만했습니다. 성령 충만했습니다. 한마음을 가지고 서로 사랑하며 물건을 통용했습니다. 내 것, 네 것이 없었습니다.

그 당시 신자들의 형편을 보면 많이 배운 사람도 있었고, 못 배운 사람도 있었습니다. 부자도 있었고, 가난한 사람도 있었습니다. 건강한 사람, 병든 사람, 가문이 좋은 사람, 가문이 좋지 않은 사람 등 각양각색의 사람들이 교회에 모여들었습니다. 그러나 그들은 완전히 한마음 한뜻이 되어 살았습니다. 교회는 마음을 하나로 묶어 서로 돕고 살 때 하나님께서 원하시는 이상적인 교회를 만들 수 있는 것입니다.

또 초대교회에는 헌신 봉사하는 교인들이 많았습니다. 받은 은혜가 너무 커서 헌신 봉사하지 않고서는 견딜 수가 없었던 것입니다. 어떤 사람은 밭과 집을 팔아 바쳤고, 어떤 사람은 열심히 부활의 복음을 전했습니다. 어떤 사람은 기도로 봉사하고, 어떤 사람은 가진 은사로 봉사했습니다. 누가 먼저랄 것도 없이 스스로 다 헌신자가 되고 봉사자가 되었습니다. 이렇게 주님의 몸 된 교회를 섬기고, 세상에 나아가서는 복음의 나팔수가 되어 예수 그리스도를 널리 전파했습니다. 그러자 초대교회는 세상 사람들로부터 칭송을 많이 받았습니다. 믿는 사람들이 폭발적으로 늘어났습니다.

초대교회는 모든 교회가 본받고 싶어 하는 가장 이상적인 교회입니다. 교회의 롤 모델입니다. 우리 교회가 초대교회를 꼭 닮은 교회로 소문나기를 바랍니다.

갑질하는 사회

❖ 국내 웹하드 1위 업체 '위디스크'의 실소유주 양진호 한국미래기술 회장의 갑질 횡포가 사회적으로 큰 공분을 일으키고 있습니다. 최근에 공개된 동영상을 보면, 그가 많은 사람들이 일하는 사무실에서 한 직원을 폭행하는데도 아무도 동요하거나 말리지 않고 모두가 태연히 업무를 이어갔습니다. 폭력이 얼마나 일상적이었는지 또 직원들은 얼마나 양 회장을 두려워했는지를 증명하는 영상이라고 할 수 있습니다. 그때 맞은 사람은 양 회장에 대한 공포로 IT업계를 떠나 어느 섬에서 살고 있다는 말이 들립니다.

엽기 행각은 또 있습니다. 아래에 양동이를 받쳐놓고 술을 먹여 그 자리에서 토하게 하고, 화장실에 가면 벌금을 물리거나 월급에서 제하기까지 했습니다. 직원 연수에서는 석궁을 쏘아 산 닭을 잡게 하고, 실수한 직원에게는 일본도로 내리쳐 잡게 하는 엽기적인 행각도 벌였습니다. 상추를 늦게 씻은 직원을 해고한 적이 있는가 하면, 직원의 몸에 거머리를 붙이거나 비비탄을 쏘기도 했습니다. 직원들에게 마늘을 한 주먹씩 먹이며 즐거워하고, 형형색색의 머리 염색을 강요한 적도 있습니다. 자신의 아내와 대학 동창인 어느 교수에게 불륜이라는 터무니없는 이유를 덮어씌워 감금·폭행한 사실도 밝혀지면서 국민들은 그를 인간의 한계를 넘어선 악마라고 치를 떨고 있습니다.

인간이 어떻게 다른 인간에게 그런 행동을 할 수 있을까 하고 탄식하지만, 사실 이런 갑질은 우리 사회에 만연해 있습니다. 얼마 전 경기도 화성의 한 아파트에서 40대 남성이 70대 경비원에게 막말을 하며 갑질을 해서 또 한 번 충격을 준 적이 있습니다. 그 입주민은 차를 몰고 아파트에 들어가려다 차단기가 열리지 않자 경비실로 들어가 아버지뻘 되는 경비원에게 "개XX야, 너는 주인한테도 짖냐?" 하며 욕설과 폭언을 쏟아 내는 기가 막힌 일이 일어났던 것입니다. 그렇지 않아도 대한항공 오너 일가의 갑질을 비롯해 우리 사회를 뒤흔든 교촌치킨, 대웅제약, 미스터피자그룹, 호식이두마리치킨 오너 등의 재벌에 속하는 갑질이 세상에 공개되면서 갑질이 우리 사회의 고질적인 병폐인 것을 공감한 바 있는데, 이제는 갑질이 일어나지 않는 곳이 없다는 것을 확인시켜 준 것입니다.

갑질은 계약 권리상 쌍방을 뜻하는 갑을(甲乙) 관계에서 상대적으로 우위에 있는 '갑'에, 특정 행동을 폄하해 일컫는 '~질'이라는 접미사를 붙여 부정적인 어감이 강조된 신조어입니다. 상대적으로 우위에 있는 자가 우월한 신분, 지위, 직급, 위치 등을 이용해서 상대방에 오만무례하게 행동하거나 이래라저래라 하며 제멋대로 구는 행동을 말합니다. 그런데 이런 갑질이 우리 사회에 생각보다 깊이 들어와 있어서 문제입니다. 기득권층의 갑질은 어제 오늘의 일이 아니라는 얘기입니다.

우리가 아는 대로 한국 사회는 지난 한 세기 동안 일제 식민지, 해방, 미군정, 6·25전쟁, 박정희의 5·16 군사정변, 연 인원 35만 명의 베트남 전쟁 참전, 초고속 경제 성장, 전두환 신군부의 12·12 정변, IMF 경제 위기, 해방 이래 최초의 진보정권 집권 등을 통해 무지막지한 사회 변동을 겪었습니다. 우리나라는 전 세계에서 가장 급변한 나라로 꼽힙니다. 이 급변의 시대를 겪으면서 우리는 오로지 생존에 매달려야 했습니다. 자신과 가족의 생존이라는 절박한 명제하에 수단과 방법을 가리지 않는 탈법과 불법, 위법, 초법적인 일탈 행위도 서슴지 않았습니다.

그 속에서 일탈 행위를 불사한 물신주의와 출세지상주의는 어느덧 한국 사회의 가치관이 되고 말았습니다. 우리나라 고교생의 56퍼센트가 '10억 원을 벌 수 있으면 1년간의 감옥 생활도 감수할 수 있다'고 한 기가 막힌 설문 조사 결과까지 나온 것을 보면 우리 사회의 현주소가 어디인가를 알 수 있습니다.

이런 사회적인 배경 속에서 형성된 것이, 강자에게는 무조건 숙이고 약자에게는 무자비하게 군림하는 처신 문화입니다. 일종의 약육강식(弱肉强食)의 문화가 자리를 잡았는데, 요즘 논란이 되고 있는 각종 갑질의 행태도 그 연원을 거슬러 올라가면 바로 이 문화에서 비롯된 것입니다. 그러나 우리 사회 전반에 깔려 있는 이 갑질 문화를 근절시키지 않으면 안 됩니다. 사람 위에 사람 없고, 사람 밑에 사람 없습니다. 이 세상의 모든 사람이 하나님의 형상을 따라 지음 받았기 때문입니다. 하나님의 성품을 따라 창조된 인간은 그 어떤 위치에 있든지 존중하고 사랑해야 마땅한 법입니다. 만약 무시하고 갑질을 행한다면 그것은 하나님을 모독하는 것과 다름이 없는 것입니다.

갑질 문화가 팽배해 있더라도 우리 성도들은 갑질 문화를 용인하거나 편승해서는 안 됩니다. 흉내도 내면 안 될 뿐만 아니라 이 문화를 근절시키는 일에 앞장서야 합니다. 주님은 오늘도 우리에게 말씀하십니다. "네 이웃을 네 자신 같이 사랑하라"(마 22:39). 더 이상 무슨 말이 필요하겠습니까?

희락이냐, 쾌락이냐?

❖ 얼마 전에 개봉한 영화 〈달링〉(Darling: 여보, 가장 사랑하는 자)을 집에서 TV를 통해 관람하고 큰 감동을 받았습니다. 이 영화의 원제목은 "브레스"(Breathe: 숨 쉬다, 호흡하다)입니다. 우리나라에서 대중적 흥행을 생각하고 관객을 유인하기 위해 제목을 '달링'으로 바꾼 것입니다. 이 영화는 영국의 최장수 전신마비 환자 로빈 캐번디시의 '영화보다 더 영화 같은 삶'을 그린 작품인데 진정한 사랑이 무엇인지를 가르쳐 주고 있습니다.

로빈은 젊은 날에 공원에서 운동을 하다 우연히 만난 다이애나와 사랑에 빠졌고 곧바로 결혼식을 올립니다. 아프리카 케냐에서 자동차 중개업을 하며 행복한 신혼생활을 하던 두 사람에게 어느 날 갑자기 불행이 찾아옵니다. 아이가 태어나기를 기다리던 로빈이 테니스를 치다 갑자기 정신을 잃고 쓰러진 것입니다. 의사는 폴리오바이러스에 감염된 로빈에게 딱 3개월 시한부 판정을 내립니다. 세상 부러울 것 없던 로빈은 생명이 연장된다 해도 평생 전신이 마비된 채

인공호흡기에 의존해서 살아야 하는 처지가 되었으니 얼마나 낙심이 되었겠습니까? 영국으로 돌아와 병원에서 인공호흡기에 의지해 누워 있던 로빈은 아내에게 죽게 해달라고 부탁합니다.

그러나 다이애나는 갓 태어난 아들이 자라는 것을 함께 지켜보자며 용기를 주고, 남편을 퇴원시켜 집으로 돌아옵니다. 의학이 지금처럼 발달하지 않은 1960년도에 평생 인공호흡기를 달고 살아야 하는 중증장애인을 집에서 돌본다는 것은 있을 수 없는 일이었습니다. 그러나 다이애나는 그 지독한 환경 속에서도 희망의 끈을 놓지 않고 남편에게 용기를 불어넣습니다. 남편의 친구들에게 부탁해서 이동식 휠체어를 만들고, 남편이 꿈에 그리던 스페인 여행까지 함께하는 쾌거를 이룹니다. 기적 같은 일이 일어난 것입니다.

그때부터 로빈은 자신의 삶이 중증장애인들에게 희망이 될 수 있다고 생각하여 중증장애인 학회에 참여하고, 사람들의 후원을 받아 이동식 휠체어를 제작하기 시작합니다. 그리고 평생 인공호흡기에 의지해 누워서만 살아야 하는 전신마비 환우들에게 자신이 누리는 인간다운 삶을 나누어줍니다. 휠체어를 만들어 보급하면서 모든 중증장애인들에게 희망을 심어 준 것입니다. 포기를 모르는 아내의 사랑과 헌신, 또 그를 아끼고 사랑하는 친구들의 수고와 노력으로 로빈은 중증장애인으로서는 보기 드물게 20년 넘게 생존하며 아들이 성인이 되는 것을 지켜보며 함께 여행도 합니다.

훗날 아내인 다이애나가 남편 로빈에게 "딴 건 모르겠지만 이 사람이란 느낌이 왔어" 하고 속삭이자 로빈이 "누구도 나만큼 당신을 사랑하진 못했을 거야" 하고 응답했는데, 그 사랑의 대화가 아직까지 가슴에 남아 있어 큰 울림을 주고 있습니다. 더욱 감동적인 것은 부모의 삶을 지켜보며 자란 아들 조나단 캐번디시가 이 영화의 제작자가 되었다는 사실입니다. 로빈의 가족은 쾌락보다는 희락을 추구하며 오고 오는 세대들에게 말할 수 없는 감동을 주고 있습니다.

성경에는 기쁨이라는 뜻을 지닌 두 개의 단어가 나옵니다. 그것이 바로 '희락'과 '쾌락'입니다. 이 중에서 희락은 다른 사람을 기쁘게 하다가 그가 기뻐하는 것을 보고 나도 기뻐하는 기쁨을 말합니다. 반대로 쾌락은 나의 탐욕을 채우기 위해 다른 사람을 짓밟는 탐욕스러운 기쁨을 의미합니다. 그런데 예수님은 우리가 추구해야 할 것이 쾌락이 아니라 희락이라고 말씀하십니다. 성령의 아홉 가지 열매 중의 하나도 희락입니다.

로빈과 다이애나는 기가 막힌 시련의 골짜기에서도 오직 희락의 길만을 택하여 기적의 열매를 거두었습니다. 우리를 위해 기꺼이 십자가를 지고 죽기까지 희락의 길을 가셨던 예수님은 오늘도 우리에게 선택하라고 말씀하십니다.

"희락이냐, 쾌락이냐?"

미투 운동과 신전의식

❖ 며칠 전 차기 대권주자로 유력했던 한 정치가가 자기 수행비서를 성폭행했던 일이 드러나 또다시 우리 국민들을 충격으로 몰아넣었습니다. 현직 도지사인데다가 차기 대통령이 될 수도 있다는 얘기를 들을 만큼 인기 있는 정치가였기에 그에게서 우리 국민들은 엄청난 실망감을 느끼게 된 것입니다. 그는 이 불미스러운 일로 불과 53세의 나이에 정계 은퇴를 선언했고, 그의 30년 정치 인생도 한순간에 추락하고 말았습니다. 주위에서는 하나같이 "멘붕이 왔다"고 말합니다. 미국의 〈뉴욕타임스〉에서도 '한국 미투 운동 확산 속에 한 스타 정치인의 추락!'이라는 제목으로 이 사건을 발 빠르게 보도할 만큼 충격을 받았습니다.

요즘 우리 사회에 자신이 성범죄 피해자임을 공개적으로 알리는 소위 '미투(Me too) 운동'이 사회 전반을 강타하고 있습니다. '미투(Me too) 운동'은 "나도 당했다. 나도 말한다"라는 의미의 성폭력 고발 운동입니다. 미국에서 시작된 미투 운동이 전 세계로 퍼져 나가는 가운데, 국내에서도 서지현 검사의 성추행 피해 폭로를 계기로 법조계, 문학계, 연극계 등에서 미투 운동이 이어지다가 이제는 영화계, 학계, 정치계, 종교계에 이르기까지 한국판 미투 운동은 들불처럼 번져 가고 있습니다. 여기에다가 국제구호단체들도 성범죄 스캔들에 휘말린 상태입니다.

이 세상에 성역은 없습니다. 사회 곳곳에 암처럼 뿌리내린 성폭력의 실태가 이제서야 조금씩 드러나고 있어, 미투 운동은 우리 사회에 경종을 울려 주었다는 데서 의미가 크다고 할 수 있습니다.

성(性)은 인간의 원초적인 본능이면서 동시에 두 얼굴을 가지고 있습니다. 우선 성은 사랑하는 남녀로 하여금 생명을 잉태하게 만듭니다. 참으로 거룩한 일이 아닐 수 없습니다. 그러나 이 거룩한 성은 나와 다른 사람을 모두 다 더럽힐 수 있는 치명적인 위험성을 가지고 있습니다. 그렇기에 성은 성숙한 자에게 주어져야 하는 것입니다. 하나님께서 우리에게 가정을 주시고 먼저 "생육하라"고 하신 것도 이 때문이 아닌가 생각합니다.

하지만 불행하게도 인간은 성을 종종 잘못 사용합니다. 성의 유혹에 너무도 쉽게 흔들리기 때문입니다. 어떤 면에서 미투 운동은 연약하기 짝이 없는 우리 인간의 단면을 단적으로 보여주는 것이라 할 수 있습니다. 도덕의 마지막 보루라 믿었던 사람들마저도 우리에게 큰 실망을 안겨 주는 것을 볼 때 성적인 타락의 위험성은 성역이 없습니다.

사탄은 너무나 자주, 가장 아름다운 모습으로 유혹을 합니다. 누가 봐도 당연히 불륜이고, 성폭행이고, 성추행인데 사탄은 그것을 하나의 로맨스로 포장합니다. 사랑의 일탈이요, 자유한 자의 용기로 미화시켜서 자꾸 충동질을 합니다. "괜찮아. 한 번 해봐. 다른 사람도 다 그렇게 살아. 들키지만 않으면 그것처럼 스릴이 넘치고 재미있는 일도 없어. 딱 한 번만 해봐." 이것이 사탄의 전술인데 우리가 어떻게 대처해야 하겠습니까? 하나님의 이름으로 물리쳐야 합니다.

요셉은 보디발의 아내가 성적으로 유혹했을 때 하나님의 이름으로 물리쳤습니다. 그녀와 자신 외에 아무도 없었지만 하나님께서 보고 계신다는 믿음으로 그는 사탄의 유혹을 물리치고 승리할 수 있었습니다. 바로 이것이 기독교의 본질이자 힘입니다. 키에르케고르는 우리에게 '신전의식'(神前意識, coram Deo)을 가지고 살아야 한다고 역설한 바 있습니다. 언제나 '하나님 앞에 서 있다'는 의식을 가지고 살아야 모든 일에 승리할 수 있다는 것입니다.

미투 운동은 타락한 우리 사회에 경종을 울림과 동시에 우리 성도들에게는 항상 하나님 앞에서 산다고 하는 '신전의식'을 가지고 살아야 할 것을 깨우쳐 주는 선생이라 할 수 있습니다.

진화론은 허구다

❖ 우리가 아는 대로 진화론은 지금부터 약 200여 년 전에 영국의 과학자인 다윈에 의해서 시작되었습니다. 그는 만물은 창조된 게 아니라 저절로 생겼고, 모든 생물이 진화를 통해서 여기까지 발전되어 왔다고 주장했습니다. 가장 저급한 데서부터 가장 고등한 형태로 계속 발전하여 오늘에 이르렀다는 가설이 진화론입니다. 예를 들어 아무것도 없는 데서 몇 억 년 지나니까 산소가 만들어지고, 또 몇 억 년 지나니까 거기에서 무슨 박테리아가 생겼다는 것입니다. 그리고 또 몇 억 년이 지나니까 벌레 한 마리가 나오고, 그다음에는 곤충이 되고, 새가 되고, 돼지가 되고, 개가 되고, 원숭이가 되고, 그다음에는 사람이 되었다는 얘기입니다. 앞으로도 계속 발전해 나가면 또 어떤 것으로 발전해 갈지 모른다는 이론이 진화론입니다.

그러나 이 진화론은 믿을 수가 없습니다. 진화론은 어디까지나 하나의 가설에 불과하기 때문입니다. 검증이 안 된 가설에 불과한 것을 많은 사람들이 마치 진리인 양 믿고 있습니다. 만약에 이것이 진리이면 지금도 돼지와 개의 중간자가 있어야 하고, 원숭이와 사람 사이의 중간자가 있어야 합니다. 이 지구촌에 종과 종 사이의 중간자가 단 하나라도 있어야 하는데 소위 중간자라고 하는 것이 없고, 있다고 주장하는 것도 알고 보면 다 가짜입니다.

예컨대 인류의 조상이라는 호미노이드(라마피테쿠스, 오스트랄로피테쿠스, 호모 하빌리스, 호모 에렉투스 등)의 유골들은 조립된 것이 많습니다. 라마피테쿠스는 오랑우탄의 뼈로 판명되었고, 네브라스카인의 어금니는 멧돼지의 이빨로 판명되었습니다. 호모 하빌리스는 원숭이의 유골이었고, 호모 에렉투스에 속하는 자바인과 북경인의 경우도 비슷했습니다. 자바인은 발견자인 듀보아(E. Dubois)가 30년 동안이나 거짓말로 사람들을 속였지만 죽기 전에 긴팔원숭이였다고 고백한 바 있습니다. 네안데르탈인도 비타민 D의 부족으로 인한 곱추병 환자였음이 밝혀졌고, 북경인도 원숭이의 뼈들을 조립한 것이었습니다. 더 나아가 필트다운인의 것은 오랑우탄과 사람의 유골을 조립한 후에 오래 된 것처럼 보이려고 치아를 줄톱으로 갈고 뼈들은 중크롬산카리액으로 염색한 사실도 드러났습니다(1953).

소위 유인원으로 알려진 것들은 인류학자들이 진화론을 증명하기 위해 조작한 사기극이나 편견에 지나지 않는 것입니다.

성경은 분명히 말씀합니다. "태초에 하나님이 천지를 창조하시니라. 하나님께서 땅의 짐승을 그 종류대로 만드시니라." 만물은 하나님께서 창조하시고, 동물 역시 하나님께서 그 종류대로 만드셨습니다. 그래서 동물은 한 종에서 다른 종으로 뛰어넘을 수가 없습니다. 사람이 인위적으로 교배를 시켜서 새로운 종을 만들어 내도 그 짐

승은 새끼를 낳을 수가 없습니다. 라이거(liger: 수사자와 암호랑이 사이에 태어난 잡종)나 노새(mule: 암말과 수나귀 사이에 태어난 잡종)가 번식하지 못하는 이유가 바로 여기에 있습니다.

따라서 양심적인 과학자는 같은 종 안에서의 진화는 얼마든지 가능하다고 하는 '소진화'는 인정하지만, 한 종이 다른 종으로의 진화가 가능하다고 하는 '대진화'(흔히 말하는 진화론)는 인정할 수 없다고 선언한 바 있습니다. 그런데도 사람들은 하나님을 떠나고 싶어서 귀를 막고 진화론을 주장하며 오늘도 적극적으로 진화론에 동조합니다.

진화론을 신봉하는 사람들이 어떤 결과를 가져왔습니까? 그들이 가져다준 것은 생명의 경시와 혼란과 전쟁과 잔인함과 비양심과 멸망뿐입니다. 모든 생물이 진화의 산물이라면 굳이 생명을 귀하게 여길 필요가 없습니다. 전혀 양심의 가책을 느끼지 않고 닭 한 마리 잡듯이 사람을 죽일 수 있는 것입니다.

진화론은 하나님을 떠나 자기 멋대로 살고 싶어 하는 인간의 죄성이 만들어 낸 허구입니다. 그런데도 진화론이라고 하는 허구에 속고 살면 되겠습니까?

팔자를 고친 사람

❖　　　　해마다 정초가 되면 사람들이 불안해서 사주팔자를 보는 사람들이 많습니다. 한 사람이 타고난 연월일시를 사주(四柱)라 하고, 이 사주를 각각 간(干)과 지(支)로 표기하면 여덟 글자가 되는데 그것을 팔자라고 합니다. 이 사주팔자를 보는 사람들 가운데는 "팔자가 사납다. 팔자소관이다" 하고 말하는 사람들이 상당히 많습니다. 그런데 사람들이 사주팔자를 말할 때 굳이 '팔자'라고 하는 이유가 있습니다. 아라비아 숫자 1, 2, 3, 4, 5, 6, 7, 8, 9, 10 가운데 8이라는 숫자는 고치지 못하기 때문에 팔자소관이라고 한다는 것입니다.

1부터 10까지 숫자를 써놓고서 다른 것은 다 고칠 수 있습니다. 예를 들어 1은 7로도 고칠 수 있고, 2는 3으로도 고칠 수 있습니다. 그리고 3은 8로 고칠 수 있고, 9로도 고칠 수 있습니다. 또 9도 8로 고칠 수 있고 다 가능합니다. 그러나 8은 눕혀도 8이고, 뒤집어도 8입니다. '8'자는 이래도 안 되고, 저래도 안 되고, 고칠 방법이 없습니다. 바로 여기서 팔자소관이 나왔고, 도무지 팔자는 고칠 수 없다는 것입니다. 그러나 예수를 믿으면 고칠 수 없는 팔자는 하나도 없습니다. 인간의 흥망성쇠를 주장하시고 생사화복을 주관하시는 주님 앞에서 팔자소관은 무슨 팔자소관입니까?

사주팔자 잘 보기로 유명한 어떤 점쟁이가 자기 옆에 있는 사람을 보니까 완전히 망해서 죽을 상이었습니다. 그런데 너무나 잘 살고, 잘 먹고, 좋은 옷 입고, 행복하게 살아가는 겁니다. 그래서 기가 막혀 가지고 이렇게 중얼거렸습니다. "내가 평생 배운 바에 의하면 이런 사람은 진즉 비참한 인생이 되었어야 하는데 어떻게 이럴 수가 있는가?" 하도 이상해서 점쟁이가 그 사람을 뒤따라가 보니까 교회로 쏙 들어가더랍니다.

믿음의 사람들은 하나님의 품 안에 거하는 순간 팔자가 고쳐집니다. 죄와 사망의 법에서 해방되어 완전히 새로운 삶을 살아가기 때문에 팔자에 얽매일 이유가 없습니다. 내가 주님 안에 살고 주님께서 내 안에 사시니, 주님의 능력이 곧 나의 능력입니다. 주님의 지혜가 나의 지혜가 되고, 주님의 권세가 나의 권세가 되는 것입니다. 따라서 주님과 함께하는 사람은 절대로 망하지 않습니다. 범사에 승리합니다. 날마다 새로운 역사를 써 내려갑니다.

주님께서 안 되는 것을 되게 하시고, 없는 것을 있게 하시고, 저주 아래 사는 사람도 그 저주를 벗게 하시니 운명이 완전히 달라지는 것입니다. 예수님이 저주를 짊어지셨기 때문에 예수님을 나의 구주로 믿는 사람은 저주 대신 하늘의 복을 받습니다. 예수 믿고 사는 것이 얼마나 중요한 일인지 모릅니다.

영국의 격언 중에 이런 말이 있습니다. "하나님을 믿는 우리의 믿음은 모든 것을 가진 것과 같다." 믿음은 하나지만 하나님과의 연결고리가 되기 때문에 모든 것이 가능하다는 얘기입니다. 나의 믿음은 하나지만 이 믿음이 하나님이 주신 믿음이요, 하나님과 연결된 믿음이요, 하나님이 기뻐하시는 믿음이기 때문에 나의 믿음의 가치는 무궁 무한한 것입니다. 그렇다면 하나님을 믿지 않는 사람은 영원한 손해 인생이요, 하나님을 믿는 사람은 영원히 복 받는 인생이라 할 수 있습니다.

고린도후서 5장 17절을 보면 이렇게 말씀합니다. "그런즉 누구든지 그리스도 안에 있으면 새로운 피조물이라 이전 것은 지나갔으니 보라 새 것이 되었도다." 예수 믿고 새로운 피조물이 되어 새로운 역사를 써 내려가는 사람은 문자 그대로 팔자를 고친 사람입니다.

험담이 주는 상처

❖ 어느 날 한 청년이 무척 화가 난 표정으로 돌아와 화단에 물을 주고 있는 아버지에게 다가갔습니다. "아버지! 정말 나쁘고 어리석은 녀석이 있어요. 그게 누군지 아세요?" 그러자 아버지가 아들의 말을 막았습니다. "잠깐, 네가 이야기하려는 내용을 세 가지 '체'에 걸러 보았느냐?" 어리둥절해진 아들이 되물었습니다. "세 가지 '체'라니요?" "아들아, 네가 하려는 이야기가 모두 진실이라는 증거가 있느냐?" 아들은 머뭇거리며 대답했습니다. "글쎄요. 저도 전해 들었을 뿐인데요." "그렇다면 두 번째 선(善)이라는 '체'에 걸러 보아라. 그 이야기가 진실한 것이 아니라면 최소한 선한 것이냐?" "글쎄요. 오히려 그 반대에 가까운 것 같은데요." "그러면 세 번째로 너의 이야기가 꼭 필요한 것이냐?" 아버지의 물음에 아들은 기어 들어가는 목소리로 말했습니다. "꼭 필요한 것은 아니지만……." 그러자 아버지는 환하게 웃으며 말했습니다. "네가 이야기하려는 내용이 진실한 것도, 선한 것도, 꼭 필요한 것도 아니면 그만 잊어버려라."

타인에 대한 험담은 한꺼번에 세 사람에게 상처를 줍니다. 욕을 먹는 사람과 욕을 듣는 사람, 그리고 험담을 하는 사람 자신이 그들입니다. 어느 누구도 상처받지 않는 사람이 없습니다. 그러므로 우리의 입에서 나오는 말 한마디가 얼마나 중요한지 모릅니다. 하나님은 이 세상을 말씀으로 창조하셨습니다. "빛이 있으라" 하시니 빛이 생겼고, "하늘아 펼쳐져라" 하시니 하늘이 생겼습니다.

그러므로 우리가 보는 모든 세상은 하나님의 말씀으로 짠 하나님의 옷이라 할 수 있습니다. 이 옷들이 얼마나 아름다운지 모릅니다. 하늘이 아름답고, 바다가 아름답습니다. 해와 달과 별이 아름답고, 꽃과 나무가 아름답습니다. 황금 들판이 아름답고, 저녁노을도 아름답기 그지없습니다. 하나님의 말씀으로 지어진 이 세상은 아름답지 않은 것이 없습니다.

그런데 말씀으로 세상을 지으신 하나님께서 우리들에게도 말로 인생을 짜깁기해 나가도록 복 주셨습니다. 그래서 우리는 매일매일 언어로 인생을 만들어 갑니다. 우리 입에서 나오는 말로 인생의 집을 지어 가도록 하십니다. 그러므로 우리의 마음속에 숨겨 둔 말이 참으로 중요합니다. 마음속에서 나오는 말의 수준이 어떠하냐에 따라서 우리의 인격이 결정되고 인생의 집이 달라지는 것입니다.

주님은 오늘도 에베소서 4장 29절을 통해서 친히 말씀하십니다. "무릇 더러운 말은 너희 입 밖에도 내지 말고 오직 덕을 세우는 데 소용되는 대로 선한 말을 하여 듣는 자들에게 은혜를 끼치게 하라." 잠언 15장 4절을 통해서도 이렇게 말씀하십니다. "온순한 혀는 곧 생명 나무이지만 패역한 혀는 마음을 상하게 하느니라." 하나님은 우리가 험담을 하는 대신에 덕을 끼치는 말, 은혜가 되는 말, 축복의 말, 칭찬의 말, 사람을 살리는 말, 행복을 창조하는 말을 하기를 원하십니다. 좋은 말만 하고 살기에도 우리의 인생이 너무 짧기 때문입니다.

어떤 젊은이가 작은 실수로 마을 사람들의 비난을 받게 되었습니다. 마을 사람들이 몰려가 그에게 돌멩이를 던지기 시작했습니다. 그러나 젊은이는 언젠가 자신의 실수를 용서해 줄 날이 있을 것이라 여기고 잘 견디어 냈습니다. 하지만 어느 날 그 젊은이가 존경하고 믿었던 스승이 지나가면서 장미꽃 한 송이를 꺾어 그에게 던졌습니다. 마을 사람들을 의식해서 자신도 꽃 한 송이를 던졌는데 젊은이는 그 꽃을 맞고는 그대로 쓰러져 버렸습니다.

객관적으로 볼 때 장미꽃은 거의 충격을 주지 않았을 것입니다. 겨우 장미꽃 한 송이에 쓰러졌다는 건 이해가 되지 않을 일입니다. 하지만 가장 깊은 상처는 믿고 사랑했던 사람이 주는 상처라는 것을 알아야 합니다. 험담은 그 누구에게도 상처로 남을 뿐 아무런 유익이 없습니다.

혹시 꼰대 아닙니까?

❖ 요즘 젊은이들 사이에서 가장 많이 회자되는 말 중의 하나가 '꼰대'입니다. 우리가 아는 대로 꼰대의 사전적 의미는 학생들의 은어로서 '늙은이 혹은 선생님'을 가리키는 단어입니다. 본래 꼰대라는 말이 번데기의 경상도 사투리인 '꼰데기'에서 유래했다는 설이 있습니다. "번데기 앞에서 주름 잡는다"는 속담처럼 '주름 잡는 사람'이란 의미를 가지고 있는 것입니다.

그래서 자기가 모든 것을 다 알고 있는 것처럼 아무 때나 주름잡는 사람을 꼰대라고 부르기 시작했다는 얘기입니다. 또 프랑스어로 백작을 '꽁테'라고 하는데 일제 강점기 시절 친일파들이 자신들을 '꽁테'라고 부르며 자랑스럽게 생각하던 것에서부터 꼰대라는 말이 유래했다고 말하는 사람도 있습니다.

어쨌든 고집이 세고, 다른 사람을 배려하지 않는 꽉 막힌 사람들을 꼰대라고 부르는 것은 틀림없습니다. 그런데 나이 많은 남자 중에 꼰대가 더 많아서 이제는 '개저씨'란 신조어까지 유행하고 있는

데,《꼰대의 발견》이라는 책을 보면 꼰대는 항상 다음과 같은 '꼰대 육하원칙'에 따라 꼰대질(?)을 한다고 말합니다. "내가 누군지 알아?(누가)/ 내가 너만 했을 땐 말이야(언제)/ 어디서 감히?(어디서)/ 네가 뭘 안다고 그래?(무엇을)/ 어떻게 나한테 이래?(어떻게)/ 내가 그걸 왜 해?(왜)"

꼰대질의 정곡을 찌르는 말이 아닐 수 없습니다. 하지만 이런 꼰대질은 꼭 나이 많은 사람들에게만 있는 현상이 아니라는 데 문제가 있습니다. 소위 젊은층 사이에서도 꼰대는 존재한다는 것입니다. 최근 한 신문사에서는 이런 꼰대의 아홉 가지 유형을 소개한 바 있는데, 그중의 몇 가지 유형이 이렇습니다.

먼저 '골목대장형'이 있습니다. 이 유형은 "까라면 까"라는 식의 상명하복을 강요하는 스타일입니다. 자신이 윗사람이니까 상대가 자기 말에 무조건 따라야 한다는 생각을 가지고 있습니다. 다음으로 '자칭 멘토형'이 있습니다. 자기의 경험이 전부인 양 서툰 충고와 지적을 즐기며 가르치려 드는 스타일을 말합니다. 그리고 '사감선생형'이 있습니다. 상대방의 인사나 표정 등 외모와 자세를 지적하며 고치려는 유형입니다.

또 '참전용사형'이 있습니다. "예전에는", "우리 때에는" 같은 말투로 자신의 무용담을 전설처럼 즐기는 스타일입니다. 자신이 한때 대단했다는 투로 과거를 미화하는 이야기를 습관적으로 반복합니다. 그런가 하면 '갑질오너형'이 있습니다. 본업과 무관한 잡무를 시키는 등 공사 구분이 없이 행동하는 스타일입니다. '아랫사람'의 인생을 통째로 전세 낸 것처럼 본업과 무관한 개인적 심부름을 시키며, 상대를 '심부름꾼' 정도로 여깁니다.

이런 꼰대들의 특징으로 '3척'이 있다고 합니다. '아는 척', '위해 주는 척', '있는 척'이 그것인데, 이들은 강자에게 약하고 약자에게 강한 특징을 지니고 있다는 것입니다. 특히 직장 상사 중에 이런 부류의 꼰대가 많다고 하지만, 교회의 직분자 중에도 이런 꼰대가 꽤나 많다는 지적이 있습니다.

교회 안에서도 자신의 신앙 연조나 직분을 이용해서 항상 가르치려 하는 등 소위 말하는 갑질을 하는 성도가 있다는 얘기입니다. 이런 사람은 언제나 자기를 중심에 두려는 이기주의와 나이나 지위, 경험에서 오는 오랜 '우월의식'을 결합시켜서 어느덧 교회 안의 꼰대가 되어 살아가는 것입니다. 이런 꼰대가 많은 교회일수록 교회는 경직되고, 소통이 안 되고, 갈등이 많습니다. 실제로 중직자의 '갑질'로 인해 상처받은 교인들이 교회를 떠나는 경우도 있지 않습니까?

고령화되고 있는 한국 교회가 다음 세대와 소통하며 젊은 교회로 성장하기 위해서는 꼰대 집단이 되지 않도록 조심해야 합니다. 고정된 사고의 틀 속에서 오직 나의 생각만을 말하고 일방통행식으로 가르치려고만 한다면, 나는 오늘을 사는 또 하나의 꼰대가 되는 것입니다. 여러분은 어떻습니까? 혹시 꼰대 노릇 하고 사는 것은 아닙니까?

자연의 역습을 아는가?

❖ 어느 날 산신령이 어떤 한국 사람에게 물었습니다. "이 한파가 네 것이냐?" 한국 사람이 즉각 대답했습니다. "아닙니다. 시베리아 것입니다." 산신령이 또다시 물었습니다. "그럼 이 폭염이 네 것이냐?" 한국 사람이 말했습니다. "아닙니다. 북태평양 것입니다." 마지막으로 산신령이 또 물었습니다. "그렇다면 이 미세먼지가 네 것이냐?" 한국 사람이 말했습니다. "아닙니다. 중국 것입니다." 그러자 산신령이 이렇게 말하고 사라졌습니다. "참으로 착한 한국인이구나. 앞으로 이 세 가지를 다 가지고 살도록 하여라."

웃자고 만들어 낸 유머지만 뼈 있는 얘기가 아닐 수 없습니다. 요즘 대한민국은 살기 좋은 삼천리 금수강산이 아닙니다. 사상 최악의 미세먼지가 전국을 뒤덮으면서 병원마다 호흡기 환자가 급증하고, 마스크와 공기청정기 판매량이 폭발적으로 늘어났습니다. 외출하는 사람도 뚝 떨어졌습니다. 이제는 날씨를 볼 때 미세먼지가 어느 정도인지가 초미의 관심사가 되었습니다. 날이 갈수록 국민 건강을 정부가 방치하고 있다는 분노의 소리도 커지고 있습니다. 문재인 대통령이 '비상한 조치'를 주문하자 '한중 인공강우 실시, 노후 석탄 발전소 조기 폐쇄, 학교와 거리에 대형 공기정화기 보급' 등의 대책이 쏟아지고 있지만 우리는 한동안 미세먼지 지옥에서 쉽게 벗어날 수가 없습니다.

미세먼지가 발생하는 요인은 우리나라와 중국의 책임이 반반이라고 말하는데, 양국이 미세먼지 발생을 당장 제거할 수 없기 때문입니다. 현재 중국은 세계에서 석탄을 가장 많이 소비하고 있습니다. 중국의 석탄 발전은 전 세계 설비 용량의 절반을 육박하고, 2위인 인도의 4.5배나 됩니다. 지금도 중국에서는 석탄발전소가 우후죽순으로 늘어나고 있습니다. 중국의 왕성한 석탄 수요는 앞으로 20년 동안 큰 변동이 없을 것으로 추측합니다. 그렇다면 국내 미세먼지의 절반 정도를 차지하는 중국발 미세먼지의 위협이 적어도 20년은 지속된다는 끔찍한 시나리오가 나옵니다. 중국에서 발생하는 미세먼지가 바람을 타고 와서 한반도를 덮는 현상을 막기 위해 어떤 대응책을 세워야 할지 심히 막막하기만 합니다.

그러나 자연의 재앙이 미세먼지에만 있는 것이 아니라는 데 심각한 문제가 있습니다. 사실은 미세먼지보다 더 심각한 환경 재앙이 우리의 목을 조르고 있습니다. 우선 지구온난화 현상으로 인한 기후의 변화가 그것입니다. 지구촌 전역에서 계절이 사라져 가고 있는데, 그로 인해 매일 150여 종의 동식물이 멸종되고 있습니다. 북극해의 얼음은 1970년대 후반에 비해 절반이나 줄었고, 해수면은 빠르게 상승하고 있습니다. 산악 빙하는 금세기 안에 완전히 사라집니다. 해양에는 이 순간에도 엄청난 양의 산업 폐수와 비료 성분이 유입됩니다. 식수는 생활폐수로 썩어 가고 토양은 산업쓰레기와 핵폐기물로 오염되고 있습니다. 여기에다 유전자 조작 농산물과 가축이 식탁을 점령해 가면서 인류의 건강을 크게 해치고 있습니다. 자연을 파괴한 인간에게 자연은 환경 재앙이라는 무기로 우리를 위협하고 있는 것입니다.

독일의 사회주의 철학자였던 프리드리히 엥겔스는 일찍이 이렇게 말한 바 있습니다. "자연에 대해 우리 인간이 승리했다고 너무 득의양양하지는 말자. 우리가 승리할 때마다 자연은 매번 우리에게 복수한다. 누구나 우선은 기대했던 결과를 얻게 될 것이지만 2차, 3차적으로는 전혀 예기치 못한 결과들에 직면하게 된다." 결국 오늘의 재앙은 우리가 그 재앙의 씨를 뿌린 것입니다. 우리는 개발과 성장이라는 미명 아래 끊임없이 자연을 공격하고 파괴해 왔는데 이제는 자연의 역습을 당하고 있습니다.

사실 미세먼지 문제를 해결하기 위해서 한국이 홀로 거대 중국을 상대하는 것은 불가능합니다. 영국, 서독, 미국도 처음에는 피해 국가인 스웨덴이나 노르웨이, 캐나다의 개선 요구를 무시했습니다. 그렇다면 우리도 유럽 국가들처럼 자발적 다자협의체를 만들어 상호 감시와 협력 속에서 해결해야 합니다. 중국, 몽골, 북한, 일본, 러시아와의 국제 협력은 필수입니다. 여기에다 우리나라에서도 노후 석탄 발전소를 폐쇄하고, 미세먼지를 발생하는 경유차 운행을 과감하게 제한해야 합니다. 미세먼지 문제도 결국 인간의 탐욕이 불러낸 오염 속에서 불거진 생태계의 역습이라면, 이제 우리는 '하나님 사랑, 이웃 사랑, 자연 사랑'의 모범을 보이며 본래 하나님께서 창조하신 세상을 회복하는 일에 앞장서야 하는 것입니다.

항상 내가 옳은 게 아니라면

❖ 〈런치 데이트〉(The Lunch Date)라는 9분짜리 단편 흑백영화가 있습니다. 그 영화의 내용은 이렇습니다. 어느 날 백인 부인이 붐비는 기차역에서 흑인과 부딪쳐 쇼핑백을 떨어뜨립니다. 쏟아져 나온 물건을 주워 담느라 기차를 놓칩니다. 다음 기차를 기다리는 동안 역내 음식점에 가서 샐러드 한 접시를 주문하고 자리를 잡습니다. 자리에 앉았다가 포크를 가지고 오지 않은 것을 알고 포크를 가지러 갑니다. 하지만 그 사이에 걸인처럼 보이는 한 흑인이 자신의 샐러드 앞에 앉아 그 음식을 먹고 있는 것을 보고 깜짝 놀랍니다.

한참 노려보던 부인은 화가 난 표정으로 포크를 집어 들고 샐러드를 같이 먹습니다. 부인 한 번, 흑인 한 번, 교대로 샐러드를 먹는 모습이 웃음을 자아내게 만듭니다. 음식을 다 먹은 후 흑인이 커피를 두 잔 가져와 하나를 부인에게 건넸고, 커피를 마신 부인은 다시 기차를 타러 나갑니다. 몇 걸음 가던 부인이 순간 쇼핑백을 놓고 온 것이 생각나 급히 음식점으로 뛰어갑니다.

그러나 흑인도 보이지 않고 쇼핑백도 보이지 않습니다. 당황한 부인이 음식점 여기저기를 훑어보는데 아까 자기가 앉았던 자리에 옆 테이블에 손도 대지 않은 샐러드 접시가 놓여 있고 의자 위에는 쇼핑백이 있었습니다. 사실은 자리를 잘못 잡은 백인 부인이 흑인의 샐러드를 빼앗아 먹었던 것입니다. 그럼에도 불구하고 흑인은 전혀 화를 내지 않고 무례하게 자기 음식을 먹는 부인에게 커피까지 대접하고 사라졌습니다. 부인이 미처 사과도 못하고 혼자서 멋쩍게 웃으며 기차를 타고 가는 것으로 영화는 끝나지만 아주 진한 여운을 남기는 단편 영화입니다.

오늘 이 시대는 여유와 넉넉함을 잃어버린 시대입니다. 조급하고, 나만 알고, 배려가 없습니다. 모든 것을 자기중심적으로 생각합니다. 자기가 자리를 잘못 잡은 것은 전혀 생각하지 않고 누군가 내 자리에서 내 음식을 먹는다고 생각합니다. 또 누군가의 실수에도 관대하지 않습니다. 그저 정색하고, 판단하고, 심판하려고만 합니다. 자기에게는 한없이 관대하고 남에게는 한없이 무자비한 현대인들이 넘쳐나는데, 그들의 '이기적 10계명'이 다음과 같다고 합니다.

1. 내가 하면 로맨스이고, 남이 하면 스캔들이다.
2. 내가 하면 창조적 권고이고, 남이 하면 거짓말이다.
3. 내가 침묵하면 그만큼 생각이 깊은 것이고, 남이 침묵하면 원래 생각이 없는 것이다.
4. 내가 화를 내면 그만큼 소신이 뚜렷한 것이고, 남이 화를 내면 그릇이 작은 것이다.

5. 내가 자리를 비우면 바쁜 만큼 유능한 것이고, 남이 자리를 비우면 또 어디서 노는 것이다.
6. 내가 통화 중이면 업무상 긴급한 것이고, 남이 통화 중이면 사적인 일이 너무 많은 것이다.
7. 내가 아프면 아픈 만큼 쉬어야 하고, 남이 아프면 기본적인 체력마저 의심스러운 것이다.
8. 내가 가족사진을 걸어 놓으면 가정의 화목이 자랑스러운 것이고, 남이 가족사진을 걸어 놓으면 직장에서도 집 생각만 하는 것이다.
9. 내가 회의 중이면 남은 잠깐 기다려야 하고, 남이 회의 중이면 나를 잠깐 만나야 하는 것이다.
10. 내가 약속을 어기면 사람이 그럴 수도 있는 것이고, 남이 약속을 어기면 사람이 그럴 수 없는 것이다."

사실 이 10계명은 현대인들의 정곡을 찌르는 말이 아닐 수 없습니다. 예수님은 오늘도 우리에게 말씀하십니다. "어찌하여 형제의 눈 속에 있는 티는 보고 네 눈 속에 있는 들보는 깨닫지 못하느냐"(마 7:3). 나의 허물을 지닌 채 타인의 허물을 말한다면 나는 위선자입니다. 그런데 지금까지 세상을 살아오면서 내가 옳다고 생각한 어이없는 잘못들이 얼마나 많이 있었는지 모릅니다. '항상 내가 옳다'라는 생각은 마귀가 주는 생각입니다. 나도 언제든지 실수하고 넘어질 수 있는 연약한 인생인 것입니다. 그렇다면 오늘도 나는 겸손과 관대함을 가지고 살아야 하지 않을까요?

후회를 해도 지금 후회해야

❖　　　스마트폰을 처음 만든 스티브 잡스는 1955년에 태어나 2011년 56세의 일기로 타계했습니다. 잡스는 췌장암에 걸렸는데 그 암은 수술로 치유될 수 있는 것이었습니다. 그러나 잡스는 수술을 거부했습니다. 잡스가 수술을 거부한 이유는, 그의 신체를 여는 것을 원치 않았고 그런 방식으로 영적인 것을 위반하는 것을 원치 않았기 때문이라고 합니다. 어떻게 그런 어리석은 결정을 내렸는가에 대해 월터 아이작슨에게 물었습니다. 그는 잡스와 이 문제를 놓고 수차례 대화를 했는데, 잡스는 수술 대신 영적 치료와 대체 의학 같은 것들을 의존했다고 합니다.

9개월 후 잡스는 가족과 친구들의 권유로 수술을 받았습니다. 하지만 그때는 이미 암 세포가 그의 몸에 퍼진 후였습니다. 잡스는 암 치료를 받을 때까지도 그의 질병의 심각성을 경시했고, 결국 수술을 늦춘 그의 결정에 대해 후회했다고 합니다. 스티브 잡스가 췌장암으로 병상에 누워서 자신의 과거를 회상하며 마지막으로 남겼던 메시지는 다음과 같습니다.

나는 사업에서 성공의 최정점에 도달했다. 다른 사람들 눈에는 내 삶이 성공의 전형으로 보일 것이다. 그러나 나는 일을 떠나서는 기쁨이라고는 거의 느끼지 못했다. 결과적으로 부(돈)라는 것은 내게는 그저 익숙한 삶의 일부일 뿐이다. 지금 이 순간 병석에 누워 나의 지난 삶을 회상해 보면, 내가 그토록 자랑스럽게 여겼던 주위의 갈채와 막대한 부는 임박한 죽음 앞에서 그 빛을 잃고 그 의미도 다 상실했다. 어두운 방안 생명보조장치에서 나오는 큰 빛을 물끄러미 바라보며 낮게 웅웅거리는 그 기계 소리를 듣고 있노라면 죽음의 사자의 손길이 점점 가까이 다가오는 것을 느낀다.

이제야 깨닫는 것은, 평생 굶지 않을 정도의 부만 축적되면 그때부터는 돈 버는 일과 상관없는 다른 일에 관심을 가져야 한다는 사실이다. 그건 돈 버는 일보다 더 중요한 뭔가가 되어야 한다. 그건 인간관계가 될 수도 있고, 예술일 수도 있으며, 어린 시절부터 가졌던 꿈일 수도 있다. 쉬지 않고 돈 버는 일에만 몰두하다 보면 결과적으로 비뚤어진 인간이 될 수밖에 없다. 바로 나같이 말이다.

부에 의해 조성된 형상과는 달리 하나님은 우리가 사랑을 느낄 수 있도록 감성이라는 것을 모두의 마음속에 넣어 주셨다. 내가 평생 벌어들인 재산은 가져갈 도리가 없다. 내가 가져갈 수 있는 것이 있다면 오직 사랑으로 점철된 추억뿐이다. 추억, 그것이 진정 부이며 그것은 우리를 따라오고, 동요하며, 우리가 나아갈 힘과 빛을 가져다줄 것이다. 사랑은 수천 마일 떨어져 있더라도 전할 수 있다. 삶에는 한계가 없다. 가고 싶은 곳이 있으면 가라. 오르고 싶은 높은 곳이 있으면 올라가 보라. 모든 것은 우리가 마음먹기에 달렸고, 우리의 결단 속에 있다.

어떤 것이 우리에게 가장 힘든 것일까? 그건 '병석'이다. 우리는 운전수를 고용하여 우리 차를 운전하게 할 수도 있고 직원을 고용하여 우리를 위해 돈을 벌게 할 수도 있지만, 고용을 하더라도 다른 사람에게 내 병을 대신 앓도록 시킬 수는 없다. 물질은 잃어버리더라도 되찾을 수 있지만 절대 되찾을 수 없는 것이 하나 있으니 바로 삶이다. 누구라도 수술실에 들어갈 즈음이면 진작 읽지 못해 후회하는 책 한 권이 있는데, 이름하여 '건강한 삶 지침서'이다. 현재 당신이 인생의 어떤 시점에 이르렀든 상관없이 때가 되면 누구나 인생이란 무대의 막이 내리는 날을 맞게 되어 있다. 예외 없이 반드시.

가족을 위한 사랑과 부부간의 사랑, 그리고 이웃을 향한 사랑을 귀히 여겨라. 자신을 잘 돌보기 바란다. 이웃을 사랑하라. 그리고 당신 자신도.

우리는 한 생을 살아가면서 정말로 중요한 것을 놓칠 때가 많습니다. 소중한 것은 하찮게 여기고 오히려 시시한 것에 목숨 거는 경우가 허다합니다. 그러다가 뒤늦게 후회하고 아쉬워하며 눈물 흘립니다. 어쩌면 스티브 잡스의 후회가 우리에게 반복될지 모릅니다.

그런 의미에서 우리는 오늘 우리의 삶을 한번 점검해 보아야 합니다. 지금까지 나는 어떻게 살아왔는지, 잘 살아온 인생인지, 인생의 방향에는 문제가 없는지, 나 때문에 누군가 울고 있지는 않은지, 주변 사람들에게 선한 영향을 끼치며 사는지를 돌아보아야 합니다. 잠시 잠깐 후에 주님 앞에서 인생 결산하고 평가받아야 할 날이 온다면 지금 점검해 보아야 합니다.

　부끄러워도 지금 부끄러워야지 그날 부끄러움을 당해서는 안 됩니다. 후회를 해도 지금 후회해야지 그날 후회해서는 소용이 없습니다. 사랑으로 행하지 않은 것들은 마지막 날 모두 다 후회로 남습니다. 지금 내려놓을 것은 내려놓고, 힘껏 사랑하여 후회 없는 인생을 살아가는 자야말로 진정한 인생 승리자입니다.

기린에게 배우는 인생

❖ 새끼 기린은 태어나면서부터 일격을 당합니다. 키가 하늘 높이만큼 큰 엄마 기린이 선 채로 새끼를 낳기 때문에 수직으로 곧장 떨어져 온몸이 땅바닥에 내동댕이쳐지는 것입니다. 그 충격으로 잠시 멍해져 있다가 간신히 정신을 차리는 순간, 이번에는 엄마 기린이 그 긴 다리로 새끼 기린을 세게 걷어찹니다.

새끼 기린은 이해할 수가 없습니다. 이제 막 세상에 태어났고 이미 땅바닥에 세게 부딪쳤는데 또다시 발로 차인다는 것은 말이 안 되는 얘기입니다. 하지만 아픔을 견디며 다시 정신을 차리는 찰나 엄마 기린은 또 한 번 새끼 기린을 힘껏 걷어찹니다. 처음보다 더 아프게 걷어차는데 그때 비명을 지르며 고꾸라진 새끼 기린은 이 상황을 이해할 수가 없어서 머리를 흔듭니다.

그러다가 문득 깨닫습니다. '이대로 움직이지 않고 가만히 있다가는 계속 걷어차이겠구나.' 이 생각에 새끼 기린은 가늘고 긴 다리를 비틀거리며 기우뚱 일어서기 시작합니다. 바로 그때 엄마 기린이 한 번 더 엉덩이를 세게 걷어찹니다. 그 충격으로 자빠졌다가 벌떡 일어난 새끼 기린은 이제 달리기 시작합니다. 그렇지 않으면 계속 발길질을 당할 것이 뻔하니까 계속 달리는 것입니다.

그렇게 달리기 시작하면 그제야 엄마 기린이 달려와 새끼 기린을 어루만지며 핥아 주기 시작합니다. 엄마 기린은 새끼 기린이 자기 힘으로 달리지 않으면 하이에나와 사자들의 먹잇감이 되리라는 것을 잘 알기 때문에 일어서서 달리는 법을 배우라고 그처럼 가혹하게 새끼 기린을 걷어차는 것입니다. 시인이요 번역가인 류시화 씨가 써 놓은 글입니다.

그의 말대로 인생은 우리에게 엄마 기린과 같습니다. 때로 인생이 우리를 세게 걷어차면 우리는 고꾸라집니다. 하지만 다시 비틀거리며 일어나야만 하고, 일어나면 또다시 걷어차여 쓰러집니다. 그때 우리는 또다시 일어납니다. 그것을 반복하면서 우리는 성장하고 성숙해 가는 것입니다. 고난 없이 성숙해지는 사람은 없습니다. 이는 신앙생활에서도 마찬가지입니다. 하나님께로부터 귀하게 쓰임 받은 믿음의 거장들은 하나같이 시련의 골짜기를 지나갔습니다. 고난의 용광로 속에서 말할 수 없는 연단을 받은 후에야 귀하게 쓰임 받았던 것입니다.

모세가 그들 중의 한 사람입니다. 모세는 40년 동안 미디안 광야에서 외로움과 좌절, 열등감과 싸우며 연단을 받은 후에 민족의 지도자로 쓰임 받았습니다. 요셉도 노예로 팔려가 옥중 생활을 하면서 온갖 고난을 당한 후에야 애굽의 총리가 되어 큰 역사를 펼쳤습니다. 하나님의 종 다윗 역시 광야를 유랑하는 고난의 불가마에 들어갔다 나온 후에 하나님께로부터 귀하게 쓰임 받는 믿음의 거장이 되었습니다. 그런 의미에서 고난은 영광의 자리에 오르기 위해 반드시 거쳐야 하는 하나의 통과의례라고 할 수 있습니다.

고난은 사람을 성숙하게 만듭니다. 고난은 사람을 강하게 만듭니다. 고난은 사람을 인내하게 만듭니다. 고난은 사람을 겸손하게 만듭니다. 고난은 사람을 기도하게 만듭니다. 고난은 사람을 믿음의 거장으로 만듭니다. 그러므로 고난은 변장하고 오는 축복인 것입니다.

데일 카네기는 말했습니다. "성공하기 위해서는 실패의 쓴 맛도 보아야 한다. 좌절감과 실패를 거치면서 더욱 강한 사람으로 발전한다." 구약성경에 나오는 욥도 이렇게 고백했습니다. "그러나 내가 가는 길을 그가 아시나니 그가 나를 단련하신 후에는 내가 순금같이 되어 나오리라"(욥 23:10). 실제로 욥은 시련의 골짜기를 지나간 후에 순금처럼 귀하게 쓰임 받고 훗날 갑절의 복을 받았습니다.

우리는 인생길에서 넘어져도 일어나야 하는 하늘 백성들입니다. 이미 승리를 보장받고 오늘을 살기 때문입니다. 지금도 새끼 기린은 넘어지지만 일어나면서 우리에게 인생 성공의 비결을 가르쳐 주고 있습니다. "인생은 일어나는 것이 중요합니다."

지금 바람에 흔들린다 해도

1판 1쇄 인쇄 _ 2019년 11월 18일
1판 1쇄 발행 _ 2019년 11월 25일

지은이 _ 김동문
펴낸이 _ 이형규
펴낸곳 _ 쿰란출판사

주소 _ 서울특별시 종로구 이화장길 6
편집부 _ 745-1007, 745-1301~2, 747-1212, 743-1300
영업부 _ 747-1004, FAX 745-8490
본사평생전화번호 _ 0502-756-1004
홈페이지 _ http://www.qumran.co.kr
E-mail _ qrbooks@gmail.com / qrbooks@daum.net
한글인터넷주소 _ 쿰란, 쿰란출판사
페이스북 _ www.facebook.com/qumranpeople
인스타그램 _ www.instagram.com/qrbooks
등록 _ 제1-670호(1988.2.27)
책임교열 _ 이화정·최찬미

© 김동문 2019 ISBN 979-11-6143-305-9 03230

책값은 뒤표지에 있습니다.
이 출판물은 저작권법에 의해 보호를 받는 저작물이므로 무단 복제할 수 없습니다.
파본(破本)은 구입처에서 교환해 드립니다.